Heinrich Krauss

Kleines Lexikon der Engel

Von Ariel bis Zebaoth

Verlag C. H. Beck

Mit 23 Abbildungen im Text

Die erste Auflage dieses Buches erschien 2001.

Die Deutsche Bibliothek – CIP-Einheitsaufnahme

Krauss, Heinrich:
Kleines Lexikon der Engel : von Ariel bis Zebaoth /
Heinrich Krauss. – München : Beck, 2001
  (Beck'sche Reihe ; 1411)
  ISBN 3-406-45951-X

Originalausgabe
2. Auflage. 2002

Umschlagentwurf: +malsy, Bremen
Umschlagabbildung: Unter Verwendung eines Fresko-Fragments von
Melozzo da Forli in den Vatikanischen Museen in Rom
© Verlag C.H. Beck oHG, München 2001
Satz: Fotosatz Reinhard Amann, Aichstetten
Druck und Bindung: Druckerei C.H. Beck, Nördlingen
Printed in Germany
ISBN 3 406 45951 X

www.beck.de

Inhalt

Beatrice und Dante vor dem Empyreum, Illustration von Gustave Doré zu Dantes ‚Le Purgatoire (et Le Paradis)‘, 31. Gesang, Vers 1–3, 1868

Einführung

Fast überall in der Welt ist die Vorstellung von Geistwesen verbreitet, die zwischen der Sphäre der höheren Gottheiten und dem menschlichen Bereich beheimatet sind. Oft repräsentieren sie die im Kosmos und in der Natur wirkenden Kräfte, welche auch auf die Menschen Einfluß nehmen, entweder um ihnen zu helfen oder ihnen zu schaden. Entsprechend häufig findet man die Scheidung in lichte und dunkle, in heilsame und verderbenbringende Wesen.

Im Pantheon der meisten Hochreligionen gibt es einen oder mehrere Botengötter: In Indien sind es die (männlichen) Gandharvas und die (weiblichen) Apsaras, bei Griechen und Römern fungiert vor allem der Gott Hermes/Merkur als Überbringer von Botschaften an Sterbliche. In den drei großen monotheistischen Religionen Judentum, Christentum und Islam wird diese Funktion von den „Engeln" ausgeübt, eine Bezeichnung, die ursprünglich nur die „Boten" zwischen Gott und der Menschenwelt meinte, später aber zu einem Gattungsbegriff für alle Arten von Geistwesen wurde.

Die Entwicklung der Engelvorstellungen

Das heutige christliche Engelbild ist das Ergebnis eines langen Reifungsprozesses. Es dauerte fast zwei Jahrtausende, bis sich in Theologie und Frömmigkeit, nicht zuletzt auch in der Kunst, jenes Bild der Engel formte, das uns heute geläufig ist.

Vom Anfang bis zur Mitte des ersten Jahrtausends vor Christus berichten einige biblische Texte von einem „Engel des Herrn", dessen Auftreten kaum von einer Erscheinung Gottes selbst zu unterscheiden ist. Er übermittelt göttliche Botschaften und übernimmt die Funktionen eines Retters und Helfers, manchmal auch die eines Verderbers. Zudem erzählt die Bibel von göttlichen Boten, die sich den Menschen sichtbar machen und manchmal sogar in deren Leben eingreifen, sowie von geheimnisvollen Begegnungen, die sich als Kontakte mit der göttlichen Wirklichkeit erweisen. Gelegentlich werden noch andere Geistwesen, die als eine Art Hofstaat Gottes fungieren, erwähnt: himmlische Heerscharen und Göttersöhne sowie die Seraphim und Cherubim.

In den Jahrhunderten vor der Zeitenwende verbreitet sich dann in den Religionen des Nahen Ostens, vielleicht beeinflußt von den Lehren des Persers Zarathustra, die Vorstellung von einem Zwischenreich unzähliger eigenständiger Geistwesen, die nun auch individuelle Namen tragen. Diese Entwicklung entspricht der Vorstellung einer gesteigerten Transzendenz des obersten Gottes, der jetzt aufgrund seiner Ferne Vermittler bei der Regierung des Kosmos und der Menschenwelt brauchte. Auch im Judentum lassen sich derartige Tendenzen feststellen. Ob sie auf direkte persische Einflüsse zurückgehen oder ob sie, in Parallele zu den Religionen der Umwelt, auf einer Ausweitung der eigenen Vorstellungen vom Hofstaat Jahwes beruhen, ist umstritten. Jedenfalls übernahmen himmlische Geistwesen auch im Judentum immer mehr Handlungen und Tätigkeiten, die man früher Gott unmittelbar zugeschrieben hatte: die Lenkung der Gestirne am Himmel und aller Vorgänge im Bereich der irdischen Natur, die Gewährung von Schutz und Hilfe für die Menschen und deren Bestrafung bei Verfehlungen. Zugleich zeigt sich die Tendenz, den Ursprung des Bösen in der Welt nicht mehr allein im Herzen des Menschen zu suchen. Man führt ihn vielmehr auf eine frühere Verfehlung in der jenseitigen Engelwelt zurück und berichtet in verschiedenen Varianten von der Sünde eines Teils der himmlischen Geister, die als „gefallene Engel" ihrerseits bestrebt seien, die Menschen zum Ungehorsam gegenüber Gott zu verführen.

Diese neuartige Ausgestaltung der Engelvorstellungen war im Judentum der Zeit Jesu weit verbreitet und hat folglich im Neuen Testament deutliche Spuren hinterlassen. Eine neue Entwicklungsstufe ergibt sich erst, als in den ersten Jahrhunderten des Christentums eine intellektuelle Auseinandersetzung über die Natur und die Rolle der Geistwesen einsetzt. Dabei geht es zunächst um eine Abgrenzung der christlichen Engelvorstellungen gegenüber den religiösen und philosophischen Zeitströmungen des Neuplatonismus und der Gnosis, in denen Engel- und Geistwesen ebenfalls eine große Rolle spielen. Beide Strömungen unterstellen, wenn auch von unterschiedlichen Ausgangspunkten aus, die Existenz unzähliger Geistwesen, die meist als ungeschaffene Emanationen (Ausflüsse) des einen göttlichen Urprinzips verstanden werden. Während die

Engelvorstellungen aus den tiefgründig anmutenden, oft visionären und dunklen Schriften der Gnosis eher am Rande oder außerhalb der großen Kirchen weiter tradiert werden, bieten die philosophischen Spekulationen der Neuplatoniker, die sich an der strengeren Begrifflichkeit eines Plato und Aristoteles orientieren, den christlichen Theologen ein theoretisches Fundament für die systematische Ausgestaltung ihrer Engelvorstellungen.

Vor allem aber gilt es dabei, die wenig eindeutigen, manchmal sogar widersprüchlichen biblischen Angaben zu präzisieren und zu harmonisieren. Diese Aufgabe wird von den großen altchristlichen Theologen, den sogenannten Kirchenvätern, begonnen und von der scholastischen Theologie des Mittelalters vollendet. Sie machen Aussagen über die Gattungen der Engel, ihre Geschöpflichkeit, ihr Wirken in Natur und Menschenleben, die spezifische Eigenart ihrer Erkenntnis und ihres Willens oder über die Rolle Satans als radikaler Widerpart Gottes, der einst die Menschen verführt und damit die Erbsünde in die Welt gebracht hatte. Zu nennen wären hier unter vielen anderen Theologen vor allem Origines (ca. 185–234), Augustinus (354–430), Dionysios Areopagita (um 500), Gregor der Große (Papst von 590 bis 604) sowie schließlich Bonaventura (um 1217–1274) und Thomas von Aquin (um 1225–1274).

Im Judentum, das auf denselben biblischen und außerbiblischen Überlieferungen fußt, verläuft die Entwicklung nach der Abspaltung des Christentums ähnlich. Während des Mittelalters kommt es, beeinflußt von der arabischen Philosophie, ebenfalls zu einer rationalistischen und metaphysischen Ausgestaltung der Engellehre. Sie findet ihren ersten großen Vertreter in Maimonides (1135–1204), der hervorragenden rabbinischen Autorität jener Zeit. Daneben entsteht die mystische Richtung der Kabbala, die sich als Führer auf dem Weg zu Gott versteht, der mit Hilfe der Engel beschritten wird.

Parallel zum Judentum und zum Christentum entwickelt auch der im 7. Jahrhundert entstandene Islam seinen besonderen Beitrag zu den Vorstellungen über die Engelwelt. Zwar zeigen sich im Koran in bezug auf die Natur und die Rolle der Engel kaum grundlegende Unterschiede zu den beiden älteren Traditionen, doch gehen die spätere Überlieferung und besonders die Volksfrömmigkeit in vielen Details ihre eigenen Wege. Bemerkenswert ist, daß sowohl die großen islamischen Philosophen und Theologen, besonders Avicenna (980–1037), als auch die zahlreichen Schulen des Sufismus, der islamischen Mystik, eine ungewöhnlich ausführliche Engellehre ausarbeiten, die erst in den letzten Jahrzehnten im Westen stärkere Beachtung gefunden hat.

Die Fülle der Engel

Die vorgehend skizzierte geschichtliche Entwicklung der Engelvorstellungen brachte eine Unzahl von Engelnamen hervor. Sie finden sich überraschenderweise nur zum geringeren Teil in der Bibel, die an guten Engeln nur drei, Michael, Gabriel und Raphael, an bösen Geistern ebenfalls nur wenige, wie Satan, Beelzebul oder Aschmodai, namentlich benennt. Ähnlich zurückhaltend in diesem Punkt ist übrigens auch der Koran.

Die meisten Engelnamen stammen somit nicht aus den jüdisch-christlichen oder islamischen Offenbarungsschriften, sondern aus vielerlei anderen Quellen. Schon die außerbiblische Literatur der vor- und nachchristlichen Jahrhunderte steuerte eine Fülle neuer Namen bei; allein im Buch Henoch sind an die 150 Engel namentlich aufgeführt. Dazu kamen später die Namen von guten und bösen Geistwesen aus den Schriften der Gnosis. Diese inspirierte im Laufe der abendländischen Geistesgeschichte immer wieder religiöse Bewegungen, die die alten gnostischen Engelnamen weitertradierten, aber auch allerlei neue erfanden. Andere Namen kommen aus der jüdischen Kabbala oder aus dem reichen Schatz der oft phantasievollen Überlieferungen des jüdischen und islamischen Volksglaubens oder aus den Zauberbüchern, die vom Mittelalter bis in unsere Zeit in esoterischen Zirkeln in Umlauf waren. Seit Beginn der Neuzeit haben auch Dichter und Schriftsteller ebenso wie in jüngster Zeit der Film bestimmte Engel bekannt gemacht, wobei sie meist auf Namen aus der oben genannten Literatur zurückgriffen.

Der zu seiner Zeit berühmte Talmudherausgeber Moïse Schwab hat in seinem unübertroffenen Standardwerk ‚Vocabulaire de l'Angélologie' von 1897 an die 4000 Engelnamen aus den außerbiblischen jüdischen Schriften der Zeitenwende, dem Talmud und der Kabbala, zusammengetragen. Gustav Davidsons ‚Dictionary of Angels' von 1967 enthält Auskünfte über mehr als 6000 Engel und Dämonen aus Quellen verschiedenster Herkunft, allerdings oft mit nur vagen Angaben über seine Fundstellen.

Vorbemerkungen zum lexikalischen Teil

Angesichts der Fülle von mehreren tausend Engelnamen mußte sich der lexikalische Teil auf eine Auswahl beschränken, bietet aber auch Angaben zu den wichtigsten Begriffen der traditionellen Engellehre sowie zu den wesentlichen geistigen und religiösen Strömungen, in denen die Engel eine Rolle spielen. Eingestreute Quellentexte sind durch eine andere Schrift kenntlich gemacht.

Außerdem erschien es angesichts des heute allgemein zu beobachtenden Schwindens der Bibelkenntnisse hilfreich, in einem Anhang die biblischen Engelgeschichten wenigstens in einer knappen Nacherzählung wiederzugeben. Denn was die biblischen Erzähler wirklich unter Engeln verstanden, läßt sich am besten durch ihre Geschichten selbst und nur unzureichend durch philosophische oder theologische Definitionen erhellen.

Als Hilfe für den Benutzer ist auch die Auflistung aller die Engel betreffenden Stellen in der Bibel und im Koran gedacht. In den Literaturangaben finden sich die zur weiteren Information wichtigsten der heute auf dem Buchmarkt greifbaren Werke über Engel, unter Ausschluß des rein erbaulichen oder esoterischen Schrifttums.

Die zahlreichen Verweise im lexikalischen Teil sollen der Schwierigkeit abhelfen, daß die Namen der Engel nicht selten Varianten aufweisen. Das liegt nicht allein an der unterschiedlichen Transskription aus jenen Sprachen, die ein anderes Alphabet verwenden. Die Vokale a – e – i – o – u – y sind deshalb häufig austauschbar, bei den Konsonanten wird gerne aus einem ph ein f, aus einem q ein k, aus einem sh oder sch ein s und z, aus einem dsch ein j und umgekehrt.

Nicht selten tauchen zudem in den erhaltenen Handschriften in ein und derselben Quelle für einen Engel verschiedene Namen auf. Im übrigen muß man sich damit abfinden, daß in einer Reihe von Fällen verschiedene Autoren dieselben Funktionen jeweils anderen Engeln zuschreiben oder daß derselbe Name manchmal für einen guten und manchmal für einen bösen Engel Verwendung findet.

Abkürzungen

Vom Judentum und von den Kirchen der Reformation werden einige Bücher der Bibel, welche die Katholiken zum Alten Testament rechnen, nicht als „kanonisch", d.h. zur Heiligen Schrift gehörig, anerkannt. Darunter fallen neben Zusätzen im Buch Daniel u.a. das Buch Tobit, das Buch der Weisheit und das 1. und 2. Buch der Makkabäer. Diese Bücher heißen bei den Katholiken „deuterokanonisch" (zweit-kanonisch) und bei den Protestanten „apokryph" (verborgen). Jene Schriften des Judentums, die um die Zeitenwende entstanden, aber nie in die Bibel aufgenommen wurden, werden von den Katholiken „Apokryphen", von den Protestanten „Pseudepigraphen" (falsch zugeschrieben) genannt, da sie als Verfasser ihrer Texte fälschlich große Gestalten vergangener Zeiten, wie Adam, Henoch oder Abraham, nennen.

Die deuterokanonischen Bücher, die nur von den Katholiken als Teil der Bibel anerkannt werden, sind im nachfolgenden Verzeichnis mit einem * versehen, während die Apokryphen im Sinne von Pseudepigraphen mit ** gekennzeichnet sind.

Am	Buch Amos	Dan	Buch Daniel
Apg	Apostelgeschichte	Dav.	Gustav Davidson: Dic-
ApocAbr	Apokalypse des Abra-		tionary of Angels
	ham**	Dtn	Deuteronomium (5.
ApocMos	Apokalypse des Moses**		Buch Mose)
ApocBar	Apokalypse des Baruch	Eph	Epheserbrief
	(griechisch)**	IV Esra	Viertes Buch Esra (oder
AscJes	Himmelfahrt des Je-		Esdras) **
	saja**	EÜ	Einheitsübersetzung der
äthHen	Buch Henoch, erhalten		Bibel
	auf Äthiopisch**	Ex	Exodus (2. Buch Mose)
Chr	Bücher der Chronik	Ez	Buch Ezechiel
D	Denzinger/Neuner: En-	Gal	Galaterbrief
	chiridion symbolorum	Gen	Genesis (1. Buch Mose)
	(Kompendium der Glau-	gr.	griechisch
	bensbekenntnisse und	Hab	Buch Habakuk
	kirchlichen Entschei-	Hag	Buch Haggai
	dungen)	Hebr	Hebräerbrief

12

hebr.	hebräisch	par.	Paralleltexte in den
Hos	Buch Hosea		Evangelien
Jak	Jakobusbrief	Petr	Petrusbrief
Jer	Buch Jeremia	Phil	Philipperbrief
Jes	Buch Jesaja	Ps	Psalmen
Joh	Johannesevangelium	Ri	Buch der Richter
1 Joh	1. Johannesbrief	Röm	Römerbrief
Jub	Buch der Jubiläen**	Sach	Buch Sacharja
Jud	Judasbrief	Sam	Bücher Samuel
Kol	Kolosserbrief	Schwab	Moïse Schwab: Vocabu-
Kön	Bücher der Könige		laire de l'Angélologie
Kor	Korintherbrief	Sib	Sibyllinische Bücher**
lat.	lateinisch	slawHen	Buch Henoch in slawi-
Lev	Levitikus (3. Buch Mose)		scher Sprache**
Lk	Lukasevangelium	Spr	Buch der Sprüche
Makk	Bücher der Makkabäer*	syrBar	Baruch-Apokalypse auf
Mal	Buch Maleachi		Syrisch**
Mk	Markusevangelium	Test XII	Testament der Zwölf Pa-
Mt	Matthäusevangelium		triarchen**
Neh	Buch Nehemia	TestSal	Testament Salomos**
Num	Numeri (4. Buch Mose)	Thess	Thessalonikerbrief
Offb	Geheime Offenbarung	Tob	Buch Tobit*
	des Johannes	Weish	Buch der Weisheit*

Die Engel von A–Z

A

Abaddon (Verderber/Zerstörer). Ursprünglich eine poetische Bezeichnung für den Aufenthaltsort der Toten in der Unterwelt (Hiob 26,6 u.a.; Ps 88,12; Spr 15,11), vielleicht nach dem Namen einer unterirdischen Gottheit. In der Geheimen Offenbarung des Johannes, die neben dem hebr. auch den gr. Namen „Apollyon" angibt (9,11), wird daraus der „Engel des Abgrundes". Er ist König über die Heuschreckenschwärme, gemeint sind wohl Erobererheere, die vom Engel der fünften Posaune über die Erde losgelassen werden. Beide Namen werden gerne in abergläubischen Zaubersprüchen gebraucht.

Abbadona/Abadonaa (Variante von Abaddon). Reuiger Teufel im ‚Messias' von Friedrich Gottlieb Klopstock. Er bereute als einziger den Abfall von Gott und wollte seine Satansgenossen davon abbringen, den Messias zu töten. So wird er schließlich beim Weltgericht begnadigt und in seinen früheren Rang unter den seligen Engeln zurückversetzt.

Die innere Wandlung Abbadonas und seine Erlösung (Gesänge II, V, IX, XIII und XIX) wurden von vielen Lesern und besonders Leserinnen enthusiastisch begrüßt, gaben aber Anlaß zu scharfen Angriffen von seiten der Theologen und der kirchlichen Obrigkeit im damaligen Protestantismus, die Klopstock vorwarfen, daß er den absoluten Gegensatz zwischen Gut und Böse in der Engelwelt verwische.

Abdiel (Knecht Gottes). Er wird erwähnt im Buch des Engel → Rasiel (Schwab 148). In John Miltons ‚Verlorenem Paradies' ist er ein → Seraph, der als einziger Luzifer entgegentritt, als dieser seinen Sieg verkündet (5,1018). In Klopstocks ‚Messias' ist er der Bewacher der Hölle und ein Freund → Abbadonas.

Abezethibu. Ein Dämon aus dem ‚Testament Salomos', einer außerbiblischen Schrift der Zeitenwende. Er soll zusammen mit →

17

Der Engel mit dem Schlüssel zum Abgrund, Holzschnitt von Albrecht Dürer zur ,Offenbarung des Johannes', 1498

Ephippas aus dem Roten Meer eine Säule zum Tempelbau herbeigeschleppt haben und erzählte dem König Salomo, er habe beim Auszug der Israeliten aus Ägypten das Herz des Pharao verhärtet, so daß sich dieser zur Verfolgung entschloß. Als dann nach dem Durchzug Israels das Meer plötzlich zurückkehrte und die nachsetzenden Ägypter ertränkte, sei er selbst im Wasser festgehalten worden (TestSal 25).

Abraxas, auch **Abrasax**. In der Isis-Mythologie Ägyptens ursprünglich eine Sonnengottheit, spielte Abraxas eine große Rolle in der → Gnosis der ersten nachchristlichen Jahrhunderte. Wenn man die in seinem Namen enthaltenen Buchstaben, die im Hebräischen zugleich Zahlen sind, zusammenzählt, erhält man die Zahl 365. Man sah in ihm den „Herrn der Welt", den Weltschöpfer des Alten Testaments, der dämonische Merkmale hatte. In häretischen Sekten des Mittelalter war er eine beliebte Gottheit, da in ihm Licht und Dunkel vereint sind und tranzendiert werden. Er wird dargestellt mit menschlichem Leib (Symbol des Denkens), aber mit dem Kopf eines Hahns (Wachsein) und Schlangenfüßen (Klugheit). In einer Hand hält er eine Peitsche (Aktivität), in der anderen einen Schild (Weisheit) mit der Inschrift IAO, die an das jüdische Tetragramm des Jahwe-Namens erinnern soll. Bei ihm sind eine goldene Sonne und ein silberner Mond als Symbol der Einheit von männlichem und weiblichem Prinzip. Als Zauberwort ist sein Name auf meist ovale, sog. Abraxas-Steine, in Gemmen, Amuletten oder Siegelringen eingeritzt (Schwab 383).

Abraxas taucht auf bei C. G. Jung in dessen ,Sieben Reden an die Toten' als der „Schreckliche", der mit demselben Wort oder derselben Tat zugleich Wahrheit und Lüge, Gut und Böse, Licht und Finsternis erzeugen kann. Auch Hermann Hesse erwähnt Abraxas in seinem Roman ,Demian' als Gottheit, die gute und böse Elemente in sich vereint.

Achamoth. Ein → Äon, der in einigen Strömungen der → Gnosis als Tochter der Pistis → Sophia und Mutter des bösen → Ialdabaoth gilt (Dav. 6).

Adarmelech → Adrammelech

Adnarel, auch **Adernael**, **Adrenael** oder **Adonaiel** (Der Herr ist Gott, nach Schwab 154). Ein Engel, der als zweiter im Rang eine der Jahreszeiten regiert (äthHen 82,14).

Adoil (von hebr. *jad* und *el* = Hand Gottes oder *ado* und *el* = sein Äon ist Gott), auch **Idoil**. Nach einem im slawischen Henochbuch erwähnten Schöpfungsmythos handelt es sich um ein (vor-zeitliches) Geistwesen, das in seinem Leib ein großes Licht trägt. Als Gott es „von oben" herabrief und ihm befahl, sich aufzulösen, gebar es das Licht, welches seinerseits einen → Äon hervorbrachte, in dem sich die ganze Schöpfung offenbarte (slawHen 25,1–2). Man hat in diesem Text, vielleicht zu Unrecht, ein Echo der ägyptischen Lehre vom Ursprung der Welt aus einem Ei vermutet. Adoils Pendant „von unten" ist → Archas.

Adona. Ein → Seraph in Klopstocks ‚Messias'.

Adonaiel →Adnarel

Adoram. Ein Seraph in Klopstocks ‚Messias'.

Adrammelech, auch **Adarmelech** (westsemitisch von *addir-melek* = herrlicher König, nach Schwab 155). Der Name eines Gottes, dem Kinder als Brandopfer dargebracht wurden (2 Kön 17,31). In John Miltons ‚Verlorenem Paradies' ein Anführer der rebellischen Engel (6,452), wird er in Klopstocks ‚Messias' zum Rivalen Satans in der Bosheit.

Adrenael → Adnarel

Adriel → Gadreel

Aëschma deva. In → Zarathustras Engellehre ein Dämon der Begierde und des Zornes. In der Bibel wurde daraus → Aschmodai.

Agrat bat Mahlat (Spalt, Tochter der Mahlat, nach Schwab 153). Als Abkömmmling der → Naamah ein Engel der Prostitution.

Ahriman. Gr. Form des persischen *angro mainyu* (Arger Geist) für den obersten Teufel, die Verkörperung alles Bösen. Er ist der Widersacher von *ahura mazda* (Weiser Herr), den er bis zu seiner letztendlichen Besiegung in der Welt und in jedem Menschenherzen bekämpft. → Zarathustras Engellehre

Aischim. Nach dem hebr. Wort für „Flammen" in der → Kabbala eine Kategorie von Engeln, gemäß dem Psalmwort: „Du machst Winde zu deinen Boten und Feuerflammen zu deinen Dienern" (Ps 104,4).

Akibel → Kokabiel

Alchemie → Magie

Aliens → Außerirdische

Al-Zabamiya. Im Koran Sammelbezeichnung für die 19 Höllenwächter (Sure 74,30).

Amesha Spentas (persisch: Die unsterblichen Heiligen). In → Zarathustras Engellehre ein Sammelbegriff für die sechs, nach manchen Überlieferungen auch sieben ungeschaffenen Geistwesen, welche der französische Religionswissenschaftler Georges Dumézil als „Erzengel" bezeichnete. Sie gingen als → Emanationen aus dem obersten Gott Ahura Mazda hervor, dem sie beratend und dienend zur Seite stehen.

Offensichtlich handelt es sich dabei um personifizierte Abstraktionen: *Vohu mano*, die „gute Gesinnung" Gottes gegenüber den Menschen, *Asha vahista*, die „beste Gerechtigkeit", *Khshathra vairiya*, das „ersehnte Reich" (Gottes), *Armaiti*, die „Frömmigkeit/ Demut", *Haurvatat*, die „Vollkommmenheit/Gesundheit", *Ameretat*, die „Unsterblichkeit" und *Sraosha*, der „wachende Gehorsam", welcher alle Geschöpfe schützt.

Amezyarak/Amizaras → Semyaza

Amphiel. Der Name des Engels, welcher im ersten Band von Thomas Manns ‚Joseph und seine Brüder' in einem „Himmelstraum" den jungen Joseph durch alle Himmel zu Gott führt, wo dieser in einen Engel namens → Metatron verwandelt wird. Mann verwendet dabei offensichtlich Motive aus der Himmelsreise im Henochbuch und der späteren jüdischen Überlieferung, die den Reisebegleiter Henochs neben Amphiel auch Anaphiel (Zweig Gottes) oder Anpiel nennt.

21

Anael/Aniel → Haniel

Ananel (Wolke Gottes), auch **Hananel**. Einer der Anführer jener → Wächter im Buch Henoch, die irdischen Frauen beiwohnten (äth-Hen 6,7; in 69,2: Hananel).

Anfiel → Anpiel

Angelismus (von lat. *angelus* = Engel). Die Tendenz, den Geist- und Willensanteil des Menschen unter Vernachlässigung seiner psychisch-leiblichen Bedingtheit zu betonen, ein gefährliches Unterfangen, vor dem schon Pascal gewarnt hat. „Der Mensch ist weder Engel noch Tier, und unglücklicherweise wird, wer den Engel spielt, zum Tier."

Angelologie (aus gr. *angelos* = Engel und *logos* = Wort/Rede/Vernunft). Fachausdruck für Engellehre oder Engelkunde.

Angelophanie (aus gr. *angelos* = Engel und *phainein* = erscheinen). Ein dem Ausdruck für „Theophanie" (Manifestation Gottes) nachgebildetes Wort für → Engelerscheinungen.

Angelus interpres → Deute-Engel

Angelusläuten. In katholischen Gegenden wird morgens, mittags und abends durch Glockengeläut zum Beten des → Englischen Grußes, auch „Angelus" genannt, aufgerufen.

Angelus Novus (Neuer Engel). Von dem Maler Paul Klee (1879–1940), der sich der Mehrdimensionalität der Wirklichkeit sehr bewußt war, gibt es eine ganze Anzahl von Arbeiten zum Thema Engel. Als wäre eine „akademische" Darstellung des Sujets nicht mehr möglich, sind es nur Strichzeichnungen, fast Karikaturen. Zunächst wird man an antike Liebesboten erinnert, doch spätere, ganz anders geartete Bilder tragen seltsame Titel wie ‚Wachsamer Engel', ‚Vergeßlicher Engel', ‚Engel, noch häßlich', ‚Armer Engel', ‚Engel übervoll', ‚Engel, noch weiblich', ‚Engel, noch tastend', ‚Todesengel', ‚Hoher Wächter'. Am bekanntesten ist wohl der ‚Angelus Novus', über dessen Bedeutung viel gerätselt wird. Walter Benjamin glaubte in ihm den „Engel der Geschichte" zu erkennen, der über die Katastrophen hinweg vom Sturm des Fortschritts mitgerissen wird, der sich in seinen Flügeln verfängt. Diese Deutung ist Ausgangspunkt für das Musikwerk ‚Angelus Novus' des Komponisten Claus-Steffen Mahnkopf, das unter der Regie von Taygun Nowbary im Mai 2000 in München uraufgeführt wurde.

> Es gibt ein Bild von Klee, das Angelus Novus heißt. Ein Engel ist darauf dargestellt, der aussieht, als wäre er im Begriff, sich von etwas zu entfernen, worauf er starrt. Seine Augen sind aufgerissen, sein Mund steht offen und seine Flügel sind aufgespannt. Der Engel der Geschichte muß so aussehen. Er hat das Antlitz der Vergangenheit zugewendet. Wo eine Kette von Begebenheiten vor *uns* erscheint, da sieht er eine einzige Katastrophe, die unablässig Trümmer auf Trümmer häuft und sie ihm vor die Füße schleudert. Er möchte wohl verweilen, die Toten wecken und das Zerschlagene zusammenfügen. Aber ein Sturm weht vom Paradiese her, der sich in seinen Flügeln verfangen hat und so stark ist, daß der Engel sie nicht mehr schließen kann. Dieser Sturm treibt ihn unaufhaltsam in die Zukunft, der er den Rücken kehrt, während der Trümmerhaufen vor ihm zum Himmel wächst. Das, was wir den Fortschritt nennen, ist *dieser* Sturm.

> *Walter Benjamin in der neunten seiner Thesen ‚Über den Begriff der Geschichte'*

Angelus Silesius → Cherubinischer Wandersmann

Angromainyu (Böser Geist). Ursprüngliche persische Bezeichnung für → Ahriman.

Anpiel (Zweig Gottes), auch **Anfiel**. In einigen talmudischen Schriften ein Beschützer der Vögel. Auch sagt man, er reiche die Gebete der Menschen weiter in den siebenten Himmel (Dav. 20 und 48).

Anthroposophie (Weisheit/Wissen vom Menschen, von gr. *anthropos* = Mensch und *sophia* = Weisheit). Unbekümmert um die rationalistischen Zeitströmungen sprach Rudolf Steiner (1861–1925), der Begründer der Anthroposophie, in seinem Modell eines spirituellen Universums auch von den Engeln. Es sind nach ihm nicht-materielle Geistwesen, die für den normalen Menschen unsichtbar bleiben, aber für den spirituellen Menschen erkennbar sind. Sie kommunizieren mit der Menschheit durch Bilder, wozu die Menschen ihre in der rechten Gehirnhälfte angesiedelte Fähigkeit zur Intuition entwickeln sollten. Deshalb sei es wichtig, an Kunst, Musik und Tanz Gefallen und Freude zu finden.
Die Rangordnung der Engel ist bei Steiner der klassischen, neun-

stufigen Hierarchie der → Engelchöre sehr ähnlich. Die Seraphim, Cherubim und Throne bilden die höchste Stufe, wobei die Seraphim von der göttlichen Trinität die Ideen und Zielsetzungen des kosmischen Systems empfangen, welche die Cherubim in für Menschen realisierbare Pläne umsetzen. Die Throne, für die Steiner die hebr. Bezeichnung „Ophanim" übernimmt, bewohnen eine Himmelsregion, welche Form und Substanz anzunehmen beginnt. In ihnen begegnet der Himmel der Erde, nimmt die Gestalt des Fleisches an und setzt sich so der Möglichkeit der Korruption aus. Steiner sagt sogar, daß die Ophanim den Menschen in einer liebenden Gebärde Materie als Ausgangsstoff für ihre Existenz anböten.

In der untersten Triade sind besonders wichtig die Archai (Urkräfte), deren Aufgabenbereich die Beziehungen der Gesamtmenschheit zur Erde sind. Sie verändern ihre spirituellen Körper von einem Zeitalter zum anderen und sind eigentlich das, was man „Zeitgeist" nennt. Von ihnen stammen jene großen Wesenheiten, die Bodhisattvas, Yogis, Propheten und Heiligen, die auf die Erde herabsteigen, um die Menschen zu führen. Die Erzengel, „Söhne des Feuers", sind für die Entwicklung der jeweiligen „Seele" der Zivilisationen und Völker ebenso zuständig wie für die Beziehungen zwischen diesen Gesamtseelen und den Individuen. Die einfachen Engel hingegen kümmern sich um die Einzelmenschen. Ihr Einfluß ist in der Kindheit am stärksten. Wenn dann die Gründung einer Familie und die berufliche Karriere im Vordergrund des Denkens stehen, treten sie zurück, um die Entwicklung persönlicher Freiheit und Individualität nicht zu behindern. Danach bemühen sie sich, ihre Schutzbefohlenen wieder zur Ganzheit zu führen, indem sie ihnen helfen, die spirituellen Aspekte des Lebens zu verstehen.

Auf diese Weise werden die Engel zu Lehrern der Menschen, da sie danach streben, die Menschheit auf immer höhere Ebenen von Spiritualität und innerer Entwicklung zu heben. So ist beispielsweise der Erzengel → Michael seit 1879 der Führungsengel unseres Zeitalters, welcher der Menschheit die Wege aus ihrer heutigen chaotischen Geistesverfassung in ein Zeitalter großen Lichtes und spirituellen Bewußtseins weisen wird.

Neben den Geistwesen, welche die Entwicklung des Menschen und der Menschheit fördern, gibt es nach Steiner aber auch ambivalente Kräfte verschiedener Art. Die einen, mit „luziferischem" Charakter, drängen die Menschen zu ungezügelter Selbstverwirk-

24

lichung im geistigen Bereich, während andere, die Steiner mit dem persischen Ausdruck „ahrimanisch" (→ Ahriman) bezeichnet, die Menschen in einem materialistischen, erdhaften Denken festhalten wollen. Der einzelne braucht beide, muß deren Einfluß aber im Gleichgewicht halten, um seinen spirituellen Egoismus durch den Sinn für die Realitäten des Lebens und der Mitmenschen zu zügeln.

Äonen (von gr. *aion* = Zeitalter). In manchen Lehrsystemen der → Gnosis werden die → Emanationen des Absoluten als Engel bezeichnet, da sie als Mittler zwischen der materiellen Welt und ihrem göttlichen Ursprung dienen. Ihr Oberhaupt soll → Abraxas sein.

Apokalyptik (von gr. *apokalyptein* = offenbaren/enthüllen). Der Ausdruck kennzeichnet eine literarische Gattung von Schriften, die auf dem Hintergrund von Spekulationen über die urzeitlichen Anfänge und das zu erwartende Geschehen in der Endzeit ausführliche Details auch über die gute und böse Engelwelt zu berichten wußten. Sie entstanden in den Jahrhunderten vor Christi Geburt, offensichtlich von → Zarathustras Engellehre beeinflußt. Aus ihnen wurden allerdings nur das Buch Daniel und die Geheime Offenbarung des Johannes in die Bibel aufgenommen. Die letztere wird nach ihrem griechischen Titel oft einfach die „Apokalypse" genannt. Ihr eigentliches Ziel ist zwar, die Hoffnung auf die endzeitliche Herrlichkeit zu wecken; da in ihr jedoch mit eindrucksvollen Bildern von kosmischen Schrecknissen der vorausgehende Umsturz aller Verhältnisse geschildert wird, ist die Bezeichnung heute zu einem Synonym für große Katastrophen geworden.

Typisch für all diese Schriften sind dunkle Visionen, die meist durch einen Engel gedeutet werden. Häufig werden dabei Engel- und andere Geistwesen in ihrem → Wirken in der Natur beschrieben und ebenso mit neu erfundenen Namen genannt wie die vielerlei Dämonen, welche Krankheiten verursachen und die Menschen zum Bösen verführen. Desgleichen macht man sich Gedanken, wie das Böse in die Welt kam, wobei mit den Spekulationen über die → Engelsünde und den → Engelsturz, anders als in den alttestamentlichen Texten selbst, den Engeln eine entscheidende Rolle zugewiesen wird. Das beste Beispiel dafür ist das Buch Henoch, das eine weitreichende Wirkung entfaltete und in der äthiopischen Kirche sogar zur Bibel gerechnet wird.

Apollyon → Abaddon

Apsaras. Im Hinduismus weibliche Wassergeister, deren Darstellung an Engel erinnert. Gepaart mit den männlichen Gandharvas, nehmen sie wie diese Vogelgestalt an, um im Flug räumliche Entfernungen zu überwinden. Sie gelten als Vermittler göttlicher Botschaften und Geheimnisse.

Arakiba (von hebr. *arak* = Land und *iba* = des Mächtigen?), auch **Arestaqif, Aristiqifa, Artaqiph.** Einer der Anführer jener Engel, die nach dem Buch Henoch (→ Engelsünde) irdischen Frauen beiwohnten (äthHen 6,7; 69,2).

Archas (von gr. *archè* = Ursprung?), auch **Arkas, Aruchas.** Bei ihm handelt es sich wie bei → Adoil um ein (vor-zeitliches) unsichtbares Wesen aus einem Schöpfungsmythos im slawischen Henochbuch. Gott rief es „von unten" herbei, es war zwar unsichtbar, aber fest und schwer und sehr rot. Als Gott ihm befahl, sich zu öffnen, kam ein → Äon heraus, der die Schöpfung aller unteren Dinge trug (slawHen 26,1–2).

Archonten (gr. Befehlshaber). Oberste Anführer der Dämonen (Mt 12,24; 1 Kor 2,6 u.a.). In den Schriften der → Gnosis wird ihnen Hochmut und Grausamkeit zugeschrieben.

Arelim → Erelim

Ariel (Löwe Gottes, nach Schwab 185). In der Bibel ein symbolischer Name für Jerusalem (Jes 29,1–2 und 7). In okkulten Schriften und Zauberbüchern des Mittelalters wird Ariel als Engel oder Dämon erwähnt, u.a. auch beim Alchimisten Agrippa von Nettesheim (1486–1535) und bei John Dee, dem Astrologen der englischen Königin Elisabeth I. In Shakespeares ‚Sturm' ist er ein Luftgeist, übernommen in Goethes ‚Faust'. In John Miltons ‚Verlorenem Paradies' gehört er zu den rebellischen Engeln (6,460).

Ariuch, auch **Arioch** (Gott ist Licht?). Er wird zusammen mit → Pariuch erwähnt als Wächter über die von → Henoch im Himmel aufgezeichnete Schrift (slawHen 33,11). In John Miltons ‚Verlorenem Paradies' ist er einer der rebellischen Engel (6, 460).

Armaros, hebr. **Chermoni** (der vom Hermon), auch **Armers**. Einer der Anführer jener Engel, die nach dem Buch Henoch (→ Engelsünde) irdischen Frauen beiwohnten (äthHen 6,7; 69,2). Er lehrte die Menschen die Kunst, Beschwörungen wieder zu lösen (ebd. 8,3).

Armen. Einer der Anführer jener Engel, die nach dem Buch Henoch (→ Engelsünde) irdischen Frauen beiwohnten (äthHen 69,2). Der Name ist offenbar verballhornt aus dem ebd. 6,7 genannten → Ramael.

Armers → Armaros

Artaqiph → Arakiba

Aruchas → Archas

Asael (von Gott gemacht), auch **Azael**. Der Name, in der Bibel der Eigenname eines Neffen Davids (2 Sam 2,18 ff. und 23,24), bezeichnet im Buch Henoch (→ Engelsünde) einen Anführer jener Engel, die irdischen Frauen beiwohnten (äthHen 6,7; 69,2). In einigen Handschriften steht an seiner Stelle der Name → Asasel.

Asaryalyur (?). In einigen Handschriften des Henochbuches der Name jenes Engels, der von Gott zu Noah gesandt wurde, um ihn vor der drohenden Flut zu warnen (äthHen 10,1).

Asasel (Gott stärkt), oft auch **Azazel**. Einer der Anführer jener Engel, die nach dem Buch Henoch (→ Engelsünde) irdischen Frauen beiwohnten (äthHen 6,7; 69,2). Er brachte den Männern das Anfertigen von Waffen und die Metallbearbeitung bei, den Frauen die Herstellung von Schmuck, Schminke für die Augenlider und allerlei Farben. Er wird damit zum Urheber alles Bösen in der Welt, vom Krieg der Männer bis zur Verführungskunst der Frauen (ebd. 8,1–2). Nach einer anderen außerbiblischen Schrift war er es, der Adam und Eva im Paradies zur Sünde verführte (ApocAbr 23,9). Auch soll er versucht haben, den Patriarchen Abraham von einem Opfer abzuhalten, das dieser unter Mithilfe des Engels → Jahoel darbringen wollte (ebd. Kap. 13).

Im Alten Testament ist Asasel ein Wüstendämon in Bocksgestalt. Zu ihm wird an einem Fest, dem sog. Versöhnungstag, ein Ziegenbock in die Wüste gejagt, nachdem der Hohepriester diesem mit einem Sündenbekenntnis die Hand aufgelegt und so die Sünden des Volkes auf ihn übertragen hat (Lev 16,5–10 und 20–22). Den Bock nannte man später „Sündenbock".

In John Miltons ‚Verlorenem Paradies' ist Asasel als einer der rebellischen Engel erwähnt (1,638).

Asbeel, auch **Chaschabiel** (Gedanke Gottes?) oder **Asbiel**. Ein Engel, der nach dem Buch Henoch (→ Engelsünde) durch bösen Rat seine Gefährten dazu verführte, irdischen Frauen beizuwohnen (äthHen 69,5).

Aschamdon → Schamdan

Aschmodai, auch **Asmodi** oder **Asmodeus**. Sein Name ist vermutlich abgeleitet vom persischen → Aëschma deva. Nach dem deuterokanonischen Buch Tobit (Anhang 1.3.5) ist er jener böse Dämon, der in der Brautnacht die früheren Männer Saras, der künftigen Frau des jungen Tobias, tötet, weil er das Mädchen liebt (Tob 2,8; 6,15). Er wird mit Hilfe des Engels → Raphael vertrieben und flieht nach Oberägypten (Tob 8,3). Im jüdischen Volksglauben spielt er eine Rolle in König Salomos Zauberkünsten (Dav. 56). Auch heißt es, er säe Zwietracht zwischen Eheleuten, neige zur Trunkenheit und treibe Possen. In John Miltons ‚Verlorenem Paradies' wird sein Sturz im Engelkampf (6,452) und seine Vertreibung durch Raphael (4,226) erwähnt.

Asdiel → Sahriel

Asdreel. Nach dem Henochbuch einer der gefallenen Engel (→ Engelsünde), von dem es heißt, er habe die Menschen über den Lauf des Mondes belehrt (äthHen 8,3). Dies wird in einigen Handschriften auch → Sahriel zugeschieben.

28

Asfael (Gott hat hinzugefügt). Einer jener Engel, die das Buch Henoch als Lenker der Gestirne erwähnt (äthHen 82,20).

Asmodi/Asmodeus → Aschmodai

Astarot (Mehrzahl von Astarte). Diese war bei den Nachbarn Israels Göttin der Fruchtbarkeit und Himmelskönigin, babylonisch Ischtar. Im jüdischen Volksglauben wurde daraus unter dem Namen Astarot ein weiblicher → Seraph, der sich → Satan anschloß. Sie ist zugleich schön und häßlich, reitet auf einem Drachen, in der rechten Hand eine Schlange haltend, und herrscht auch über die Seelen der Toten, die am nächtlichen Firmament als Sterne sichtbar sind.

Asuras. In der Frühzeit der indischen Religion eine Bezeichnung für die Gottheiten iranischen Ursprungs. Seit dem Übergang zu neuen philosophischen und religiösen Vorstellungen im ersten vorchristlichen Jahrtausend wird der Ausdruck hingegen für götter- und menschenfeindliche Dämonen benutzt. Er findet sich auch im → Buddhismus für niedere Götter, die – noch unerlöst im Wiedergeburtsbereich weilend – auf den Hängen des mythischen Weltenberges oder in Luftpalästen hausen.

Ätherleib. Während seit Thomas von Aquin (1225–1274) die Engel von den meisten Theologen als reine Geistwesen, ohne jede Art von → Körperlichkeit, angesehen werden, war es bis zum Hochmittelalter allgemeine Lehre, daß die Leiber der Engel aus Äther bestünden, eine Auffassung, die noch heute von der → Anthroposophie geteilt wird.

Die frühe Antike sah im Äther (gr. *aither*) die hellstrahlende obere Himmelsluft, in der die Götter wohnten, während er in der aristotelischen Kosmologie als jene feine Materie galt, welche die vier irdischen Elemente Feuer, Erde, Luft und Wasser als fünftes („Quintessenz") umschließt und die himmlischen Sphären mit Mond, Planeten und Fixsternen trägt. Der Äther wurde als rot glühend gedacht, weshalb auf frühen Engeldarstellungen die vom weißen Gewand nicht verdeckten Körperteile rot gefärbt sind. Auch der Nimbus (Heiligenschein) verweist auf die ätherische Leiblichkeit der Engel sowie der Heiligen im Himmel.

Attribute der Engel. In der Kunst ist mit Attribut (lat. Beigefügtes) ein Kennzeichen oder Symbol gemeint, das an die Funktion oder die Taten bestimmter Personen erinnert. In unserer Vorstellung und in der darstellenden Kunst sind die Engel an ihren → Flügeln als Wesen der Lüfte und der Himmelssphären zu erkennen, wobei die Vielzahl von Augen, die manchmal aufgemalt sind, auf Wissen und Wachsamkeit hindeutet. Außerdem halten sie oft Schriftrollen in Händen, auch den Botenstab, ein Szepter oder das römische Labarum (Kaiserstandarte mit Christusmonogramm). In Darstellungen der himmlischen → Liturgie schwingen sie Weihrauchgefäße und tragen liturgische Geräte, Kerzen und Buchrollen; manchmal halten sie in der Hand auch Lilien oder rote Rosen, welche die Passion Christi symbolisieren; beim → Jüngsten Gericht blasen sie Posaunen. Als weitere Attribute können hinzukommen: offene Bücher als Zeichen der Fülle ihres Wissens, Waagen als Symbol der göttlichen Gerechtigkeit, Szepter, Weltkugeln oder Schwerter als Hinweis auf ihre Rolle bei der Regierung der Völker sowie Speere als Zeichen ungewöhnlicher Geschicklichkeit und durchschlagender Kraft. Und schließlich werden sie als Lobsänger Gottes mit allen erdenklichen Musikinstrumenten ausgestattet.

→ Gewand der Engel sowie → Gabriel, → Michael, → Raphael und → Uriel

Außerirdische. Seit der Mitte des vergangenen Jahrhunderts tauchen immer wieder Berichte über UFOS (Unidentified Flying Objects = unbekannte Flugobjekte) auf, auch „Fliegende Untertassen" genannt, deren Insassen als ETs (extraterrestrians) oder „aliens" bezeichnet werden. Diese hätten in ihren Raumschiffen sogar Menschen mitgenommen, die nach ihrer Freilassung von Erlebnissen erzählen, welche an die ekstatischen Himmelsreisen im außerbiblischen Schrifttum der Zeitenwende erinnern.

Die Verbreiter solcher Geschichten denken allerdings bei den Aliens nicht an engelhafte Gottesboten. Sie sehen vielmehr in den Engelüberlieferungen ebenso wie in den alten Göttermythen nichts anderes als dunkle Erinnerungen an Besucher aus außerirdischen Zivilisationen, die keinerlei übernatürliche Züge tragen, sondern unserer Zivilisation lediglich an Technologie weit voraus sind. Ein Erich von Däniken sucht nach Hinweisen in Mythologie und Archäologie, um den Besuch von hochentwickelten Intelligenzen aus fernen Sternenwelten nachzuweisen. Er interpretiert den „Sündenfall" der Göttersöhne, die sich mit den Menschentöchtern vermischten (→ Engelsünde), als gentechnische Kreuzung von Außerirdischen mit Menschen; im seltsamen, bei Ezechiel als → Cherubim beschriebenen Gottesgefährt glaubt er ein Raumschiff zu erkennen und in den geflügelten → Seraphim des Propheten Jesaja die naive Wiedergabe von Fortbewegungsapparaten außerirdischer Kosmonauten.

Gewiß läßt sich die Möglichkeit der Existenz intelligenter Lebewesen in anderen Sternenwelten nicht von vorneherein ausschließen. Doch gibt es bislang keinerlei gesicherte Beweise dafür, daß einige von ihnen unsere Erde besucht hätten. Eher könnte es sein, daß in den Berichten über Ufos und Außerirdische die Ängste der Menschen vor Krieg und Weltuntergang in den technologischen Bildern unserer Zeit zum Ausdruck kommen. In früheren Jahrhunderten stellte man diese Ängste in bedrohlichen Kampfszenen mit bewaffneten Reitern am Himmel dar, wie dies viele Flugblätter aus den Anfangszeiten des Buchdrucks bezeugen.

Azrail, auch **Izrail**. In der islamischen Überlieferung der Name des im Koran nicht namentlich genannten Todesengels. Er soll 70 000 Fuß groß sein und 4 000 Flügel haben, die mit unzähligen Augen bedeckt sind. Wenn eines von ihnen zwinkert, stirbt ein Mensch.

Azael → Asael

Azazel → Asasel

Azza. Eigentlich wohl jener → Semyaza aus der Erzählung von der → Engelsünde im Henochbuch. Zur Strafe für seinen Umgang mit irdischen Frauen soll er nach einer jüdischen Legende ständig im freien Fall vom Himmel zur Erde stürzen, ein Auge geschlossen, das andere weit offen, um stärker terrorisiert zu werden. Manche meinen allerdings, er sei gestürzt worden, weil er die Erhebung → Henochs zum Engel mißbilligt hatte. Auch sagt man von Azza, er habe Salomon die himmlischen Geheimnisse enthüllt, so daß der König der weiseste Mann auf Erden wurde (Dav. 65).

B

Barakel (Blitz Gottes), auch **Barachiel, Baraqal** und **Baraqayal**. Einer der Anführer jener Engel, die nach dem Buch Henoch (→ Engelsünde) irdischen Frauen beiwohnten (äthHen 6,7; 69,2). Er soll die Menschen die Astrologie gelehrt haben (äthHen 8,3; Sib 2,215). Andererseits wurde ein Barachiel mit der Bezeichnung *Adjutor* = Helfer offenbar auch zu den Erzengeln gezählt, so auf einem 1516 in der Kirche des Märtyrers Angelus in Palermo aufgedeckten Fresko.

Basasel (?), auch **Bazazel** oder **Busaseyal**. Einer der Anführer jener Engel, die nach dem Buch Henoch (→ Engelsünde) irdischen Frauen beiwohnten (äthHen 69,2).

Batarel (?), auch **Bataryal** oder **Batraal**. Einer der Anführer jener Engel, die nach dem Buch Henoch (→ Engelsünde) irdischen Frauen beiwohnten (äthHen 6,7; 69,2).

Bazazel → Basasel

Beatrice. Das junge Mädchen, das nach der Schilderung in ‚Vita Nuova‘ Dantes Liebe entfacht hatte, sieht er im Paradiso, dem dritten Teil seiner ‚Divina Commedia‘, als Engel, der ihn zum → Empyreum führt (siehe Abbildung S. 6).

Beelzebul (Baal ist Fürst). Das Wort *beel/baal* meint Herr oder Besitzer und war der Name des wichtigsten kanaanäischen Gottes. Schon im Alten Testament wurde aus Beelzebul durch die Verballhornung **Beelzebub** „Herr der Fliegen" (2 Kön 1,2–6). Im Neuen Testament wird Jesus von seinen Gegnern mit dem Namen dieses „Anführers der Dämonen" beschimpft (Mk 3,22; Mt 10,25; 12,24–27). Im Hexenglauben gilt er als einer der Dämonen, die mit Frauen schlafen. Auch in Fällen von Besessenheit taucht der Name oft auf. In John Miltons ‚Verlorenem Paradies‘ wird er ebenfalls erwähnt (1,580).

Belial/Beliar (von hebr. *belijaal* = unnütz, nichts wert). Mit diesem Namen, der im Alten Testament mehrfach als Ausdruck für „übles Gesindel" dient (Dtn 13,14; Ri 19,20 und 20,13), beschimpft Paulus den Satan als Widersacher Christi (2 Kor 6,15).

Außerbiblische Schriften der Zeitenwende kennen Belial als Anführer der Dämonen (z.B. Test XII, Ruben 2,2), in den Sibyllinischen Büchern ist es der Name des Antichrist (Sib 2,167 u.a.).

Berkael (Mühe?), auch **Berekeel**. Einer jener Engel, die das Buch Henoch als Lenker der Gestirne erwähnt (äthHen 82,17).

Bildai. In Klopstocks ‚Messias‘ ein → Seraph, Schutzengel des Apostel und Evangelisten Matthäus.

Bretil → Vrevoil

Brot der Engel. Diese seit dem Mittelalter manchmal für die geweihte Hostie gebrauchte Bezeichnung geht zurück auf das Ende der Tobiaserzählung (12,19). Dort gibt sich der Engel → Raphael zu erkennen und sagt nach der im Mittelalter maßgeblichen lat. Bibelübersetzung, der Vulgata: „Man sah mich zwar mit euch essen und trinken, ich aber bediente mich unsichtbarer Speise und eines Trankes, der von Menschen nicht gesehen werden kann." Aus Psalm 78,25, der die Wohltaten Gottes während der Wüstenwanderung der Israeliten aufzählt: „[Gott] ließ Manna regnen auf sie zur Speise und gab ihnen Himmelsbrot. Brot der Starken [d.h. der Engel] aßen sie alle…", schloß man, daß die Engel sich von Manna nähren. Da sich dann Jesus im Neuen Testament an Stelle des Mannas als das wahre Brot (Joh 6,32+48) bezeichnete, wurde das Manna zum Synonym für die eucharistische Speise, das Abendmahl (1 Kor 10,3−4).

Buddhismus. Auch wenn der Buddhismus keinen Schöpfergott im Sinne der monotheistischen Religionen kennt, so leugnet er doch nicht die Existenz von Göttern und engelähnlichen oder dämonenhaften Wesen. Sie haben zwar eine übermenschliche Daseinsform, unterliegen jedoch, wie die gewöhnlichen Sterblichen, dem leidvollen Kreislauf von Tod und Wiedergeburt, so lange sie sich nicht durch sittliche Vollendung und Erleuchtung aus diesem Bereich des

„Samsara" befreit haben und ins „Nirwana", die Sphäre der Erlösung, eingegangen sind.

Der frühe Buddhismus (seit dem 5. Jh. v. Chr.) hat viele der im → Hinduismus bekannten Geistwesen übernommen und ihre künstlerische Darstellung geduldet, wovon z. B. die reizvollen → Apsaras in den Höhlentempeln von Ajanta zeugen. Im späteren Mahayana-Buddhismus (entstanden um die Zeitenwende) und besonders im tibetischen Tantrismus wurde nicht nur die Zahl der (transzendenten) Buddhas in der Sphäre der Erlösung vermehrt, sondern auch die Zahl der Schutzmächte und dienenden Geister, wie sie häufig als Meditationsvorlagen auf Wand- und Rollbildern dargestellt sind. Unter ihnen sind nicht selten Götter und Dämonen, die durch die überlegene geistige Kraft eines buddhistischen Gurus in den Dienst der Lehre Buddhas gezwungen wurden. Unserem Begriff von Engeln entsprechen am ehesten die → Dakinis.

Busaseyal → Basasel

Business Angels. Bezeichnung für ehemalige Unternehmer, die über Kapital verfügen und es jungen Existenzgründern zur Verfügung stellen. Es soll in den USA derzeit eine Million von ihnen geben und in Deutschland 27000, letztere erreichbar im Internet als „Business Angels Network Deutschland".

C

Camael (gottähnlich), auch **Kemuel**. In der Kabbala und im Okkultismus ein sehr mächtiger Engel. Nach einer jüdischen Legende wollte er aus Eifersucht verhindern, daß Moses am Sinai von Gott das Gesetz erhielt (Dav. 80).

Cassiel. In Wim Wenders Film ‚Der Himmel über Berlin' wird er zusammen mit → Damiel als Schutzengel zu den Menschen der Großstadt gesandt. Sein stets etwas traurig wirkender Darsteller war Otto Sanders. Die jüdische Überlieferung kennt ihn auch unter dem Namen **Kafziel** (Schnelligkeit Gottes) als den Engel der Einsamkeit und der Tränen (Dav. 82).

Cerviel, auch **Gerviel** oder **Zeruel** (Gott hilft). In der jüdischen Überlieferung der Schutzengel Davids, der ihm schon bei der Bezwingung des Riesen Goliat half (Dav. 83 und 124).

Chairoum. Nach dem apokryphen Bartholomäus-Evangelium der Herrscher über den Nordwind. Er hält in der Hand einen Feuerbrand und sorgt dafür, daß die Erde nicht zu naß wird.

Chajoth → Hajoth

Chaschabiel → Asbiel

Chalkatura. Nach dem apokryphen Bartholomäus-Evangelium einer von neun Engeln, welche ständig durch Himmel und Erde streifen.

Chermoni → Armaros

Cheruben. So werden manchmal die schönen jugendlichen Engel genannt, die seit der Renaissance häufig in der Malerei zu sehen sind, was angesichts der machtvollen → Cherubim der Bibel nicht recht einleuchten kann.

Cherubim (der hebr. Plural von Cherub). Das Wort ist vermutlich identisch mit dem mesopotamischen *karibu*, das beschwingte Ungeheuer bezeichnet, Mischgestalten aus Menschenkopf, Löwenleib, Stierfüßen und Adlerflügeln, wie sie, ähnlich den Sphinxgestalten in Ägypten, als Wächter an den Toren babylonischer und assyrischer Tempel und Paläste standen. Der biblische Autor konnte die Cherubim bei seinem Publikum als bekannt voraussetzen; denn sie beschirmten im Bundeszelt (Ex 37,5–9) und im Salomonischen Tempel (1 Kön 6,29–31) mit ausgebreiteten Flügeln den Zugang zum Allerheiligsten. Cherubim werden auch am Ende der Paradiesgeschichte des Buches Genesis genannt. Nach der Vertreibung aus dem Paradies, so heißt es dort, „stellte [Gott] östlich des Gartens von Eden die Cherubim auf und das lodernde Flammenschwert, damit sie den Weg zum Baum des Lebens bewachten" (Gen 3,24).

In den Visionen des Propheten Ezechiel, der im 6. Jh. ins Exil nach Babylon gebracht worden war, sind die Cherubim als Wesen erwähnt, die dem Allherrscher als Thron dienen. In seiner ersten Vision (Kap. 1), die Ezechiel als eine „Erscheinung des Herrn" bezeichnet, beschreibt er ausführlich den göttlichen Thronwagen: vier geflügelte Lebewesen mit den Gesichtern eines Menschen, eines Löwen, eines Stiers und eines Adlers, zwischen denen ein funkensprühendes Feuer brannte und neben denen sich vier von Edelsteinen funkelnde Räder bewegten. Die zweite Vision (Kap. 10) ist der ersten sehr ähnlich, wobei die Räder besonders hervorgehoben sind. Der Prophet vernimmt ausdrücklich, daß das Räderwerk *galgal* genannt wird, was wahrscheinlich Wirbelwind bedeutet, und es fällt auch die Bezeichnung Cherubim für die in der Vision erblickten Wesen.

Daß Gott über den Cherubim thront, ist auch an anderen Stellen der Bibel erwähnt (Ps 80,2 und 99,1 sowie 2 Kön 19,15), oder es wird ein Cherub als Gefährt Gottes genannt: „Und er (Gott) fuhr auf dem Cherub und flog daher, er schwebte auf den Fittichen des Windes" (Ps 18,11; ähnlich 2 Sam 22,11). Dahinter steht die alte Vorstellung, daß Gott auf den Gewitterwolken kommt.

Im Neuen Testament erinnern an die Cherubim jene „vier Wesen" in der Offenbarung des Johannes (4,6–7), die aussahen wie ein Löwe, ein Stier, ein Mensch und ein Adler, woraus dann die Symbole für die vier Evangelisten entstanden. In der christlichen Engellehre dienen die Cherubim als Gattungsname für den zweiten der →

36

Hesekiel schaut die Herrlichkeit Gottes (Ez 1, 4–28), rechts vor ihm ein Cherub sowie die edelsteinbesetzten Räder. Kupferstich von Matthäus Merian, 1627/28. Sog. Merian-Bibel, Straßburg 1630

Engelchöre. Während die → Seraphim die „Vielflügeligen" sind, sind die Cherubim die „Vieläugigen", weil sie Gott, das erste Prinzip allen Wissens, unmittelbar schauen. Durch die Fähigkeit, Gott zu sehen und zu erkennen und ihre Weisheit weiterzugeben, sind sie die Spender von Wissen. Mehrfach sind sie auch in John Miltons ‚Verlorenem Paradies' erwähnt (1,181; 1,455; 12,301).

Cherubinischer Wandersmann. Der Barockdichter Johannes Scheffler (1624–1677), der sich nach seiner Herkunft *Angelus Silesius*, d.h. „Schlesischer Bote/Engel", nannte, war beeinflußt von den Lehren des Dionysios Areopagita (→ Engelchöre) über die mystische Einswerdung des Menschen mit Gott. Seine Sinnsprüche, deren erstes Buch er nach eigenem Zeugnis in einer Art Ekstase verfaßte, tragen den bezeichnenden Titel ‚Cherubinischer Wandersmann'. „Wer hier auf niemand sieht, als nur auf Gott allein, / Wird dort ein Cherubin bei seinem Throne sein."

37

Cosmiel (von gr. *kosmos* und hebr. *el*). Fiktiver himmlischer Begleiter und Gesprächspartner des Jesuiten Athanasius Kircher (1602– 1680) in dessen phantasievollem ‚Iter extaticum coeleste' (Ekstatische Himmelsreise). Dort breitet der zu seiner Zeit berühmte Mathematiker und Naturwissenschaftler sein Wissen über die Beschaffenheit der Himmelskörper und ihre Umläufe in Form einer imaginären Weltraumfahrt auf gemeinverständliche Weise aus.

D

Dakinis. Im Hinduismus weibliche Dämonen, die als blutrünstige Hexen oder verführerische Partnerinnen auftreten, meist dargestellt als nackte Frauengestalten. Im späteren → Buddhismus stellen sie die Verbindung her zwischen den transzendenten Buddhas in der Sphäre der Erlösung und dem noch im Bereich von Tod und Wiedergeburt, dem Samsara, verhafteten Menschen. Sie erfragen von den Buddhas das nötige Wissen, um dem Heilssucher die Lehre der Meister verständlich zu machen, ihn paranormale Fähigkeiten zu lehren und ihn zu Erleuchtungen zu inspirieren. In der Kunst werden sie zwar ohne Flügel dargestellt, aber häufig in Posen, die im indischen Tanz das Fliegen andeuten.

Damiel. Aus mittelalterlichen Zauberbüchern stammender Name (Dav. 94) des Engels, der sich in Wim Wenders Film ,Der Himmel über Berlin' in eine Trapezkünstlerin verliebt und wegen ihr auf seine Engelnatur verzichtet. Darsteller war Bruno Ganz.

Dämonen. Während dieses Wort heute im christlichen Sprachgebrauch durch die Gleichsetzung mit Satan und seinen Gehilfen einen rein negativen Beigeschmack hat, wurde damit ursprünglich im Griechischen, z. B. bei Homer, auch die Gottheit bezeichnet, wobei mit *theos* meist ein bestimmter Gott und mit *daimon* seine sich äußernde Kraft gemeint war. Platon sieht die Dämonen als übermenschliche – böse oder gute – Wesen, die zwischen Göttern und Menschen stehen. Er spricht auch von einem Daimon als dem persönlichen Schutzgeist eines Menschen, wie er etwa seinem eigenen Lehrer Sokrates innewohne.

Fast überall gibt es die Scheidung in lichte und dunkle, d. h. heilsame und verderbenbringende Dämonen. Sie sind, anders als die Götter, leidensfähig, und sie können durch menschliche Handlungen beeinflußt werden. Ihre Körper sind eine Mischung aus irdischem Stoff und → Äther.

Besonders die sumerisch-babylonische Kultur entwickelte eine

Die Ratna-Dakini, Umzeichnung eines tibetischen Druckes

komplizierte Dämonenkunde, die zur Heilung von Krankheiten und zur Abwehr anderer Unglücksfälle besondere Riten vorsah, um sich das Wohlwollen der guten Geister zu sichern und die bösen abzuwehren. Auch der griechische und römische Volksglaube kannte mit übermenschlichen Kräften ausgestattete, unberechenbare Geister als Gespenster oder auch als Verursacher von Krankheiten. Mit Hilfe von Zauberpraktiken suchte man sie in Dienst zu nehmen oder sich vor ihnen zu schützen.

Im Alten Testament ist von Dämonen relativ selten die Rede, außer vielleicht in poetischen Ausmalungen (→ Rabisu, → Verderber, → Lilith, → Mittagsdämon oder → Aschmodai). In der außerbiblischen Literatur der Zeitenwende und im Neuen Testament werden sie eher als „böse" oder „unreine" → Geister bezeichnet. Im Christentum wurden nicht nur die alten heidnischen Götter zu den

Dämonen gerechnet, sondern diese immer mehr mit den gefallenen Engeln gleichgesetzt, so daß schließlich Satan und Dämon zu Synonymen wurden. Im Islam hingegen sind die Dämonen unter der Bezeichnung → Dschinn weiterhin eine eigene Kategorie unter den Geistwesen geblieben.

Dämonologie (Lehre von den Dämonen). Sie nahm ihren großen Aufschwung gegen Ende des Mittelalters, als mit dem aufkommenden Hexenwahn eine Fülle von Traktaten über dieses Thema erschienen. Unter ihnen ist vor allem der ‚Hexenhammer‘ von 1487 (lat. *Malleus Maleficarum*) zu nennen. Andere Beispiele sind die 1604 veröffentliche ‚Daemonologia‘ des englischen Königs Jakob I., auf den die „King James Version“ der Bibel zurückgeht, oder ‚The Political History of the Devil Ancient and Modern‘, die der durch seinen ‚Robinson Crusoe‘ bekannte Daniel Defoe (ca. 1660–1731) 1726 herausbrachte. Wie sehr das damalige Denken von der Dämonenfurcht infiziert war, zeigt sich darin, daß selbst ein Jean Bodin (1529/30–1596), der angesehenste Staatsrechtslehrer seiner Zeit und Vorkämpfer für die Naturrechtslehre und die Toleranz gegenüber den Hugenotten, eine ausführliche Dämonenlehre ausgearbeitet und die unbarmherzige Vernichtung der Hexen gefordert hat.

Danel, auch **Danyal** oder **Daniel** (Gott ist Richter). Einer der Anführer jener Engel, die nach dem Buch Henoch (→ Engelsünde) irdischen Frauen beiwohnten (äthHen 6,7; 69,2). In der Bibel ist Daniel mehrfach der Eigenname von Personen, u. a. für einen Propheten.

Deute-Engel, in der Fachliteratur oft auch *angelus interpres* (lat. für Übersetzer) genannt. Die Schriften der → Apokalyptik benutzen ihn besonders gerne als Reiseführer durch die himmlischen Gefilde, als Erklärer der Naturphänomene oder als Offenbarer urzeitlicher Geschehnisse. Aber auch in den späten Büchern des Alten Testaments treten neben den Engeln als Boten, die das Gotteswort direkt übermitteln, andere Geistwesen auf, die den Menschen die sonst unverständlichen Inhalte eines Geschehens oder einer Vision über die jenseitige Welt deuten. So wird Ezechiel (erste Hälfte des 6. Jh. v. Chr.) in einer prophetischen Ekstase von einem geheimnisvollen Mann an der Haarlocke emporgehoben (8,3) und später, vermutlich auf die gleiche Weise, nochmals abgeholt, wobei er wieder einen Mann sieht, der ihm seine Visionen deutet und ihn beauftragt, das Gesehene dem Volk Israel mitzuteilen (Kap. 40–48). Dem Propheten Sacharja (um 500 v. Chr.) erläutert ein Engel den Sinn und die Bedeutung seiner dunklen Visionen, in denen er geheimnisvolle Männer, berittene Krieger oder von Pferden gezogene Wagen sieht (Sach 6,4–8). Ähnliches wird dem Propheten Daniel zuteil, der tief bekümmert ist, weil er das in einer Vision Geschaute nicht versteht. „Da trat ich", so heißt es, „zu einem von denen, die dastanden, und erbat mir von ihm über alles sichere Kunde. Und er antwortete mir und ließ mich wissen, was die Dinge bedeuteten" (Dan 7,16). In anderen Gesichten Daniels ist es Gabriel, der ihm in geheimnisvollen Erläuterungen die Zukunft erschließt (Dan 8,15 ff.; 9,21).

Deute-Engel fehlen auch nicht im Neuen Testament: Sie erklären das leere Grab Jesu mit seiner Auferstehung von den Toten (Mt 28,1–10; Mk 16,1–8; Lk 24,1–10). Als Jesus am vierzigsten Tag nach der Auferstehung emporgehoben wird und in einer Wolke verschwindet, sagen zwei weißgekleidete Engel den Jüngern, Jesus sei in den Himmel gegangen, von wo er einst wiederkommen werde (Apg 1,9–11).

Devas/Daevas. In → Zarathustras Engellehre Sammelbezeichnung für die unter → Ahrimans Herrschaft stehenden bösen Dämonen. Das Wort (aus dem Sanskrit) ist verwandt mit dem lat. Ausdruck für die Gottheit: *deus* oder *divus*. Offensichtlich hatte Zarathustra die Götter der von ihm überwundenen altpersischen Religion zu Dämonen abgestuft.

diabolisch. Eine nach dem gr. Wort *diabolos* für → Teufel gebildete Bezeichnung für eine besonders hinterhältige Bosheit.

Dienstbare Geister. Am Anfang des Hebräerbriefes, wo die Einzigartigkeit Christi betont wird, ist die reine Dienstfunktion der Engel besonders hervorgehoben. Sie sind „dienende Geister, ausgesandt, um denen zu helfen, die das Heil erben sollen" (1,14).

Doctor angelicus (Engelgleicher Gelehrter). Ehrentitel, den Thomas von Aquin (um 1225–1274) wegen seiner Einsichten auf dem Felde von Philosophie und Theologie erhielt. Er hatte sich schon in jungen Jahren entschlossen, dem neuen und in den Augen seiner hochadeligen Familie nicht standesgemäßen Predigerorden der Dominikaner beizutreten. Als ihn niemand dazu überreden kann, seine Entscheidung rückgängig zu machen, wird er auf der Reise nach Paris von seinen Brüdern kurzerhand entführt und über ein Jahr lang in einem Zimmer des Familiensitzes Roccasecca in Unteritalien gefangengehalten. Man sperrt zu ihm eine junge Frau, die ihn verführen soll, aber er vertreibt sie mit einem brennenden Holzscheit. Darauf wird er von zwei Engeln besucht, die ihm den Gürtel der Keuschheit anlegen, so daß er nie wieder ein körperliches Verlangen nach einer Frau hat.

Doppelgänger. In vielen alten Kulturen ist man davon überzeugt, in jedem Menschen wohne ein Alter ego, ein „zweites Ich", das sich als Intuition und als Stimme des Gewissens äußert. In der römischgriechischen Antike spricht man von einem → Genius oder → Dämon im Sinne des *daimonion* bei Sokrates. Um die Zeitenwende entwickelte sich die Vorstellung, ein solches zweites Ich entstehe bei der Geburt eines Menschen als dessen geistiger Doppelgänger, der ihn schützend und inspirierend durch das Leben begleite. Darin liegt sicher einer der Ursprünge der Schutzengelgestalt; denn dieser Zwilling wurde oft „Engel" genannt, da er die Verbindung zum göttlichen Bereich herstellte.

Die Vorstellung von einem engelhaften Doppelgänger erklärt auch die seltsame Reaktion der Jünger: „Es ist sein Engel" (Apg 12,15) im Bericht von der wunderbaren Befreiung des Petrus aus dem Kerker (Anhang 2.4.5). In Anbetracht der Umstände wollten sie der Meldung der Magd, Petrus stehe draußen vor der Tür, nicht glauben, und meinten, es könne sich nur um eine Erscheinung von dessen engelhaftem Doppelgänger handeln, da der leibhaftige Petrus ja streng bewacht im Gefängnis liege.

Drache (von gr. *drakon*). Bildhafte Bezeichnung für Satan in der Geheimen Offenbarung des Johannes als Symbol der widergöttlichen Macht des Bösen: „Die alte Schlange, die Teufel oder Satan heißt" (12,7–13). Er wird schließlich in den Abgrund geworfen und für 1000 Jahre gefesselt (20,1–3), bevor er nach einer kleinen zur Verführung der Menschen gewährten Zeitspanne endgültig zur ewigen Peinigung in den Feuer- und Schwefelsee geworfen wird

(20,7–10) und ein neuer Himmel und eine neue Erde erschaffen werden können (21–22).

Der biblische Text greift hier das Bild von einem Kampf gegen den Drachen auf, das sich in einigen altorientalischen Weltschöpfungsmythen findet, in denen die Macht des Chaos, die von Seeungeheuern bevölkerte Urflut, von der schöpferischen Gottheit bezwungen werden muß.

Im Alten Testament findet sich die Vorstellung von einem Sieg Gottes über den Drachen nur an einigen wenigen Stellen. So sport beispielsweise der Prophet Jesaja seinen Gott zur Rettung des im Exil weilenden Volkes mit den Worten an: „Wach auf wie in früheren Tagen, wie bei den Generationen der Vorzeit! Warst du es nicht, der die Rahab (eine Personifikation der Urflut) zerhieb und den Drachen durchbohrte?" (51,9). Ähnliche Passagen gibt es im Buch Hiob (26,12–13) oder in den Psalmen (74,13–17 und 89,10–12). Man kann solche mythisch anmutenden Bilder für eine poetische Redeweise ohne besondere Aussage halten. Vielleicht spiegeln sie aber auch eine Reflexionsstufe wider, die dem erst später entstandenen Schöpfungsbericht im ersten Kapitel des Buches Genesis vorausging. Dieser verzichtet ganz bewußt auf Bilder, die Assoziationen an einen Götterkampf wachrufen könnten, um so das Schöpfungswirken Gottes als Ausfluß seiner souveränen Macht zu zeigen, die alle Geschöpfe ohne Mühe ins Dasein rufen kann.

Dschinn oder **Djinn**. Im Islam Bezeichnung für untergeordnete Geistwesen, die häufig auch im Koran erwähnt sind. Offensichtlich sind es die Dämonen der vorislamischen Zeit. Sie können mit den Menschen sexuell verkehren (Sure 55,56), werden von den Heiden als Götter angebetet (Sure 34,41), wurden aber wie die Menschen nur geschaffen, um Gott zu dienen (51,56). Teils sind sie gutartig, teils böse (Sure 72,11), wofür sie dereinst von Gott wie die Menschen gerichtet werden (Sure 55,31). Einige Dschinns bekehrten sich sogar, als sie von Mohammeds Predigt hörten (46,29–32; 72,1–3 9).

Die Dschinns werden von den gefallenen Engeln unterschieden, auch wenn die Abgrenzung nicht immer eindeutig ist.

E

Elementargeister. Bezeichnung für die geheimnisvollen Wesen, welche nach einem weit verbreiteten Volksglauben die Natur bevölkern: Gnome in der Erde, Undinen im Wasser, Sylphen in der Luft oder Salamander im Feuer. Diese Märchen- und Sagengestalten werden jedoch gewöhnlich nicht zu den Engeln gerechnet, auch wenn der Glaube an ihre Existenz die antiken und mittelalterlichen Vorstellungen über das → Wirken der Engel in der Natur beeinflußt haben mag.

In der Bibel wird das gr. Wort *stocheion*, pl. *stocheia*, das eigentlich Grundstoff oder Prinzip bedeutet, manchmal mit Elementargeister übersetzt, da darunter offenbar persönlich wirkende Potenzen dämonischer Natur verstanden werden, die den Menschen beherrschen (Gal 4,3 und 9; Kol 2,8 und 20).

Elim. In Klopstocks ‚Messias' ein → Seraph aus der Ordnung der Schutzengel (III 299 und 367). Ihm ist der Apostel Judas Thaddäus anvertraut, den Klopstock „Lebbäus" nennt, einigen Evangelienhandschriften folgend.

Eloa. Er wird in Klopstocks ‚Messias' als der von Gott zuerst erschaffene → Seraph häufig genannt (I 291 u. a.).

Elumeel (Verborgener Gott?), auch **Elomeel** oder **Iyelumiel**. Einer jener Engel, die das Buch Henoch als Lenker der Gestirne erwähnt (äthHen 82,14).

Emanation (von lat. *emanare* = hervorgehen). Im Zusammenhang der Engellehre das anfangslose Hervorgehen von Geistwesen aus der transzendent und unverändert bleibenden Gottheit, im Gegensatz zur → Geschöpflichkeit aller Geistwesen. Emanationen sind die → Amesha Spentas bei Zarathustra, viele der Mächte und Kräfte in der → Gnosis sowie die zehn Sephiroth in der → Kabbala. Eine gewisse Entsprechung findet sich in der christlichen Trinitätslehre, wo der

Sohn und der Geist aus dem Vater hervorgehen, während der →
Geist Gottes im Alten Testament und im rabbinischen Judentum
zwar als eine von Gott ausgehende Kraft, jedoch nicht als eigenständiges Mittelwesen zwischen Gott und der Welt gesehen wird.

Empyreum (nach gr. *empyros* = glühend, abgeleitet von *pyr* =
Feuer). Die Antike dachte sich die oberste Weltgegend als Feuer-
himmel, dessen Materie aus → Äther besteht. Daraus entstand die
Vorstellung vom Jenseits als einem Ort des Lichts. In Dantes ‚Divina Commedia‘ ist es der Ort der Engel und Seligen.

Engel. In den Berichten der Bibel, die von Begegnungen der Menschen mit Gott handeln, wendet sich Gott entweder direkt an die
Menschen, meist eingeleitet mit der Formel „Gott sprach …“, oder
er bedient sich eines geheimnisvollen Vermittlers, der als „Bote“ bezeichnet wird. Das Wort dafür ist hebr. *mal'ak*, gr. *angelos* und lat.
angelus, woraus das deutsche Lehnwort „Engel“ wurde.

Im Alten Testament werden nur diese Boten als Engel bezeichnet,
nicht aber jene Geistwesen, die der göttlichen Weltregierung dienen
und im Himmel Gottes Majestät lobpreisen, wie die himmlischen →
Heerscharen oder die → Seraphim und → Cherubim. Erst später
setzte sich das Wort „Engel“ als Sammelbegriff für alle Geistwesen
durch, während es zugleich auch noch als Gattungsbegriff für den
untersten, neunten Grad innerhalb der Hierarchie der → Engelchöre dient, nämlich für die Engel im engeren Sinn des Wortes, deren spezielle Aufgabe es ist, mit den Menschen in Kontakt zu treten.

→ Engelerscheinungen, → Erschaffung, → Geistnatur, → Geschöpflichkeit, → Wirken in der Natur, → Judentum, → Islam, →
Kunst und Engel

Engel des Abgrundes → Abaddon

Engelamt. Zunächst Bezeichnung für ein Hochamt (feierliche, ge-
sungene Messe), das nach dem Meßformular „de Angelis“ zelebriert
wird. Es ist aber vor allem der volkstümliche Name für die erste der
drei Messen am Weihnachtsfest. Sie findet in der Nacht statt, und in
ihr wird das Evangelium von der Geburt Jesu und ihrer Verkündigung durch die Engel (Lk 2,1–14) verlesen, während die zweite
Messe, am frühen Morgen, „Hirtenamt“ heißt, weil in ihr das Evan-

gelium von der Anbetung der Hirten (Lk 2,15–2) berichtet. Aber auch die sogenannte Rorate-Messe in der Adventszeit wird manchmal Engelamt genannt, ebenso wie das Amt beim Begräbnis unmündiger Kinder, die nach populärer Vorstellung sogleich den Engeln zugesellt werden.

Engel des Angesichts. In der außerbiblischen Literatur der Zeitenwende eine Bezeichnung für die Engel der obersten Triade der → Engelchöre, da sie ihren Dienst unmittelbar vor Gott verrichten (Jub 2,18 und 15,27; Test XII Levi 3,7). Manchmal werden sie auch „Engel der Gegenwart" genannt (Test XII Levi 3,5).

Engelchöre. Der Ausdruck Chor (gr. *choros* = Tanz oder Tanzplatz) bezeichnet in der Antike den an die Gottheit gerichteten Kulttanz oder -gesang und auch die Tanzschar. Da man sich bereits in der christlichen Literatur der ersten Jahrhunderte das Wirken der Engel im Kosmos als harmonisches Zusammenspiel (→ Engelmusik) vorstellte, lag es nahe, die Engel schon sehr früh in „Chöre" einzuteilen. Damit waren verschiedene Klassen innerhalb der Engelwelt gemeint, für deren Unterscheidung man sowohl die im Alten Testament genannten → Seraphim und → Cherubim als auch die in den Briefen des Apostels Paulus erwähnten Bezeichnungen für Geistwesen verwendete, wie → Throne, → Herrschaften, → Mächte und → Gewalten (Kol 1,16; Eph 1,21) sowie → Erzengel (1 Thess 4,16).

Allerdings sind die frühen Autoren über die Zahl und Abfolge der Rangstufen der Engel und deren verschiedene Pflichten und Aufgaben nie ganz einer Meinung, da die Angaben in den verschiedenen Schriften der Bibel kein wirklich schlüssiges Konzept ergeben. Bei einigen Autoren gibt es mehr als neun Stufen, nach anderen sind es nur sieben (z.B. slawHen 19).

Eine erste große Systematisierung in dreimal drei Chöre findet sich in dem grundlegenden Werk des Dionysios Areopagita über die ‚Himmlische Hierarchie', das wegen seiner angeblichen Herkunft aus der urchristlichen Zeit bald große Autorität genoß. Denn sein Verfasser galt lange als jenes Mitglied des Areopags, das der Apostel Paulus in Athen bekehrte (Apg 17,34). Man hielt ihn für den ersten Bischof von Athen und hat ihn mit Saint Denis von Paris gleichgesetzt, der dort im 3. Jh. das Martyrium erlitt. In Wirklichkeit handelt es sich aber um einen Syrer, der um 500 n. Chr. lebte und den man heute meist als Pseudo-Dionys (falscher Dionys) bezeichnet.

Gregor der Große (Papst von 590 bis 604) schlug hingegen eine andere Einteilung vor. Nach ihm bilden die Seraphim und die Cherubim, die schauend und lobpreisend Gott umkreisen, eine Gruppe, während eine zweite, die in Welt und Kosmos wirkt, fünf aktive Ränge umfaßt und eine dritte Gruppe von den Erzengeln und Engeln, die sich an die Menschen wenden, gebildet wird. Dante (1265–1321), der bei der Aufteilung der Chöre dem Areopagiten folgt, bemerkt dazu mit Humor, Gregor habe bei seiner Ankunft im Himmel seine davon abweichende Meinung revidieren müssen. „Um die Betrachtung dieser Ordnungen / bemühte Dionysius sich so heiß, / daß er, wie ich, sie euch bezeichnen konnte. / Gregorius zwar entfernte sich von ihm / und mußte, als er hier im Himmel dann / die Augen auftat, lachen über sich." (Paradiso, 28. Gesang)

Aber noch Hildegard von Bingen (1098–1179), gleich bedeutend als Naturwissenschaftlerin wie als Mystikerin, folgte offenbar der Autorität Gregors. Sie zählte bei der Einteilung der neun Engelchöre im Text ihres ‚Liber Scivias' zwei äußere, fünf innere und zwei innerste Ringe auf, während die wohl erst nach ihrem Tod entstandenen Miniaturen bereits die Dreiereinteilung des Areopagiten übernommen haben.

Die schließlich allgemein üblich gewordene Einteilung beruht auf der überragenden Autorität des Thomas von Aquin (um 1225–1274), der in seiner ‚Summa Theologica' das Schema des Dionys übernahm. Danach gibt es unter den Engeln drei deutlich voneinander unterschiedene Gruppen oder Triaden, von denen jede wiederum aus drei Rängen oder Klassen besteht.

Die obere Triade (Seraphim, Cherubim und Throne) steht jenseits der Ordnung des Kosmos und in direkter Verbindung mit Gott, so daß sie vollkommen und ganz rein ist. Sie kreist tanzend ständig um Gott und singt sein Lob. Da sie ihre Schau unmittelbar auf Gott richtet, sieht sie durch ihre Nähe zum Urgrund aller Dinge tiefer als die übrigen Engel. Die mittlere Triade (Herrschaften, Mächte und Gewalten) schaut den Grund aller Dinge nicht in Gott selbst, sondern in der Vielheit der Ursachen. Sie reguliert die Ordnung des kosmischen Alls und hat die Aufgabe, den göttlichen Weltplan schauend und liebend mit zu vollziehen und an die untere Triade (Fürstentümer, Erzengel und Engel), die über die irdische Welt wacht, weiterzu-

Die neun Engelchöre

Erster Chor: Die Seraphim. Sie haben sechs Flügel und glühen vom Feuer ekstatischer Liebe zu Gott, die sie unablässig „Heilig, heilig, heilig" singen läßt. Obwohl sie das höchste Wissen besitzen, ist das Eigentümliche an ihnen jedoch ihr Lieben.

Zweiter Chor: Die Cherubim. Sie haben die Fähigkeit, Gott zu sehen und zu erkennen und ihre Weisheit weiterzugeben. So sind sie die Spender von Wissen. Während die Seraphim die „Vielflügeligen" sind, sind die Cherubim die „Vieläugigen", weil sie Gott, das erste Prinzip allen Wissens, unmittelbar schauen.

Dritter Chor: Die Throne. Wir wissen von ihnen aus der Schrift nichts als den hebr. Namen *ophanim*. Man könnte an den Widerschein der Gerechtigkeit Gottes denken, die im Bild des herrscherlichen Throns zum Ausdruck kommt. So bringen sie Gottes Gerechtigkeit zu den Menschen

Vierter Chor: Die Herrschaften (gr. *kyriotetes*, lat. *dominationes*). Sie regeln die Pflichten der unter ihnen stehenden Engelklassen, gehören damit noch nicht zu den eigentlichen Engeln des Dienstes, sondern übernehmen in eigenständiger Führerschaft die göttlichen Pläne, wie ein Baumeister die Pläne des Architekten, ohne dabei selbst Hand anzulegen.

Fünfter Chor: Die Kräfte oder Mächte (gr. *dynameis*, lat. *virtutes*). Sie kümmern sich um die Ausführung der Pläne der Vorsehung. Ihnen dürfte auch die Bewegung der Himmelskörper und die Vermittlung von Energie an die Naturkräfte anvertraut sein. Zu ihnen scheinen jene Engel zu gehören, welche über die rein körperlichen Dinge gesetzt sind. Durch ihre Dienste geschehen auch die Wunder, und sie schenken Anmut und Furchtlosigkeit.

Sechster Chor: Die Gewalten (gr. *exusiai*, lat. *potestates*). Sie sind voll dynamischer Energie und sorgen dafür, daß die Pläne der göttlichen Vorsehung ungehindert zur Ausführung kommen. Durch ihren unerschütterlichen Mut in allem, was sie vollbringen, weisen sie auf Gott hin, die Quelle aller Kraft. Dionysios meint, ihrem Widerstand sei es zu verdanken, daß die Dämonen nicht längst die Welt beherrschen.

Siebter Chor: Die Fürstentümer (gr. *archai*, lat. *principatus*). In ihrer Obhut stehen die Völker und großen Städte auf Erden. Sie bewirken das Entstehen politischer Reiche und den Übergang von einem Reich zum anderen. Durch ihre Führungskraft geben sie ein Beispiel für das Regierungshandeln nach den höchsten Prinzipien, und sie instruieren die Herrscher über die rechte Regierung.

Achter Chor: Die Erzengel (gr. *archangeloi*, lat. *archangeli*). Nach Dionys sind sie die Boten, welche die göttlichen Beschlüsse übermitteln. So gelten sie als die wichtigsten Vermittler zwischen Gott und jenen Menschen, die für das Wohl vieler verantwortlich sind.

Neunter Chor: Die Engel (gr. *angeloi*, lat. *angeli*). Sie sind den Menschen am nächsten und übermitteln jedem einzelnen, ob hoch oder niedrig, Erleuchtung und Weisheit. Zusammen mit den Erzengeln sind sie auch die Wächter über alle physischen Dinge.

49

leiten. Sie grenzt an unser zeitliches, materielles Universum und übermittelt den Willen Gottes den ihr anvertrauten Geschöpfen.

Die Einteilung in Gruppen – seien es dreimal drei oder zwei, fünf und zwei – hat eines gemeinsam. Sie entspricht den großen Ordnungen der Geistwesen im Alten Testament, das die Assistenten um den Thron Gottes (Seraphim und Cherubim), die Gehilfen bei der göttlichen Weltregierung im Kosmos und in der Geschichte (Heerscharen und Göttersöhne/Engel der Völker) sowie schließlich die Engel als Boten Gottes an die Menschen voneinander unterschied.

Nach Meinung mancher mittelalterlichen Theologen gibt es noch einen zehnten Chor, zu dem die gewöhnlichen → Schutzengel gehören und der am Ende der Zeiten die guten Menschen in sich aufnehmen wird.

Engeldetektor. Ausgehend von der Redeweise vom „Engel, der durch das Zimmer gegangen ist", wenn in einer Gruppe das lebhafte Gespräch plötzlich verstummt und ein Augenblick der Stille entsteht, stellten die Künstler Jakob Gautel und Jason Karaindros 1997 in Prag auf einer Ausstellung einen „Engeldetektor" vor. Das Gerät registriert nichts anderes als Ruhe. Je leiser es ist, desto heller erstrahlt das Lämpchen hinter der Glasvitrine. Sobald es vollkommene Stille anzeigt, darf man annehmen, daß nun die Engel vorbeihuschen.

Engelehe (oder Josephsehe). Eine Vereinbarung zwischen Eheleuten, die den geschlechtlichen Verkehr ausschließt. Man sah in einer solchen Verbindung eine Vorwegnahme des künftigen Lebens im Himmel, nach einem Wort Jesu, demzufolge die vom Tode Auferstandenen „weder heiraten noch sich heiraten lassen, sondern sie sind wie Engel im Himmel" (Mt 22,30). Man spricht auch von einer „Josephsehe"; denn die christliche Tradition unterstellt, daß Maria, die Mutter Jesu, und ihr gesetzlicher Ehemann Joseph nie Geschlechtsverkehr miteinander hatten.

Manchmal ist jedoch mit den Engelehen die Verbindung der → Göttersöhne mit menschlichen Frauen gemeint (Gen 6,1–4), obwohl dort eher an ein gewaltsames Geschehen zu denken ist.

Engelerscheinungen. In den frühen Büchern der Bibel wird dem Leser meist zu Beginn des Berichtes ausdrücklich gesagt, daß es sich um den Engel des Herrn handelt, während die beteiligten Menschen

50

– manchmal nicht ohne eine gewisse Ironie des biblischen Erzählers über ihr langsames Verständnis – den Engel erst im Laufe seines Auftretens als Übermittler einer von Gott kommenden Botschaft wahrnehmen und Lichtphänomene oder andere außergewöhnliche Anzeichen, die auf eine übernatürliche Erscheinung hinweisen, sich allenfalls zum Schluß des Geschehens zeigen.

In den späteren Teilen der Bibel hingegen, etwa im Buch Daniel und im Neuen Testament, erhält das Auftreten von Engeln eine spektakuläre Note. Jetzt wird der Engel von vorneherein als überwältigendes Wesen wahrgenommen, allein schon sein Auftreten ruft Erschrecken hervor, so daß er sagen muß: „Fürchte dich nicht!" bzw. „Fürchtet euch nicht!" (z. B. Dan 10,12; Mt 28,4–5; Mk 16,5; Lk 1,12 und 29; 2,9–10; 24,5). Die an Details reichste Beschreibung der Bibel einer Engelerscheinung erzählt von einer Vision des Propheten Daniel am Fluß Tigris:

Und am vierundzwanzigsten Tage des ersten Monats war ich an dem großen Strom Tigris und hob meine Augen auf und sah, und siehe, da stand ein Mann, der hatte leinene Kleider an und einen goldenen Gürtel um seine Lenden. Sein Leib war wie ein Türkis, sein Antlitz sah aus wie ein Blitz, seine Augen wie feurige Fackeln, seine Arme und Füße wie helles, glattes Kupfer und seine Rede war wie ein großes Brausen. Aber ich, Daniel, sah dieses Gesicht allein, und die Männer, die bei mir waren, sahen's nicht; doch fiel ein großer Schrecken auf sie, so daß sie flohen und sich verkrochen.
Ich blieb allein und sah dies große Gesicht. Es blieb aber keine Kraft in mir; jede Farbe wich aus meinem Antlitz und ich hatte keine Kraft mehr. Und ich hörte seine Rede; und während ich sie hörte, sank ich ohnmächtig auf mein Angesicht zur Erde.
Und siehe, eine Hand rührte mich an und half mir auf die Knie und auf die Hände, und sprach zu mir: Daniel, du von Gott Geliebter, merk auf die Worte, die ich mit dir rede, und richte dich auf; denn ich bin jetzt zu dir gesandt. Und als er dies zu mir redete, richtete ich mich zitternd auf. Und er sprach zu mir: Fürchte dich nicht, Daniel...

Dan 10,5–12

In allen biblischen Berichten über ihr Auftreten übernehmen die Engel Funktionen der Weisung, der Stärkung, der Deutung eines Geschehens oder der Errettung aus einer Gefahr, manchmal sind sie allerdings auch Träger von Verderben. Während viele der frühen Erzählungen auf mystische Erfahrungen zurückgehen oder solchen zumindest angeglichen sein dürften, gewinnt man bei manchen späteren den Eindruck, daß es sich um „Papierengel" handelt, also um gedankliche, literarische Konstruktionen, deren Tendenz, die Erbauung des Volkes, unverkennbar ist. Zudem wissen wir nicht, ob die jeweiligen Erzähler in jedem Fall beabsichtigten, auf eigentliche Visionen (Seherlebnisse) und Auditionen (Hörerlebnisse) anzuspielen. Sehr oft mögen sie nur eine literarische Redeweise benutzt haben, um zum Ausdruck zu bringen, daß jemand eine innere Aufforderung zum Handeln oder eine tröstende Stärkung erlebte, die nicht mehr hinterfragt werden konnte und deshalb als von Gott kommend empfunden wurde.

Im Anhang sind die wichtigsten Engelgeschichten der Bibel nacherzählt. Siehe auch die Berichte über die → Seraphim, die → Cherubim und die → Deute-Engel.

Engel des Feuers. Die Geheime Offenbarung erwähnt einen Engel, „der Macht hat über das Feuer" (4,18). In der Oper ‚Der feurige Engel' Serge Prokofieffs von 1927 heißt der Engel Maldiel.

Engel im Film. In Kino und Fernsehen erfreuen sich die Engel großer Beliebtheit. Sie treten zumeist als wohlwollende Helfer der Menschen auf, wie es dem traditionellen Engelbild entspricht. Schon im Hollywood der vierziger und fünfziger Jahre hatten Filme wie ‚The Ghost and Mrs. Muir' (Joseph L. Mankiewicz 1947), ‚A Guy named Joe' (Victor Fleming 1943) oder ‚The Bishop's Wife' – deutsch: ‚Jede Frau braucht einen Engel' – (Henry Koster 1952) gute Geister zur Unterstützung der Lebenden heraufbeschworen.

Hintergründiger sind die Engelauftritte bei Pier Paolo Pasolini und Ingmar Bergman. In Pasolinis ‚Teorema – Geometrie der Liebe' von 1968 kommt überraschend ein geheimnisvoller junger Mann mit dem bezeichnenden Namen Angiolino (Engelchen) in eine großbürgerliche Industriellenfamilie. Augenblicklich weckt und erfüllt er das Liebesverlangen bei Vater und Mutter, Sohn und Tochter wie auch bei der Magd. Als er jedoch so plötzlich verschwindet, wie er gekommen ist, wissen die Zurückgebliebenen mit ihrer bisherigen Existenz nichts mehr anzufangen und fallen in verschiedene Formen des Wahnsinns – eine pessimistische Parabel, die offenbar zeigen will, daß der moderne Mensch, wenn je das Unendliche in sein Leben träte, dieser Begegnung nicht standhalten könnte.

52

Der Engel am Grabe des Herrn, Umrißzeichnung von Ferdinand Hartmann, aus ‚Phoebus‘, 1807

Ebenso rätselhaft, wenn auch mit positiven Zügen, ist die Gestalt des jungen Ismael in Bergmans Film ‚Fanny und Alexander‘, der den dreizehnjährigen Alexander durch die Wirrnisse der Pubertät begleitet.

In Wim Wenders ‚Himmel über Berlin‘ von 1987, dessen Drehbuch Peter Handke schrieb, oder im amerikanischen Film ‚Stadt der Engel‘ von 1998, der in Los Angeles, der Stadt der Engel, spielt, taucht allerdings eine neue Variante auf. Die Engel verlieben sich in sterbliche Frauen und beschließen, einen menschlichen Leib an- und damit das Los der Sterblichen auf sich zu nehmen. Anders als bei der im Buch Henoch beschriebenen → Engelsünde, die auf eine rein sinnliche Begierde zurückgeführt wird, wollen diese Engel den weiten Bereich der menschlichen Gefühle entdecken. Dem früheren Streben vieler Christen nach einem engelgleichen Leben wird hier also die Sehnsucht der Engel nach einem menschengleichen Leben entgegengesetzt. Aber vielleicht sind diese beiden Filme nur eine Parabel, in der es um die Erlösung aus der heute weit verbreiteten Isolation selbst guter Menschen geht, die Beobachter bleiben, weil sie Angst haben, sich auf Gefühle und die daraus erwachsenden Bindungen einzulassen.

Engel der Freiheit. In Victor Hugos (unvollendetem) Epos ,Das Ende Satans' ein Engel, der schließlich Satan erlöst.

Engel des Friedens. Die außerbiblische Literatur erwähnt mehrfach einen solchen Engel. Er deutet Visionen (äthHen 40,8; 52,5ff.), stärkt Israel (Test XII Dan 6,5), geleitet die Seelen der guten Menschen nach dem Tode (Test XII Benj 6,1) und führt ins ewige Leben (Test XII Asher 6,6). Da das hebr. Wort für Friede *(schalom)* nicht nur die Abwesenheit von Krieg beinhaltet, sondern einen Zustand der Unversehrtheit, Vollkommenheit zwischen den Menschen oder zwischen Mensch und Gott, dürfte hier ein Engel gemeint sein, der die gnädige Zuwendung Gottes zum Ausdruck bringt.

Manchmal wird als biblischer Beleg eine Stelle im Buch des Propheten Jesaja herangezogen, in der von „Boten/Gesandten des Friedens" die Rede ist (Jes 33,7). Hier geht es jedoch, wie sich aus dem Kontext ergibt, eindeutig um Unterhändler, die beim Herannahen eines Feindes ausgesandt werden. Die Übersetzung von „Bote" mit „Engel" ist in diesem Falle unpassend.

Engel der Gegenwart → Engel des Angesichts

Engel der Gemeinden. In der Geheimen Offenbarung des Johannes (Kap. 2 und 3) befiehlt eine Stimme dem Seher, seine Visionen in ein Buch zu schreiben und an die Engel der sieben namentlich genannten Christengemeinden der römischen Provinz Asia zu schicken. Es ist umstritten, ob damit die Vorsteher oder die himmlischen Schutzgeister der kleinasiatischen Kirchen gemeint sind, letzteres in Angleichung an die Vorstellungen von den → Engeln der Völker.

Engelgleiches Leben (lat. *vita angelica*). Schon in den ersten christlichen Jahrhunderten verbreitete sich die Vorstellung, daß die Christen bereits auf Erden ein Leben führen sollten wie die Engel, denen man Geschlechtslosigkeit und ein ständiges Verweilen in Gotteslob und Gottesschau zuschrieb. Dieser Gedanke findet eine

Stütze im berühmten Werk Augustins (354–430) über den „Gottesstaat". Danach ist in die Zahl der Gottesbürger durch den Abfall der bösen Engel eine Lücke gerissen worden, die aus den Reihen der gläubigen Christen wieder aufgefüllt werden soll, so daß es dereinst nicht zwei Gemeinschaften geben werde, eine der Menschen und eine der Engel, sondern nur eine einzige. Das entspricht der Vorstellung, daß die Gerechten nach dem Tode den Engeln gleich sein werden (Lk 20,36; oder schon Weish 5,5 und ähnlich äthHen 39,4–5)

Vorbild für die Nachahmung der Engel schon in dieser Welt war u. a. auch das Mönchtum, das gegen Ende des 3. Jh. entstand, als sich viele Christen Ägyptens in die Wüste bei Theben *(Thebais)* zurückzogen, um dort als Einsiedler zu leben. Ihr Streben richtete sich auf die Rückkehr ins Paradies durch den Verzicht auf Geschlechtsleben und irdische Güter, um, wie die Engel, Gott in innerer Freiheit, Reinheit und Anbetung ohne Unterlaß dienen zu können. Dieses Ideal, welches das Lebensgefühl der Christen bis weit über das Mittelalter hinaus prägte, bedeutete eine entscheidende Weichenstellung in der Kultur- und Gesellschaftsgeschichte des Christentums, indem es der Lebensform der Mönche und Nonnen – später mit der Einführung des Zölibats auch der Priester – eine Vorrangstellung bei der Verwirklichung des Christseins zusprach. Siehe auch → Helfer beim Aufstieg zu Gott.

Engel Gottes → Engel des Herrn

Der Engel des Herrn (wörtlich: Engel Jahwes; manchmal auch als Engel Gottes bezeichnet). Das hebr. Wort *mal'ak* für → Engel bezeichnete nicht allein den gewöhnlichen „Boten", sondern auch den „Botschafter", wie ihn die Könige der Stadtstaaten in Israels Umwelt an ihre Untertanen oder an benachbarte Herrscher sandten. Ein solcher Bote war mehr als ein bloßer Träger von Nachrichten, denn er übermittelte seine Botschaft meist in der ersten Person, da in ihm der Herrscher als persönlich anwesend galt.

Man vermutet heute, daß der biblische Erzähler in den frühen Schriften des Alten Testaments (Anhang 1.1) den „Engel des Herrn" weniger als ein eigenständiges Geistwesen, sondern vielmehr als eine Erfahrung der Anwesenheit Gottes verstand. Tatsächlich spricht der Engel in einer Reihe von Fällen zunächst wie ein

Mensch zum anderen Menschen, verwendet dann jedoch auch die Ich-Form, so daß kaum zu unterscheiden ist, ob es der Engel ist, der redet und handelt, oder Gott selbst. Das legt die Annahme nahe, daß ein Erlebnis bezeichnet werden soll, in dem Gott selbst mit den Menschen in Wort, Stimme oder Berührung in Verbindung tritt. Offenbar repräsentiert der Engel jene Seite in Gott, die sich der Menschheit zuwendet, während Gottes wahres Selbst als so gewaltig angesehen wird, daß es den Menschen verborgen bleiben muß, weil sie es nicht ertragen könnten.

> Mose aber hütete die Schafe Jitros, seines Schwiegervaters, des Priesters in Midian, und trieb die Schafe über die Steppe hinaus und kam an den Berg Gottes den Horeb. Und der Engel des Herrn erschien ihm in einer feurigen Flamme aus dem Dornbusch. Und er sah, daß der Busch im Feuer brannte und doch nicht verzehrt wurde. Da sprach er: Ich will hingehen und die wundersame Erscheinung besehen, warum der Busch nicht verbrennt. Als aber der Herr sah, daß er hinging, um zu sehen, rief Gott ihn aus dem Busch und sprach: Mose, Mose! Er antwortete: Hier bin ich. Gott sprach: Tritt nicht herzu, zieh deine Schuhe von den Füßen; denn der Ort, darauf du stehst, ist heiliges Land!

Ex 3,1–5

Ob der biblische Gottesbote als Engel „des Herrn" oder als Engel „Gottes" bezeichnet wird, macht keinen Unterschied, da jedesmal dasselbe gemeint ist. „Der Herr" steht für das hebr. Wort *Jahwe*, das Gott selbst dem Moses am Dornbusch als seinen Eigennamen offenbarte. Da die Juden diesen Namen später aus Ehrfurcht nicht mehr auszusprechen wagten, lasen sie statt seiner immer das Wort *adonai*, das „mein Herr" bedeutet. Dieser Brauch wurde in den meisten Bibelübersetzungen übernommen.

Engel Jahwes → Engel des Herrn

Engelkult. Die Verehrung der Engel wurde in den frühen christlichen Kirchen schon bald üblich, wie die vielen seit dem 4. Jh. besonders nach dem Erzengel Michael benannten Kirchen bezeugen, zu denen bis in die neueste Zeit auch Kirchen kommen, die St. Gabriel und St. Raphael gewidmet sind. Allerdings gab es gegen diesen Brauch ursprünglich gewisse Widerstände aus Furcht vor → magischen Praktiken.

Man berief sich bei der Ablehnung des Engelkultes auf die Geheime Offenbarung des Johannes, in welcher der Seher zweimal berichtet: „Und ich fiel ihm (dem Engel) zu Füßen, um ihn anzubeten. Er aber sagte zu mir: Tu das nicht! Ich bin ein Knecht wie du und deine Brüder. Gott bete an!" (19,10 + 22,8f.)

Zugelassen ist kirchlicherseits seit der Lateransynode von 745 (→ Namen der Engel) nur die Verehrung der drei in der Bibel genannten Engel Michael, Gabriel und Raphael, wobei man auf dem Unterschied zwischen der Verehrung und dem Gebet um Fürbitte einerseits und der Anbetung, die allein Gott zusteht, andererseits insistiert.

Engel des Lichts und der Finsternis. In den außerbiblischen Schriften der Zeitenwende ist häufig die Rede vom Gegensatz zwischen der Engelwelt und der Welt der Dämonen, die in der Endzeit durch den Sieg über die Dämonen und ihr Oberhaupt ein Ende nehmen wird.

Beispielsweise findet sich in den erst in diesem Jahrhundert entdeckten Schriften von Qumran eine „Kriegsregel", welche den künftigen Kampf zwischen den Engeln des Lichts und den Engeln der Finsternis in phantastischer Ausmalung beschreibt.

Die Redeweise „Engel des Lichts" findet auch Verwendung bei der → Unterscheidung der Geister.

Die Engel von Loreto. Nach einer Legende soll das Haus der Gottesmutter Maria im Jahre 1291, als die Mohammedaner Nazareth bedrohten, von Engelshänden erst nach Dalmatien und dann 1294 nach Italien in einen Lorbeerhain *(lauretum)* getragen worden sein. Daraus wurde der berühmte Wallfahrtsort bei Ancona auf einem Hügel unweit der adriatischen Küste.

Engelmacherin. Volkstümlich-ironische Bezeichnung für eine Frau, die Abtreibungen vornimmt. Dahinter steht der Glaube, daß kleine Kinder und wohl auch Föten, wenn sie sterben, sogleich zu Engeln werden.

Die Engel von Mons. Im I. Weltkrieg sollen Engel unter Führung des hl. Georg, Patron Englands, als Bogenschützen (angeblich die Geister der Sieger in der Schlacht von Azincourt 1415) zwei bei der belgischen Stadt Mons von einer Übermacht bedrängte englische Regimenter befreit haben, ein Gerücht, das in den folgenden Kriegsjahren zur Stärkung der Moral der Truppe immer mehr ausgeschmückt wurde.

Engelmusik. In Antike und Mittelalter glaubte man, daß eine genau abgestufte Hierarchie von Engelmächten für die harmonische und aufeinander abgestimmte Bewegung der Himmelskörper (Sonne und Mond, Planeten und Fixsterne) verantwortlich ist, wobei der Umlauf der Gestirne wohllautende Töne erzeugt, auch wenn diese gewöhnlich vom menschlichen Ohr nicht wahrgenommen werden können. Darauf geht die Vorstellung vom Sphärengesang zurück, die schon seit Pythagoras (6. Jh. v. Chr.) und Plato (427–347 v. Chr.) in der griechischen Philosophie heimisch war und noch den Astronomen Johannes Kepler (1571–1630) zu Spekulationen anregte.

> Stimme des Engels:
> Sprich mich nicht an!
> Ich kann dir nicht erwidern.
> Ich höre nur der Laute Lobgesang.
> Ich hab ein Amt, begreif:
> Den heiligen Liedern
> Zu dienen, klang bei Klang.
>
> Doch fürchte nichts!
> Denn über allen Worten
> Und allem, was geschieht und je geschah,
> klingt dieser Ton, und tönt an allen Orten.
> Wags und stimm ein,
> und du bist mir ganz nah.
>
> *Albrecht Goes, Lichtschatten du*

Diese Gedankengänge fanden schon in der Bibel ihren Niederschlag. Alle überirdischen Kräfte wurden besonders in der poetischen Sprache der Psalmen im himmlischen Kult vereint, etwa im Psalm 148, in dem sich alle Kreaturen zum Gotteslob vereinen. „Lobet im Himmel den Herrn! Lobet ihn Sonne und Mond! Lobet ihn ihr leuchtenden Sterne!" Oder: „Lobet den Herrn, ihr seine Engel, ihr starken Helden, die ihr seinen Befehl ausrichtet. Lobet den Herrn all seine Heerscharen, seine Diener, die ihr seinen Willen tut!" (Ps 103,20–21). Ähnlich heißt es in Psalm 89,6: „Die Himmel preisen, Herr, deine Wunder…". Und das Buch Hiob spricht vom

*Engelkonzert aus der Geburt Christi des Isenheimer Altars
(Ausschnitt) von Matthias Grünewald, 1512–1515.
Colmar, Musée d'Unterlinden*

„Jubel der Göttersöhne", als sie mit ansehen durften, wie Gott die
Welt erschuf (38,7), während im außerbiblischen „Testament Hiobs" (Kap. 48–52) dessen drei Töchter bei seinem Tod singen „wie
die Engel", die mit Preisliedern auf Gott herbeikommen, um Hiobs
Seele zu holen.

Auch in der christlichen Kunst spielt der Gesang der Engel eine große Rolle. Sie werden nicht nur als Sänger dargestellt, sondern auch als Musikanten, die alle erdenklichen Instrumente benützen. Einzigartig ist das „Engelkonzert" auf dem Gemälde der Geburt Jesu von Matthias Grünewald in Colmar.

Engel der Nationen → Völkerengel

Engelregel. Die ersten Mönche, die in die ägyptische Wüste zogen, lebten dort als Einsiedler, wußten aber noch nicht, wie sie ihren Tageslauf gestalten sollten. Da soll dem großen Eremiten Antonius (251/2–356) sein Engel (genauer: sein himmlischer → Zwilling) mehrfach hintereinander erschienen sein, einmal betend, ein andermal Matten flechtend, so daß Antonius verstand, die gottgewollte Form des mönchischen Lebens liege im ständigen Wechsel zwischen Gebet und Arbeit *(„Ora et labora")*.

Als dann Pachomius (um 290–347), der einige Jahre, wie bis dahin üblich, als Eremit alleine in der Wüste gelebt hatte, die ersten klösterlichen Gemeinschaften gründete, soll er seine Ordensregel, die erste von vielen im christlichen Mönchtum, von einem Engel empfangen haben.

Engelsburg. Der Name des ursprünglich als Grabmal für Kaiser Hadrian (76–138) errichteten Bauwerks geht zurück auf eine Erscheinung des Erzengels → Michael, die Papst Gregor dem Großen (590–604) zuteil geworden sein soll. In der Pestzeit des Jahres 590 sah er während einer Bußprozession, wie der Erzengel Michael über dem Mausoleum Kaiser Hadrians sein Schwert senkte, als Zeichen für das Ende des Strafgerichts. Einer seiner Nachfolger, Papst Bonifatius IV. (608–615), ließ zur Erinnerung an dieses Geschenis eine Michaelskapelle in das antike Gebäude einbauen. Es war allerdings all die Jahrhunderte hindurch weniger eine Stätte der Verehrung des Himmelsfürsten als vielmehr eine uneinnehmbare Festung und Fluchtburg der Päpste, später Gefängnis und Archiv des Kirchenstaates und schließlich im italienischen Staatsbesitz erst Kaserne und dann Museum. Seit 1527 trägt es die jedem Romreisenden bekannte Statue Michaels, der schwungvoll sein Schwert in die Scheide zurücksteckt.

Engelschrift → Schreiberengel

Engelsprache → Sprache der Engel

Engelsturz. Ein solches Geschehen wird offensichtlich an verschiedenen Stellen des Neuen Testaments vorausgesetzt (Lk 10,18; 2 Petr 2,4 und Jud 6), auch wenn es im Alten Testament weder im Schöpfungsbericht noch anderswo geschildert ist. Nur die Geheime Offenbarung des Johannes berichtet ausdrücklich, ohne jedoch einen genauen Zeitpunkt zu nennen, von einem Kampf Michaels mit dem „großen Drachen, der alten Schlange, die Teufel oder Satan heißt. Der Drache wurde auf die Erde gestürzt und mit ihm wurden seine Engel hinab geworfen" (12,7–9). Die andere Schilderung eines Kampfes im selben Buch (20,7–10) bezieht sich eindeutig auf die letzte Auseinandersetzung zwischen Gut und Böse in der Endzeit.

Erst später hat man auch einen Text des Propheten Jesaja (14,3–21) als Bericht über den Fall → Luzifers interpretiert.

[Luzifer] sah seine Schönheit. Er erwog bei sich die Gewalt seiner Kraft und verfiel dem Stolz ... So erspähte der stolze Engel den Platz, den er erreichen zu können glaubte, an dem seine Kraft und Schönheit zur vollen Geltung kommen würden. Kaum aber gedachte Luzifer, vom Stolze aufgeblasen, diesen Wahnwitz auszuführen, da erhob sich wie eine feuerspeiende Wolke die Zorngewalt des Herrn. Die Teufelsbrut zerstob. Sie stürzte und wurde finster, lichtlos, sie, die in Himmelsherrlichkeit gestrahlt.

Hildegard von Bingen, Scivias I,2

Der Engelsturz wird in der außerbiblischen Tradition der Zeitenwende, je nach den Vorstellungen über die → Engelsünde, entweder in die Anfänge der Menschheitsgeschichte verlegt oder mit der Weltschöpfung verbunden. Die letztere Auffassung wird später im Christentum Allgemeingut. Einige Theologen, wie Augustin, glauben eine Anspielung darauf im Buch Genesis sehen zu können, wo am ersten Schöpfungstag von der Scheidung des Lichts und der Finsternis (1,4) die Rede ist. Danach wären mit dem Gotteswort „Es werde Licht" die guten Engel geschaffen und mit der Scheidung von Licht und Finsternis die aufrührerischen Engel in die Tiefe der Hölle gestürzt worden. Andere Autoren bringen den Kampf der guten und bösen Engel mit der Erschaffung des Menschen am sechsten Schöpfungstag in Verbindung.

61

*Engelsturz, französisch-spanische Buchmalerei, 12. Jahrhundert.
Paris, Bibliothèque nationale*

Engelsünde. Auf die Frage, wie es zur Entstehung der bösen Engel kam, findet sich in der Bibel ebensowenig eine Antwort wie auf die Frage nach der Zeit und den Umständen des → Engelsturzes. Hingegen wissen die außerbiblischen Schriften der Zeitenwende, die den Autoren des Neuen Testaments natürlich bekannt waren, vielerlei Widersprüchliches darüber zu berichten.

So führt das Buch Henoch den Sündenfall der Engel auf die Anziehungskraft irdischer Frauenschönheit auf die → Göttersöhne zurück, wovon im biblischen Buch Genesis (6,1–4) die Rede ist.

→ Henoch behauptet nämlich, er habe auf seiner Himmelsreise das Gefängnis der gefallenen Engel zu sehen bekommen (äthHen 21; 67,5–6) und Genaueres über die Geschichte ihres Abfalles erfahren. Danach seien einst einige hundert Engel auf den Berg Hermon herabgestiegen, um den Erzengeln bei der Erschaffung des Gartens Eden zu helfen, hätten sich aber dann irdische Frauen genommen. Aus dieser Verbindung seien Riesen entstanden, welche die Bosheit in die Welt brachten und in ihrem ungeheuren Appetit zuerst den Ertrag der menschlichen Arbeit, dann die Menschen und alle Lebewesen im Wasser und in der Luft verschlangen. Als Gott von den guten Engeln die Zustände auf der Erde gemeldet wurden, habe er den Michael mit anderen Engeln ausgesandt, um Abhilfe zu schaffen. Die bösen Engel wurden in einen finsteren Ort im Bereich der Himmel gesperrt; die Riesen dagegen, ihre Sprößlinge, hingeschlachtet. Aus ihrem Fleisch entwichen jedoch böse Geister, die bis ans Ende der Zeiten ihr Unwesen treiben, was die Fortdauer des Bösen auf Erden erklärt (äthHen 6–16; 69).

Andere Schriften jener Zeit wollen hingegen wissen, daß ein Teil der Engel wegen Ungehorsam und Stolz aus dem Himmel gestürzt wurde. Als nämlich Adam von Gott zum ersten Mal den Engeln vorgestellt wurde, habe Satan sich geweigert, sich vor dem neuen Geschöpf zu verneigen, mit der Begründung, der Mensch müsse die vor ihm geschaffenen Engel verehren und nicht umgekehrt. Auf Satans freche Antwort: „Wie kann ein Sohn des Feuers sich neigen vor einem Sohn des Lehms?" sei er in den Abgrund geschleudert worden, und ein Drittel der Engel entschloß sich, ihm zu folgen (z. B. ,Leben Adams und Evas' 13–16). Nach einer anderen, christlichen Version habe Satan daran Anstoß genommen, daß im gerade aus Lehm geformten Adam die Züge des präexistenten Christus sichtbar wurden.

Die klassische Engellehre der christlichen Kirchen zieht an Stelle der Lüsternheit, mit der das Buch Henoch den Abfall von Gott erklärt hatte, den Stolz als Erklärung vor. Damit werde auch verständlich, warum Satan den Menschen durch Stolz und Hochmut verführte, als er ihn mit der Täuschung: „Ihr werdet sein wie Gott" (Gen 3,1–7) in seinen Sturz hineinriß.

Der Engel vom Teich Betesda. Im Bericht des Johannesevangelium von der Krankenheilung Jesu am Teich von Betesda in Jerusalem

(5,1–16), auch Teich beim Schaftor genannt, heißt es in Vers 7, daß das Wasser des Teiches in Abständen aufwallte. Nach Vers 4 hat ein Engel die Bewegung hervorgerufen. Da dieser Vers in wichtigen Manuskripten fehlt, wird er heute als ein späterer Einschub angesehen. Er ist deshalb in den neueren Bibelausgaben meist nicht mehr enthalten.

Engel des Todes → Todesengel

Engel der Verkündigung. Gemeint ist der Erzengel → Gabriel, der in besonderer Weise als Übermittler göttlicher Botschaften gilt. Man denkt dabei meist an sein Auftreten in Nazareth, wo er Maria ihre jungfräuliche Mutterschaft ankündigt (Lk 1,26–38), aber auch an jenen ungenannten Engel des Herrn, der den Hirten zu Bethlehem die Geburt Jesu verkündet (Lk 2,8–12) und oft mit Gabriel identifiziert wird.

Engel der Völker. → Völkerengel

Engelwerk. Eine religiöse Gemeinschaft, begründet von der Innsbrucker Hausfrau Gabriele Bitterlich (1896–1978). Sie erfuhr in den letzten dreißig Jahre ihres Daseins in einem nie abreißenden Strom von Offenbarungen, auf 80 000 Manuskriptseiten, alle Details über das Wirken der Engel und Teufel sowohl auf die Menschen als auch auf die sie umgebende und beeinflussende Mineral-, Pflanzen- und Tierwelt.

Das ‚Handbuch‘ des Engelwerkes enthält neben einer phantasievollen kosmischen Gesamtschau eine Liste von 400 Engel- und 200 Dämonennamen einschließlich genauerer „Angaben zur Person“. Hundertschaften von Engeln belegen alle Tage des Jahres – angefangen vom 1. Januar mit einem Engel namens Alphai bis zum 31. Dezember mit dem Engel Edomiel. Neben die volkstümlichen 14 Nothelfer aus dem kirchlichen Heiligenkalender stellt das Engelwerk die 14 Himmlischen Nothelfer aus den Reihen der seligen Geister; daneben noch die Sieben Tabernakel-Engel, die Vier Rächer, die Vier Brüder und der Engel der Rechenschaft. Auch wird behauptet, daß die Kommunion ihren Empfänger geheimnisvoll mit seinem Engel verbinde, weshalb empfohlen wird, so oft wie möglich zu kommunizieren, wenn es geht, sogar mehrmals am Tag. Über ein

Stufensystem von Weihen gelangen die Anhänger des Werkes in den inneren Kreis der Engelwelt. Schutzengelversprechen (Vorstufe zur Prüfung), Schutzengelweihe (Eintritt in das Engelwerk), Engelweihe (mystische Vermählung mit dem eigenen Engel), daneben noch die dreistufige Sühneweihe (allgemeine, besondere, geheime). An Versprechen himmlischer Privilegien fehlt es nicht. Wer sich der Sühneweihe unterzieht, ist „bei den heiligen Engeln eingetragen in die Reihe der Schutzengel und genießt das Recht der besonderen Fürbitte bei Gott im Maß der Schutzengel".

Zunächst in einigen Bistümern und dann auch gesamtkirchlich gebilligt, breitete sich das Engelwerk vor allem innerhalb des deutschen Sprachraums aus. Als jedoch das lang geheimgehaltene ‚Handbuch' des Engelwerkes bekannt wurde, schritten die kirchlichen Autoritäten in Deutschland 1988 dagegen ein. Sie verboten dem Werk jede namentliche Anrufung von nichtbiblischen Engeln, die Engelweihe und einige andere Praktiken.

Engelszungen. Ein Bild für die Beeinflussung durch schöne Reden. Es stammt aus dem sogenannten „Hohen Lied der Liebe" des Apostels Paulus. „Wenn ich mit Menschen- und mit Engelzungen redete und hätte die Liebe nicht, so wäre ich ein tönendes Erz oder eine klingende Schelle" (1 Kor 13,1). Da mit „Zunge" im Griechischen und Lateinischen ebenso wie im altertümlichen Deutsch der Lutherbibel eigentlich „Sprache" gemeint ist, siehe auch → Sprache der Engel.

Englischer Gruß. Ein katholisches Gebet, auch „Angelus" genannt, das aus den Worten des Engels Gabriel bei der Verkündigung der Geburt Jesu an Maria (Lk 1,26–38) frei geformt ist. Es lautet: „Der Engel des Herrn brachte Maria die Botschaft, und sie empfing vom Hl. Geiste. [Maria sprach:] Siehe, ich bin eine Magd des Herrn; mir geschehe nach deinem Worte. Und das Wort ist Fleisch geworden, und hat unter uns gewohnt", wobei an jeden der drei Sätze das Gebet „Gegrüßet seist Du, Maria ..." angeschlossen wird.

Das Gebet erhielt 1571 in seiner heutigen Form die päpstliche Approbation. Die Gläubigen sollen es dreimal täglich sprechen, wozu sie durch das → Angelusläuten aufgefordert werden.

65

Ephippas. Ein übler Windgeist aus Arabien, den König Salomo mit Hilfe seines Zauberringes in einen Schlauch einfangen ließ und dann zwang, den riesigen Schlußstein, den sonst niemand heben konnte, auf die Spitze des Tempeleingangs zu setzen. Auch soll er mit seinem Genossen → Abezethibu eine Säule aus dem Roten Meer herbeigetragen haben, die dann auf Geheiß Salomos in der Luft stehen blieb, von allen gesehen (TestSal 22–24).

Erelim (die Tapferen/Starken), auch **Arelim**. In der jüdischen Legende eine Klasse von kriegerischen Engeln, die aus weißem Feuer bestehen und von Michael befehligt werden (Dav. 107). Als biblischer Beleg wird dafür eine textlich unklare Stelle im Buch des Propheten Jesaja herangezogen, in der vermutlich vom (Angst-) Geschrei der Krieger die Rede ist (Jes 33,7). Hierbei geht es jedoch, wie sich aus dem Kontext ergibt, eindeutig um menschliche Krieger, die beim Herannahen eines übermächtigen Feindes verzagen.

Erkenntnisweise der Engel. Seit Thomas von Aquin (um 1225–1274) hat sich bei den Theologen die Meinung durchgesetzt, daß den Engeln eine reine → Geistnatur zukommt. Als Geistwesen sind sie der menschlichen Geistseele wesensverwandt, so daß Thomas die Art und Weise, wie der mit einem Leib behaftete Mensch die Dinge der Welt erkennt, im Zusammenhang mit seiner Lehre von den Engeln, die reiner Intellekt sind, abhandelt. (Erst in der modernen, nachkantianischen Scholastik wird die Erkenntnislehre zu einem eigenen Fach innerhalb der Philosophie.)

Auch wenn ihr Erkennen von allen Bindungen an einen Leib und dessen Sinne frei und unabhängig ist, stehen die Engel der Körperwelt keineswegs beziehungslos gegenüber, da Gott in ihrem Intellekt ein klares und tiefgehendes Wissen um die geistige und materielle Schöpfung grundgelegt hat. Sie besitzen nach Thomas allerdings kein Wissen um die Zukunft und haben auch keinen unmittelbaren Zugang zum Bewußtsein der Menschen, das sich ihnen erst aus Reden und Handlungen erschließt, eine Einschränkung, die allerdings schon damals von anderen Theologen bestritten wurde. Die Frage hat bis heute im innerkatholischen Bereich eine gewisse Bedeutung, da die Heiligenbiographien immer wieder behaupten, daß die Schutzengel das Seelenleben der ihnen anvertrau-

66

ten oder begegnenden Menschen kennen, und manche Berichte über Teufelsaustreibungen den Dämonen ähnliche Fähigkeiten zuschreiben.

Erschaffung der Engel. Die jüdisch-christliche Tradition hielt stets an der → Geschöpflichkeit der Engel fest, obwohl die Bibel selbst seltsamerweise keinen Bericht über die Umstände oder den Zeitpunkt enthält, an dem die Engel ins Dasein traten. Angaben darüber finden sich nur im außerbiblischen Schrifttum der Zeitenwende, sind jedoch nicht einheitlich. Nach einer dieser Schriften sind die Engel zu Beginn der Schöpfungswoche ins Dasein gerufen worden. „Am ersten Tag schuf er die Himmel droben, die Erde und die Gewässer, ebenso alle Geister, die vor ihm dienen" (Jub 2,2). Nach einer anderen scheinen sie am dritten Schöpfungstag nach dem Firmament und der Scheidung von Land und Meer gebildet worden zu sein (slawHen 29), während eine dritte Schrift der Meinung ist, Gott habe „die unzählbaren heiligen Wesen von Ewigkeit her geschaffen" (syrBar 21,6).

Erzengel (gr. *archangelos*, lat. *archangelus*). Gattungsbezeichnung für den achten der → Engelchöre. Während die „gemeinen" Engel des neunten Chores für die Einzelmenschen verantwortlich sind, gelten die Erzengel als Vermittler zwischen Gott und jenen Menschen, die für das Wohl vieler verantwortlich sind. Sie sind jene Boten, welche die weitreichenden göttlichen Beschlüsse überbringen, die für Gemeinschaften und Völker oder gar die ganze Menschheit von Bedeutung sind. Die deutsche Vorsilbe „Erz-" hat übrigens nichts mit Metall zu tun. Sie geht vielmehr auf das griechische Wort *archè* (Anfang/Ursprung) zurück, das einen Vorrang andeutet, wie dies auch die Wortverbindungen „Erzbischof" oder „Erzbösewicht" zeigen.

In der Bibel lassen sich kaum Hinweise auf Namen und Zahl der Erzengel finden. In 1 Thess 4,14–16 ist nur ganz allgemein, ohne Namen, von einem Erzengel die Rede, im Judasbrief (Vers 9) wird Michael als solcher bezeichnet, während im Buch Daniel (10,13) als „einer der ersten der Engelfürsten" gilt. Gabriel und Raphael hingegen werden im biblischen Text immer nur Engel genannt.

Was Zahl und Namen der Erzengel angeht, so stützt sich die Meinung, daß es ihrer sieben gebe, auf das Buch Tobit, wo sich → Raphael als einer der sieben bezeichnet, die „vor Gott stehen" (12,15), und auf eine Stelle beim Propheten Sacharja, wo die Rede ist von „sieben Augen des Herrn, die auf der ganzen Erde umherschweifen" (Sach 4,10), sowie vor allem auf die Geheime Offenbarung, die von „sieben Geistern" vor Gottes Thron spricht (1,4; 5,6 und 8,2). Zwar werden von der christlichen Tradition nur Michael, Gabriel und Raphael als Erzengel anerkannt. Doch kennt die außerbiblische Literatur des Judentums, welche die Erzengel meist mit den → Engeln des Angesichts gleichsetzt, neben der Siebenzahl (äthHen 20 und 90,21) auch die Vierzahl (äthHen 9,1; 40,9; 54,6; 71,8–13). In diesen Texten des Henoch-Buches finden sich auch die Namen, die später immer wieder in der Engelliteratur als Erzengel auftauchen: neben Michael, Gabriel und Raphael beispielsweise → Uriel, → Raguel, → Sarakiel/Sariel oder → Phanuel.

Ein 1516 in der Kirche des Märtyrers Angelus zu Palermo aufgedecktes altes Fresko, das möglicherweise von der → Gnosis beeinflußt ist, zeigt sieben Erzengel, deren Namen und Tätigkeitsbereiche angemerkt sind. *Michael – Victoriosus* (Sieger), *Gabriel – Nuncius* (Bote), *Raphael – Medicus* (Arzt), *Uriel – Fortis Socius* (starker Gefährte), *Jehudiel – Remunerator* (Vergelter), *Barachiel – Adjutor* (Helfer) und *Sealthiel – Orator* (Fürbitter).

ET → Außerirdische

Ezekeel (Sternschnuppe Gottes?), auch **Zekeel**. Einer der Anführer jener Engel, die nach dem Buch Henoch (→ Engelsünde) irdischen Frauen beiwohnten (äthHen 6,7). Einige Handschriften nennen ihn als denjenigen, der die Menschen die Wolkenschau lehrte (ebd. 8,3).

F

Fanuel → Phanuel

Feuerengel → Engel des Feuers

Flügel. Sie signalisieren Schnelligkeit im Verkehr von Ort zu Ort, Freiheit von Erdenschwere und von Gebundenheit an Raum und Zeit, aber auch die Verbindung zwischen göttlicher Sphäre und Menschenwelt. Da der Abstand zwischen Gott und Mensch im Bild des Raumes gedacht wird, kann die unendliche Ferne Gottes nur durch geflügelte Wesen überbrückt werden.

Entgegen der weitverbreiteten Vorstellung sind die Engel in der Bibel ungeflügelt gedacht, wenn es nicht, wie bei den → Seraphim und → Cherubim, ausdrücklich anders gesagt wird. Das hätte ja auch jenes Inkognito unmöglich gemacht, das die Gottesboten in vielen der frühen alttestamentlichen Berichte im Verkehr mit den Erdenkindern vorzogen. Sie treten dort vielmehr in der Gestalt von „Männern" auf, ohne besondere Merkmale, während sie später, etwa im Buch Daniel, zwar mit einer strahlenden Aura versehen sind, ohne daß jedoch dabei von Flugwerkzeugen die Rede ist. Die Flügellosigkeit gilt auch noch für die außerbiblische Literatur der Zeitenwende und das Neue Testament. Das Buch Henoch sagt einmal von einigen Engeln, die einen bestimmten göttlichen Auftrag ausführen sollten, daß sie „Flügel nahmen und flogen" (äthHen 61,1); offenbar waren sie also ursprünglich nicht damit ausgestattet. Ebensowenig ist in der Beschreibung der Engelerscheinungen in den Evangelien, etwa beim Auftreten Gabriels vor Maria oder bei der Verkündigung der Auferstehung Jesu am leeren Grab, von geflügelten Engeln die Rede.

Flügel fehlten sogar noch in den Anfängen der christlichen → Kunst, welche die Engel nur als bartlose junge Männer in antiker Tracht darstellte. Offenbar wollte man nicht an die heidnische Siegesgöttin Nike/Victoria oder an die ebenfalls geflügelten Darstellungen von Amor und Cupido, die sog. Eroten, erinnern. Erst seit

69

*Die heidnische Siegesgöttin Nike oder Victoria, antikes Stuckrelief.
Rom, Museo Nazionale*

70

dem 5. Jh. sind nicht nur die Seraphim und Cherubim, sondern alle Engel mit Flügeln ausgestattet, deren Form und Farbe mannigfach variieren, von majestätischen Schwingen und glänzenden Pfauenfedern bis zu den Stummelflügeln der Putten, zu denen die Fledermaus-Flughäute der höllischen Geister einen häßlichen Kontrast bilden. Je nach dem Rang innerhalb der himmlischen Hierarchie schreibt man den Engeln zwei, vier, sechs oder mehr Flügel zu.

Fra Angelico. Berühmter Maler aus dem Dominikanerorden (1401/02–1455), der eigentlich Guido di Pietro hieß, aber wegen seiner von inniger Religiosität getragenen Kunst den Beinamen „engelhafter Bruder" erhielt.

Fravashis (Bekenner). In → Zarathustras Engellehre die persönlichen Schutzgeister der Menschen, mit denen diese sich nach dem Tod wieder vereinen. → Zwilling.

Friedensengel. Heute ein Symbol für den Wunsch nach der Bewahrung vor Krieg, wie der Engel auf einer Gedenksäule, die 1896 von der Stadt München zur Feier einer 25jährigen Friedensperiode in Auftrag gegeben und 1899 am Isarhochufer eingeweiht wurde. Siehe auch → Engel des Friedens.

Fürbitte der Engel. In den frühen Schriften der Bibel schrieb man einem Abraham oder einem Moses sowie vor allem den Propheten die Gabe zu, für das Volk Fürbitte einlegen zu können. Seit dem Ausgang der alttestamentlichen Zeit hielt man offenbar Ausschau auch nach himmlischen Mittlern. Im Buch Hiob erwähnt die Rede eines der Freunde einen Engel, der bei Jahwe Fürbitte für einen Kranken einlegt, woraufhin dieser geheilt wird (33, 23–25). Von einem Mittlerengel spricht auch der Prophet Sacharja, wenn er im ersten seiner Gesichte hört, wie der Engel des Herrn vor dem himmlischen Hof als Fürsprecher für Jerusalem und Juda eintritt (Sach 1,12).

Damit in engem Zusammenhang steht die Vorstellung, daß die Engel die Gebete der Menschen vor Gott bringen. Sie wird zwar im Alten Testament kaum erwähnt, dürfte aber in jener Zeit Allgemeingut gewesen sein (äthHen 9; 15,2; Test XII Levi 3,5–7). So bezeichnet sich Raphael als „einen der sieben Engel, die das Gebet der

Heiligen emportragen und mit ihm vor die Herrlichkeit des heiligen Gottes treten" (Tob 12,15; ähnlich Offb 8,3).

Das Christentum hat diese Vorstellungen als selbstverständlich übernommen. Sie werden erst von den Reformatoren hinterfragt. Martin Luther (1483–1546) sieht die Engel zwar weiterhin als Mitwirkende an der ordentlichen Gewalt Gottes bei der Regierung der Welt und im Leben der einzelnen, nennt sie sogar seine geistlichen Führer. Sie seien jedoch als Heilsmittler von Christus verdrängt worden, weshalb die Vorstellung, man könne durch die Engel leichter Zugang zu Gott erlangen oder Gott durch ihre Verehrung gnädig stimmen, ebenso abzulehnen sei wie die Mittlerrolle der Heiligen.

Fürstentümer (gr. *archai*, lat. *principatus*). Gattungsbezeichnung für die Engel im siebten der → Engelchöre. In ihrer Obhut stehen die Völker und großen Städte auf Erden. Sie bewirken das Entstehen politischer Reiche und den Übergang von einem Reich zum anderen. Durch ihre Führungskraft geben sie ein Beispiel für das Regierungshandeln nach den höchsten Prinzipien, und sie instruieren die menschlichen Herrscher über die rechte Regierung.

Fürst dieser Welt. Bezeichnung für → Satan im Johannesevangelium (12,31; 14,30 und 16,11), das die gegenwärtige Welt als von Satan regiert ansieht, im Gegensatz zur kommenden Welt, in der Christus der Herrscher sein wird.

G

Gabriel (Stärke Gottes). In der Bibel wird Gabriel zum ersten Mal im Buch Daniel namentlich genannt. Dort weist ihn eine schallende Stimme an, dem Propheten eine seiner Visionen zu deuten (8,15– 27). Ein anderes Mal, als Daniel für die Heimkehr seines Volkes aus dem babylonischen Exil zu Gott betet, kommt zu ihm „der Mann Gabriel im Flug" und verkündet ihm die Weissagung über Dauer und Ende des Exils (9,20–27). Ebenso könnte mit dem gewaltigen menschengestaltigen Himmelswesen, das Daniel am Ufer des Flusses Tigris erscheint (10,4 ff.) und ihm Gottes Geschichtsplan enthüllt, Gabriel gemeint sein.

Auch in den außerbiblischen Schriften der Zeitenwende ist Gabriel mehrfach erwähnt. So zählt ihn das Buch Henoch zu den sieben höchsten Engeln (äthHen 20,7) und, an anderer Stelle, zu den vier „Gesichtern", die Gott an vier Seiten umgeben (äthHen 40,2 und 9; ähnlich 71,7–13). Als Gebieter über die → Seraphim und → Cherubim (äthHen 20,7) gehört er zu den vier Engeln, die Gott das von den → Wächtern auf Erden angerichtete Unheil melden (äthHen 9,1) und die bösen Wächter in den „brennenden Feuerofen" werfen (äthHen 54,6).

Vor allem aber wird Gabriel in der Kindheitsgeschichte Jesu tätig. Zunächst bei der Geburt Johannes des Täufers, des Vorläufers Jesu, wo er sich beim Opferdienst im Tempel zu Jerusalem dem Priester Zacharias mit den Worten vorstellt: „Ich bin Gabriel, der vor Gott steht", und ihm verkündet, seine schon alte und immer noch kinderlose Frau Elisabeth werde einen Sohn haben, den er Johannes nennen solle. Da Zacharias zweifelt und um ein Zeichen der Bekräftigung bittet, bedeutet ihm der Engel, er werde stumm sein, bis sich alles erfüllt habe (Lk 1,5–22). Bald danach wird Gabriel von Gott zu Maria, der Verlobten Josephs, nach Nazareth gesandt, um ihr die Geburt eines Sohnes zu verkünden, den sie als Jungfrau vom Heiligen Geist empfangen werde (1,26–38). Ähnlich wird er später im Islam unter dem arabischen Namen → Jibril als Verkünderengel, der Mohammed den Koran übermittelt, eine herausragende Rolle spielen.

Verkündigung an Maria durch den Engel Gabriel, Fresko von Fra Angelico, um 1450. Florenz, San Marco

In der christlichen Kunst wird Gabriel als bartloser Jüngling dargestellt, mit Botenstab und Lilie, Symbol der Reinheit, auch mit einem Oliven- oder Palmzweig. Bei den Katholiken ist Gabriel, der zu den → Erzengeln gerechnet wird, Patron der Zeitungsträger und Postboten, seit 1951 auch von Radio und Fernsehen, neuerdings auch des Internets. Seine kirchliche Feier ist am 24. März, am Tag vor dem Fest Mariä Verkündigung, das an sein Auftreten in Nazareth erinnert.

In Miltons ‚Verlorenem Paradies‘ wird Gabriel „das Haupt der Wächterengelscharen" genannt (4,736). Bei Rudolf Steiner, dem Begründer der → Anthroposophie, ist Gabriel für jeden Menschen der Engel der Geburt und Inkarnation, der die Seele ins Irdische hineinführt, weshalb seine Gestalt eng mit dem Weihnachtsgeschehen verbunden ist, als Symbol für den Wechsel vom Winter zum Sommer.

Gadreel (Mauer Gottes), auch **Adriel** (Gott ist Helfer). Einer jener Engel, die nach dem Buch Henoch (→ Engelsünde) irdischen Frauen beiwohnten. Er war es, der Eva im Paradies verführte und den Menschen alle tödlichen Kampfwerkzeuge zeigte (äthHen 69,6).

Galgalim (Räder). Das hebr. Wort für die Räder in der Schau der → Cherubim des Propheten Ezechiel. Man hat daraus manchmal eine eigene Kategorie von Engeln gemacht und ihnen einen besonderen Anteil an der Sphärenmusik zugeschrieben.

Gandharvas → Apsaras

Gedael/Gedayal → Gidaiyal

Gefallene Engel → Engelsturz

Geister. In den älteren Teilen des Alten Testaments ist von eigenständigen guten oder auch bösen Geistern relativ selten die Rede, auch wenn der Volksglaube durchaus mit der Existenz von → Dämonen gerechnet haben mag.

In der Zeit zwischen dem Alten und dem Neuen Testament werden die guten und bösen Geister immer mehr als eigenständige Wesen gesehen. Da sie ihre Wirkungssphäre sowohl in der Natur als auch bei den Menschen haben, werden sie im Sprachgebrauch kaum von den Engeln unterschieden, weshalb Gott folgerichtig als „Herr der Geister" bezeichnet wird (2 Makk 3,24 sowie an die 100mal im Buch Henoch).

Im Neuen Testament ist nur gelegentlich von „guten" Geistern die Rede (Hebr 1,14; Offb 4,5 und 5,6), die praktisch den Engeln gleichgesetzt sind. Um so häufiger sind die „unreinen" Geister erwähnt. Nach dem Volksglauben jener Zeit kommen alle Krankheiten von Dämonen oder den „unreinen Geistern", die allein bei Markus 14mal genannt sind (auch Lk 4,36 und 6,18; Apg 5,16 und 8,7; Offb 16,13). Man schreibt ihnen besonders jenes Nervenleiden zu, das man als Besessenheit verstand, weil man annahm, daß sich eine übermenschliche Macht an die Stelle des menschlichen Selbst gesetzt hatte, die das Denken, Reden und Handeln des Betreffenden bestimmte. Ebenso werden jetzt böse Regungen des Menschenherzens, die früher als von Gott ausgehend gedacht waren, auf Dämonen zurückgeführt. Deren völlige Gleichsetzung mit den Heerscharen Satans war allerdings das Ergebnis einer längeren Entwicklung, die erst im Mittelalter ihren Abschluß fand.

Geist Gottes oder **Geist des Herrn/Jahwes**. Im Alten Testament wird mehrfach ein „Geist vom Herrn" erwähnt, der besonders in der Geschichte der großen Volksführer heilbringende Wirkungen hervorruft. Er „kam über [den Richter] Jiftach" (Ri 11,29), und er „begann Simson umherzutreiben" (Ri 13,25). Ebenso kam er mit der Salbung über König Saul (1 Sam 10,6+10), in dem er dann einen heiligen Zorn erweckte, so daß dieser das Volk zur Befreiung einer von Feinden bedrohten Stadt aufrief (1 Sam 11,6). Hierher gehört auch der Bericht über die 70 Ältesten, die während der Wüstenwanderung der Israeliten in ekstatische Verzückung gerieten, als Gott etwas von seinem Geist, der auf Moses lag, auf sie legte (Num 11,25–30).

Der hebr. Ausdruck für Geist *ruach*, eigentlich „Wind", den die gr. Bibel (Septuaginta) mit *pneuma* wiedergibt, meint in diesem Zusammenhang eine von Gott bewirkte Gemütsbewegung, die sowohl als „Geist der Weisheit" (Ex 28,3; Dtn 34,9; Jes 11,2) oder des „Gebetes" (Sach 12,10) positiv zum Dienst Gottes anregen als auch negative Regungen wie Eifersucht (Num 5,14 und 30) oder Unzucht (Hos 4,12; 5,4) hervorrufen kann. In beiden Fällen dachte man sich diese Macht als von Gott kommend; denn nach damaliger Anschauung ging alles, das Gute und das Böse, von Gott aus. So kann es über König Saul nach seiner Verwerfung heißen. „Der Geist des Herrn war von ihm gewichen. Jetzt quälte ihn ein böser Geist, der vom Herrn kam" (1 Sam 16,14). Ähnlich macht sich in der Geschichte vom Propheten Micha Ben Jimla (1 Kön 22) ein Mitglied der himmlischen Heerscharen auf Geheiß Gottes zu einem „Geist der Lüge" (siehe → Unterscheidung der Geister).

Gegen Ende der alttestamentlichen Zeit werden böse Regungen des Menschenherzens, die früher als von Gott ausgehend gedacht waren, auf unreine → Geister zurückgeführt, während das Neue Testament die positive, von Gott ausgehende schöpferische Kraft, die im Menschen wirkt, weiterhin Gott zuschreibt. Sie wird jetzt „heiliger" Geist genannt, eine Umschreibung für das, was man früher als Geist Jahwes bezeichnet hatte, da im Judentum jener Zeit das Aussprechen des Gottesnamens aus Ehrfurcht nicht mehr üblich war. Daraus wird dann im Christentum der nachbiblischen Zeit „der Heilige Geist", die dritte Person in der göttlichen Dreifaltigkeit.

Das ist im Bereich des Neuen Testaments noch nicht so eindeutig, wie es auf Grund der gängigen Bibelausgaben erscheinen mag. Dies zeigt sich etwa bei der Verkündigung Gabriels an Maria (Lk 1,35) oder in den Worten des Engels an Josef, den Verlobten Marias, als dieser merkte, daß seine Braut schwanger war, und er daran dachte, sie heimlich zu verlassen (Mt 1,18–24). Meist wird durch die Einfügung des Artikels und die Großschreibung von „heilig" die Übersetzung angeboten, das Kind sei „vom Heiligen Geiste" (Mt 1,18–24), obwohl der Originaltext in Wirklichkeit sagt: „von einem heiligen Geist" oder „von heiligem Geist". Entgegen der landläufigen Auffassung fürchtete Josef weniger, daß die Schwangerschaft seiner Braut von einem fremden Mann, sondern vielmehr, daß sie von einem bösen Geist herrührte, wie solches bei Henoch zu lesen war, wo Frauen von Geistwesen, den → Wächtern, geschwängert wurden. Ähnlich sagt der Engel Gabriel in der Verkündigungsszene zu Maria: „Heiliger Geist wird über dich kommen", um anzuzeigen, daß es um eine Geburt ohne sexuellen Verkehr geht. Anders als bei Henoch nähert sich hier der Engel der Frau, ohne sie zu verführen, da ihr Sohn durch göttliche Geisteskraft gezeugt wird. Für diese Interpretation spricht auch, daß sich für die biblischen Verfasser und ihr Publikum bei dem Wort „Geist" der Gedanke an das Einwirken eines Mannes gewiß viel weniger aufdrängte, da *ruach*, das hebr. Wort für Geist, ein Femininum ist, und *pneuma* im Griechischen ein Neutrum.

Geistnatur der Engel. Nach christlicher Tradition sind die Engel von Gott geschaffene personale Wesen, deren Geistigkeit nicht wie beim Menschen an einen irdischen Leib gebunden ist. Allerdings schreiben die meisten theologischen Autoren der ausgehenden Antike und des frühen Mittelalters den Engeln eine besondere Art von → Körperlichkeit zu, bis Thomas von Aquin (um 1225–1274) behauptet, die Engel seien reiner Geist ohne jede Beimischung von Materie, eine Lehre, die unter den christlichen Theologen seither Gemeingut geworden ist. Da die Materie nach der Thomas von Aquins Lehre zugrunde liegenden Philosophie bei den irdischen Lebewesen erst die Aufteilung der jeweiligen Art in Individuen erlaubt, ergibt sich für Thomas aus der Materielosigkeit der Engel, daß jeder von ihnen eine Art für sich ist.

Die biblischen Angaben über das Essen der Engel, etwa im Bericht vom Besuch der drei Männer bei Abraham (Anhang 1.2.1) oder in der Erzählung von → Raphael, werden meist dahingehend interpretiert, daß sie nur zum Schein aßen, um ihre Verkleidung als Menschen zu verheimlichen. → Brot der Engel

Gelbe Engel. Seit 1928 hilft der Allgemeine Deutsche Automobil-Club (ADAC) bei Pannen und Unfällen. Die gelb lackierten, rollenden Werkstätten legen jährlich 56 Millionen Kilometer zurück. Da die 1600 Straßenwachtfahrer über 80 Prozent aller Pannen vor Ort beheben, werden sie gern „Gelbe Engel" genannt.

Genien (Pl. von lat. *genius*). In der römischen Religion verstand man unter Genius ursprünglich eine Personifikation der männlichen Zeugungs- und Schaffenskraft, später den Schutzgeist von Einzelpersonen oder von Städten und Völkern. Seit dem 17. Jahrhundert werden in der Kunst auch idealisierte männliche und weibliche Flügelgestalten als Genien bezeichnet.

Gerviel → Cerviel

Geschlecht der Engel. In der Tradition der christlichen Kirchen gab es nie Zweifel an der Asexualität der Engel. Sie ergab sich allein schon aus den Worten Jesu über die von den Toten auferstandenen Menschen, die nicht mehr heiraten werden: „Sie werden sein wie die Engel im Himmel" (Mk 12,25). Bezüglich der → Dämonen war man sich hingegen weniger sicher, wovon die Vorstellungen von ihrer Kopulation untereinander oder vom → Inkubus und → Sukkubus zeugen. Erst als man die Dämonen mit den gefallenen Engeln Satans gleichsetzte, unterstellte man, daß sie nur die äußere Form eines Mannes bzw. einer Frau annehmen könnten, nicht aber wirklich zum sexuellen Verkehr mit Menschen in der Lage seien.

Nach dem außerbiblischen Buch Henoch sind allerdings auch die eigentlichen Engel geschlechtlicher Verfehlungen fähig, da einige von ihnen sich irdische Frauen nahmen, mit denen sie gewalttätige Riesen zeugten, die großes Unheil über die Menschen brachten (→ Engelsünde). Offenbar hat man sich jedoch schon in der Zeit der Entstehung des Henoch-Buches Gedanken gemacht, wie die gefallenen Engel trotz ihrer Unkörperlichkeit imstande waren, die Riesen zu zeugen. So behauptet eine Schrift jener Zeit, daß zunächst die Frauen durch Zurschaustellen ihrer Reize im Herzen der Wächter das Verlangen weckten. Diese hätten sich dann in menschenähnliche Scheingestalten, die bis zum Himmel reichten, verwandelt, um mit diesem Anblick die Frauen beim Beischlaf mit ihren Ehemännern zu erregen, was zur Geburt von Riesen führte (Test XII Patr Rubens, Kap.5).

In neuerer Zeit haben Dichter, wie John Milton (1608–1674) im ‚Verlorenen Paradies‘, eine geschlechtliche Betätigung der Engel für selbstverständlich gehalten. Sie bringe als rein geistige Vereinigung höchsten Genuß, da sie nicht „durch Haut, Gelenk und Glieder" behindert sei (8, 745–766). Emanuel von Swedenborg (1688–1772), der die Engel für verklärte, wiederauferstandene Menschen hielt, vertritt die Auffassung, daß das Geschlecht eines Menschen nach dem Tod erhalten bleibe. Ein Mann werde ein männlicher Geist, eine Frau ein weiblicher Geist, was sogar zu neuen Ehen führen könne; wenn sie jedoch einander auf Erden geliebt hätten, blieben Mann und Frau auch nach dem Tod verbunden, zwar ohne die Möglichkeit körperlicher Vereinigung, aber doch durch eine Verschmelzung der Seelen.

Geschöpflichkeit der Engel. Während die Bibel über die → Erschaffung der Engel keine Angaben macht, ist der nachexilische Psalm 148 die einzige Stelle, in der diese ausdrücklich als geschaffene Wesen bezeichnet werden. In diesem Psalm, der alle Kreaturen zum Gotteslob aufruft, werden zunächst die „Himmelswesen" aufgezählt, am Anfang die Engel, dann Sonne, Mond und Sterne, bevor es in Vers 5 heißt: „[Gott] gebot und sie waren erschaffen". Man vermutet, daß es sich hier um eine Polemik gegen → Zarathustras Engellehre handelt, nach der die großen Geistwesen aus dem guten Ahuramazda bzw. dem bösen → Ahriman durch → Emanation, also durch ein anfangloses Hervorströmen aus dem einen göttlichen Urgrund, hervorgegangen wären. Eine solche Vorstellung war mit der jüdisch-christlichen Lehre vom Schöpfergott, der alles, was außer ihm existiert, geschaffen hat, unvereinbar.

In der christlichen Lehre, wie sie die kirchlichen Konzilien dogmatisieren, geht es übrigens weniger um eine Bekräftigung des → Glaubens an die Existenz von Engeln, die als selbstverständlich vorausgesetzt wird, sondern in erster Linie um die Aussage, daß sie von Gott geschaffene Kreaturen seien. Schon die Aussagen des Konzils von Nicäa im Jahr 325 richten sich gegen die Lehren der → Gnosis, welche eine Anzahl von Geistwesen für Emanationen aus dem einen göttlichen Urgrund hielten. Im heute noch gebrauchten Großen Glaubensbekenntnis, das auf das Konzil von Nicäa zurückgeht, hat deshalb die Formel vom Glauben „an den einen Gott, den allmächtigen Vater, Schöpfer des Himmels und der Erde" den Zusatz „aller sichtbaren und unsichtbaren Dinge" erhalten.

Die Definition von Nicäa wird vom IV. Laterankonzil im Jahr 1215 noch einmal ausdrücklich bekräftigt, besonders im Hinblick auf die bösen Geister (D 800). Es betont dabei ausführlicher als bisher, daß alles außer dem einen Gott radikal kreatürlich sei und es deshalb kein ungeschaffenes und damit ewiges böses Prinzip gebe, sondern nur endliche Wesen, die ursprünglich gut geschaffen waren und erst durch ihre freie Entscheidung gegen Gott böse wurden (→ Engelsturz). Die Aussagen des Konzils richten sich gegen die Katharer, eine im 12. Jh. vom Balkan nach Westeuropa vorgedrungene religiöse Bewegung, die unter dem Einfluß alter, aus dem → Manichäismus übernommener Lehren einen strengen Dualismus vertritt, in dem der gute Gott dem Teufel als dem von Anfang an bösen Schöpfer der Welt gegenüberstand.

Gewalten (gr. *exusiai*, lat. *potestates*). Bezeichnung für kosmische Potenzen in der außerbiblischen Literatur der Zeitenwende und in einigen neutestamentlichen Briefen (Röm 8,38; 1 Kor 15,24; Eph 1,21; 1 Petr 3,22).

In der Hierarchie der → Engelchöre dient der Ausdruck als Gattungsbezeichnung für die Engel im sechsten der neun Ränge. Sie sorgen dafür, daß die Pläne der göttlichen Vorsehung ungehindert zur Ausführung kommen. Es heißt, daß sie durch ihren unerschütterlichen Mut in allem, was sie vollbringen, auf Gott, die Quelle aller Kraft, hinweisen. Manche meinen auch, ihrem Widerstand sei es zu verdanken, daß die Dämonen nicht längst die Welt beherrschen.

Gewand der Engel. In der christlichen Kunst tragen die Engel anfänglich die antike Tunika und als Obergewand das Pallium (Umhang), im byzantinischen Bereich oft Hof- und sogar Herrscherkleidung, während sie später im Westen auch in ritterlicher Tracht

80

erscheinen. Die Lehre des Dionysius Areopagita von den → Engelchören, die eine Spiegelgleichheit der Engelhierarchie im Himmel mit der kirchlichen Hierarchie auf Erden unterstellt, findet ihren bildlichen Ausdruck darin, daß seit dem 13. Jh. Engel häufig in liturgische Gewänder, meist als Diakone mit dem Pluviale, dem offenen Radmantel, gekleidet sind. Das zeitlose weiße Engelsgewand wird nun zur Albe, dem priesterlichen Untergewand, das mit einem Gürtel (Zingulum) gestrafft und von einem weich geschlungenen und in den Halsausschnitt gesteckten Schultertuch (Amikt) ergänzt wird. Während die Albe der Priester, wie der Name sagt, immer weiß ist, kann die der Engel auch farbig sein. Bei den Farben der Gewänder symbolisiert Weiß die Reinheit und Herrlichkeit, Rot den → Ätherleib und den Aufenthalt im → Empyreum, während Blau, die Farbe der Luft, die Berührung mit der darunter liegenden irdischen Welt anzeigt.

Gidaiyal (?), auch **Gedael** oder **Gedayal**. Einer jener Engel, die das Buch Henoch als Lenker der Gestirne erwähnt (äthHen 82,20).

Gnosis (Erkenntnis). Eine geistesgeschichtlich bedeutsame Strömung der Spätantike, die sich aus Vorstellungen iranischen Ursprungs, astrologischen Spekulationen mesopotamischer Herkunft und (neu)platonischer Philosophie entwickelte. Nach ihren Lehren entspringt aus dem ungeborenen und ungeschaffenen Vater eine unendliche Folge von → Äonen, welche die Materie erschaffen und aus denen Mächte und Engel entstehen, die wiederum neue Mächte und Engel gebären. Nach einigen dieser Lehren ist auch der Mensch bzw. sein göttlicher Seelenfunke einst aus der Sphäre des Göttlichen herausgefallen und in die dunkle widergöttliche Materie verstrickt worden. Deren Ursprung wird nicht dem guten Gott zugeschrieben, sondern den verschiedenen Zwischenwesen, die aus der Lichtfülle, in der der höchste Gott lebt, abgesunken sind. Der Gnostiker hofft, mit Hilfe höherer Erkenntnisse, vermittelt durch eine kosmische Erlösergestalt oder durch gutgesinnte Engelmächte, den Weg zurück zu seinem Ursprung zu finden.

Gog und Magog. In Klopstocks ‚Messias‘ führende Höllengeister (II 431 sowie 406 und 409). Beim Propheten Ezechiel ist „Gog im Lande Magog" der Urtyp für den Anführer eines barbarischen

Volkes, das einst Unheil über Israel bringen wird (Ez 38 und 39). In der Geheimen Offenbarung sind Gog und Magog zu Völkern geworden, die von Satan als Kämpfer gegen das Gottesvolk rekrutiert werden (Offb 20,8). In einem ähnlichen Zusammenhang werden sie auch im Koran genannt (Sure 18,94 und 21,96).

Göttersöhne (hebr. *bene elohim*, was sowohl mit „Söhne der Götter" als auch mit „Söhne Gottes" übersetzt werden kann). Offenbar sind damit zum göttlichen Bereich gehörende Wesen gemeint, weil der Ausdruck „Söhne" im Hebräischen neben den unmittelbaren Nachkommen sehr oft auch einfach die Zugehörigkeit zu einem Volk oder zu einer besonderen Gruppe meint, so etwa „Söhne Israels" für die Israeliten oder „Söhne der Propheten" für die Mitglieder einer Prophetengemeinschaft. Viel spricht deshalb dafür, daß der biblische Erzähler bei den Göttersöhnen an Lokalgötter und die Götter der anderen Völker dachte, die zwar neben dem Herrn (Jahwe), dem alleinigen Gott Israels, nicht verehrt werden durften, deren Existenz als solche jedoch im frühen Israel noch nicht ausdrücklich in Frage gestellt wurde. So spricht der Psalm 82 sogar von einer Götterversammlung, in der Gott Gericht über die Götter hält, die nicht gegen Ungerechtigkeit und Unterdrückung einschreiten:

> Gott steht in der Gottesgemeinde
> und ist Richter unter den Göttern.
> „Wie lange wollt ihr unrecht richten
> und die Gottlosen vorziehen?
> Schaffet Recht dem Armen und der Waise
> und helft dem Elenden und Bedürftigen zum Recht.
> Errettet den Geringen und Armen
> und erlöst ihn aus der Gewalt der Gottlosen."
>
> *Psalm 82,1–4*

Zu Anfang des Buches Hiob (1,6–12 und 2,1–6) wird von → Satan gesagt, er sei als einer der „Götter-/Gottessöhne" am himmlischen Hof aufgetaucht. Ähnlich unbefangen erzählt das Buch Genesis in seiner Urgeschichte der Menschheit, daß „die Götter-/Gottessöhne sahen, wie schön die Menschentöchter waren, und sich von ihnen Frauen nahmen, wie es ihnen gefiel", woraus dann die Riesen und Helden der Vorzeit entstanden (Gen 6,1–4).

82

Einer späteren theologisch feinfühligeren Zeit bereitete der Ausdruck „Göttersöhne" wegen seiner offensichtlich polytheistischen Anklänge dann allerdings Verlegenheit. In einigen Handschriften der Septuaginta, der ersten Übertragung der hebräischen Bibel ins Griechische (um 250 v. Chr.), findet sich deshalb die Übersetzung „Engel Gottes", eine Korrektur, die von jüdischen und frühchristlichen Bibelauslegern häufig übernommen wurde. Schon sehr früh gab es allerdings auch noch eine andere Auslegung der Bibelstelle. Sie sah in den „Göttersöhnen" die guten Menschen aus der Abstammungslinie des dritten Adamsohnes Seth und in den „Menschentöchtern" schlechte, vom Brudermörder Kain abstammende Frauen, obwohl von deren Schuld nichts im Text steht. Diese mysogyne Interpretation machte sich auch Milton in seinem ‚Verlorenen Paradies' zu eigen, der ausdrücklich anmerkt, daß auch hier „des Menschen Elend ... vom Weibe kommt" (11,704–810).

Die im Buch Genesis erwähnte Missetat der Gottessöhne diente dem außerbiblischen Buch Henoch in seinen Passagen über die → Engelsünde als Begründung für die Existenz gefallener Engel, ja des Bösen in der Welt überhaupt. Für eine solche Deutung gibt der biblische Text von Gen 6,1–4 jedoch keinen Anhaltspunkt. Auffällig ist nämlich die eigenartige Reaktion Gottes auf die Untat. Man erwartet eigentlich, daß – wenn überhaupt jemand – die Gottessöhne bestraft würden. Gottes Spruch richtet sich aber weder gegen sie noch gegen die Menschentöchter, die – mehr oder weniger freiwillig – ihre Bräute wurden, noch gegen die aus der Mesalliance hervorgehenden Riesen und Helden, sondern er trifft mit der Begrenzung der Lebenszeit die Menschheit. Damit wird klar, daß es dem Text gar nicht um das Thema von Schuld und Strafe geht, sondern um eine Erklärung für das Ende der außerordentlichen Langlebigkeit, die nach der unmittelbar vorausgehenden Geschlechterliste (Gen 5) die Anfänge der Menschheit kennzeichnete.

Wenn der Text mit einem Hinweis auf die Existenz von Riesen „in jenen Tagen" und auf die Helden der Vorzeit schließt, wird zudem ein kausaler Zusammenhang zwischen diesen Helden und dem Tun der Göttersöhne nur in seltsam verschlüsselten Worten angedeutet. Das könnte ein Licht auf die ursprüngliche Absicht der umstrittenen Bibelstelle werfen. Man weiß aus Texten, die jüngst in Ugarit, einer im zweiten vorchristlichen Jahrtausend blühenden Stadt an der syrischen Mittelmeerküste, entdeckt wurden, daß es, ähnlich wie bei den Griechen, auch im kanaanäischen Kulturraum Mythen über den Umgang der Götter mit menschlichen Frauen gab. Daraus wären die halbmenschlichen-halbgöttlichen Heroen hervorgegangen, welche die Erde von Ungeheuern säuberten. Da solche Geschichten zum kulturellen Hintergrund seiner Leser gehörten, fand es der biblische Erzähler offenbar angebracht, das sagenhafte Zeitalter der Heroen und Riesen in seine eigene Darstellung der menschlichen Urgeschichte als reines Faktum und ohne negative Bewertung einzubauen.

Gottseibeiuns. In manchen Gegenden des deutschen Sprachraums eine beschönigende Umschreibung für den Teufel, als Hilferuf an Gott formuliert.

Grigori → Wächter

H

Hajoth (Lichtblitze), auch **Chajoth** oder **Hayyoth**. In einigen Schriften der → Kabbala Bezeichnung für vibrierende Geistwesen, die aus reiner Energie bestehen. Sie stimmen bei jedem Flügelschlag den Lobpreis des Allmächtigen an. Offenbar gehören sie zur Kategorie der → Cherubim um Gottes Thron, die der Prophet Ezechiel in seiner Vision beschreibt (Ez 1 und 10).

Hananel → Ananel

Haniel (Herrlichkeit Gottes oder Gottseher), auch **Aniel, Anael** oder **Hanael**. Nach einigen Zauberbüchern ein hochgestellter Engel, der über den Planeten Venus herrscht. Sein Name wird häufig auf Amulette geschrieben (Dav. 134).

Harut und Marut. Nach dem Koran zwei von Gott auf die Erde gesandte Engel, welche in Babel die Menschen zur Zauberei anstiften und Zwist zwischen Eheleuten verursachen (Sure 2,102).

Nach der späteren islamischen Überlieferung haben die beiden einst voller Überheblichkeit Adam Vorwürfe wegen seiner Sünde gemacht, woraufhin Gott sie zur Prüfung auf die Erde hinabschickte, wo sie dann ebenfalls in Sünde verfielen. Im persischen Volksglauben sollen sie aus Liebe zu einer Frau dieser den geheimen Namen Allahs mitgeteilt haben, so daß sie mit seiner Zauberkraft zum Planeten Venus aufsteigen konnte, wo sie jetzt wohnt (Dav. 136).

Hayyoth → Hajoth

He'el (vielleicht von hebr. *chai-el* = Gott lebt). Einer jener Engel, die das Buch Henoch als Lenker der Gestirne erwähnt (äthHen 82,20).

Heerscharen → Zebaoth

Die Heiligen (hebr. *kadischim*). Eine im Alten Testament manchmal (Sach 14,5; Dan 8,13) und in den außerbiblischen Schriften, z.B. in Qumran, häufiger verwendete Sammelbezeichnung für die himmlischen Geistwesen, da die Ausdrücke „heilig" und „himmlisch" immer mehr an die Stelle des Gottesnamens traten, den man aus Ehrfurcht nicht mehr auszusprechen wagte.

Helemmelek (Mein Gott ist König). Er gehört mit Malkiel, Meleyal und Narel zu den vier Engeln, welche die Jahreszeiten lenken. Das Buch Henoch schreibt ihm die Herrschaft über die heiße Jahreszeit zu, welche die Früchte zur Reife bringt, in der geerntet und der Wein gekeltert wird (äthHen 82,13 und 18).

Der Engel in dir
freut sich über dein
Licht

weint über deine Finsternis

Aus seinen Flügeln rauschen
Liebesworte
Gedichte Liebkosungen

Er bewacht
deinen Weg

Lenkt deinen Schritt
engelwärts.

Rose Ausländer, Gedichte, Band 5

Helfer beim Aufstieg zu Gott. Die Lehre der Mystik sieht den Weg der Menschen, die nach der Vereinigung mit Gott streben, als einen dreistufigen Prozeß, der mit der „Läuterung" beginnt und über die „Erleuchtung" zur „Vereinigung mit Gott" führt. Dabei trete der Mensch, so heißt es, in innigen Kontakt zu den entsprechenden Engelchören, zunächst zur untersten Triade, die das göttliche Licht in die irdische Welt bringt, und dann hinauf bis zur höchsten Triade, die in direkter Verbindung zur göttlichen Herrlichkeit steht. Damit werde eine immer größere Freiheit von irdischen Verstrickungen und die Annäherung an das Reich des reinen Geistes bewirkt.

Manche Schriften der Mystiker berufen sich dabei auf das Bild von der Himmelsleiter im Traum des alttestamentlichen Patriarchen

Jakob (Anhang 1.2.3), deren einzelne Sprossen die verschiedenen Stufen des Aufstiegs symbolisieren. Daß in dem Traum neben aufsteigenden auch absteigende Engel zu sehen waren, wird als Verpflichtung gedeutet, nicht in der Gottesschau zu verweilen, sondern in die Welt zurückzukehren, um dort für das Wohl der Menschen zu wirken. → Kabbala

Hell's Angels. Zusammenschlüsse von Motorradfahrern. In Deutschland gibt es etwa 40 solcher Orts- und Regionalgruppen („chapters"), die als „Hell's Angels Germany" untereinander verbunden sind und auch internationale Kontakte pflegen.

Helujasaf (Gott hat hinzugefügt?), auch **Hilujaseph** oder **Helayaseph**. Einer jener Engel, die das Buch Henoch als Lenker der Gestirne erwähnt (äthHen 82,17).

Henoch. Ursprünglich ein Mensch, später zum Engel erhoben. Die biblische Urgeschichte zählt Henoch unter den Nachkommen des Adamsohnes Seth auf und berichtet, er sei nicht gestorben, sondern wegen seines rechtschaffenen Wandels von Gott in den Himmel entrückt worden (Gen 5,21–24). John Milton beschreibt das Geschehen in seinem ‚Verlorenen Paradies', wobei er Henoch, ohne dessen Namen zu nennen, feierlich als den „Siebenten" (heilige Zahl!) bezeichnet, da dieser in der Genealogie Adams an siebter Stelle steht (11,885–898).

In einigen Schriften der → Apokalyptik spielt Henoch als Himmelskundiger eine bedeutsame Rolle. Er soll der erste unter den Menschen gewesen sein, der Schrift und Wissenschaft erlernte, und dient auch nach seiner Entrückung als Schreiber im Himmel (Jub 4,17–23). In dem nach ihm benannte Buch berichtet er von der Sünde der → Wächter und ihrer Bestrafung (äthHen 6–16) sowie von seinen Reisen durch die jenseitige Welt, auf denen sich ihm die Geheimnisse der Erde, des Himmels und der Sternenwelt erschlossen (z.B. äthHen 17–36; 72–82). Dabei wird Henoch nach einem Besuch im Paradies in den Himmel erhoben, wo Gott ihn unter der Bezeichnung „Menschensohn" zur Hoffnung der Gerechten in der künftigen Welt erklärt (äthHen 70–71). Schließlich wird er sogar in einen Engel verwandelt und erhält eine Feder, um alles, was ihm die Engel sagen, aufzuschreiben (slawHen 22). In der späteren Überlieferung wird Henoch gerne mit → Metatron, dem gewaltigsten der Engel, gleichgesetzt.

Das Buch Henoch, die in ihrer Wirkung auf die Engelvorstellungen wohl bedeutsamste außerbiblische Schrift, wird bis heute in der äthiopischen Kirche als Teil der Bibel angesehen. Es ist in der äthiopischen Übertragung einer gr. Übersetzung aus dem originalen Aramäisch erhalten geblieben. Seine ältesten Teile gehen bis ins 4. Jh. v. Chr. zurück, während einige Abschnitte vermutlich im 2. Jh. n. Chr. überarbeitet wurden. Es gibt noch eine andere Version, den „Slawischen Henoch" aus dem 7. Jh. n. Chr., der sich jedoch auf ein älteres jüdisches Werk stützt, das um das Jahr 70 n. Chr. verfaßt wurde.

Thomas Mann schildert, offensichtlich nach Motiven aus dem Henochbuch, im 1. Teil von ‚Joseph und seine Brüder‘ sehr anschaulich einen „Himmelstraum", der den jungen Joseph über die Welt hinaus und vor Gottes Thron führt, wo er in den Engel Metatron verwandelt wird. Im Fortgang des Romans stellt der Autor den schreibgewandten Joseph mehrfach in die Nähe des ägyptischen Gottes Thot, der – wie Henoch/Metatron bei den Juden – als Erfinder der Schreibkunst und Verfasser vieler Weisheitsschriften gilt.

Herrschaften (gr. *kyriotetes*, lat. *dominationes*). Gattungsbezeichnung für den vierten unter den → Engelchören. Er regelt die Pflichten der unter ihm stehenden Engelklassen, gehört damit noch nicht zu den eigentlichen Engeln des Dienstes, sondern übernimmt in eigenständiger Führerschaft die göttlichen Pläne, wie ein Baumeister die Pläne des Architekten, ohne dabei selbst Hand anzulegen.

Hilujaseph → Helujasaf

Himmel. Er gilt im volkstümlichen Sprachgebrauch, dem auch die Bibel und der Koran weitgehend folgen, als Aufenthaltsort Gottes und seiner Engel. Der Gläubige ist sich jedoch mehr oder weniger bewußt, daß es sich dabei um eine menschlich-bildhafte Redeweise handelt, welche die absolute Weltüberlegenheit Gottes und nicht einen bestimmten Bereich der geschaffenen Welt zum Ausdruck bringen will.

Das hebr. Wort für Himmel *schamajim* ist ein Plural und wird in den gr. Bibeltexten entweder in der Einzahl *ouranos* oder in der

Jakobs Traum von der Himmelsleiter (Gen 28, 10–19), Kupferstich von Matthäus Merian, 1627/28. Sog. Merian-Bibel, Straßburg 1630

Mehrzahl *ouranoi* wiedergegeben. Dahinter steht die schon im antiken Judentum verbreitete Vorstellung von verschiedenen Stockwerken, von drei, sieben oder gar zehn „Himmeln", die von jeweils anderen Engelkategorien bevölkert sind. Ihr Gehorsam gegenüber den Befehlen Gottes ist gemeint, wenn es im „Vater unser" heißt: „Dein Wille geschehe wie im Himmel so auf Erden" (Mt 6,10).

Himmelsleiter. Als der Patriarch Jakob auf der Flucht vor seinem Bruder Esau nachts ausruhte, sieht er im Schlaf eine Leiter, welche die Erde mit dem Himmel verbindet, auf der die Engel auf- und niedersteigen (Anhang 1.2.3). Letzteres ist offenbar ein Symbol der göttlichen Vorsehung und Weltregierung, das für Jakob als Verheißung der Rückkehr wichtig ist. Was Jakob sieht, ist eigentlich keine Sprossenleiter, wie der im Deutschen üblich gewordene Ausdruck und viele Darstellungen suggerieren, sondern eher eine der treppenartigen Rampen, die damals in Mesopotamien als Tempeltürme gebaut wurden, um die Verbindung zwischen Mensch und Gottheit herzustellen.

Himmlische Heerscharen → Zebaoth

Hinduismus. Indien kennt, darin der Götterwelt in der römisch-griechischen Antike ähnlich, neben den Hauptgöttern auch eine Unzahl niederer Gottheiten und Zwischenwesen, die an und in den Tempeln häufig dargestellt sind und von denen einige an Engel erinnern. Dazu gehören die → Apsaras und Gandharvas als Kenner und Vermittler göttlicher Geheimnisse, die fliegend den Raum durchmessen, die Kimnaras als himmlische Sänger in Vogelgestalt mit Menschenköpfen sowie die männlichen Yaksas und die weiblichen Yaksinis als menschenfreundliche Schutz- und Fruchtbarkeitsmächte. Eine eher negative Rolle spielen die dämonischen → Asuras.

Der Hinduismus kennt im Begriff „Avatar" auch Vorstellungen, die an den biblischen → Engel des Herrn erinnern, dessen Auftreten von einer Erscheinung Gottes selbst kaum unterscheidbar ist. Das Sanskritwort *avatara* (Herabkunft) bezeichnet die Inkarnation einer Gottheit in Tier- oder Menschengestalt. Meist ist es der Hochgott Vishnu, der selbst in seinem göttlichen Reich bleibt, aber zeitlich begrenzt auf Erden als endliches Wesen, z.B. als Krieger, erscheinen kann, um Böses und Unheil abzuwenden.

I

Ialdabaoth. In der → Gnosis ein Name für den bösen Schöpfer der Welt.

Iaoel → Jahoel

Iblis. Islamischer Name für den höchsten der gefallenen Engel, der wegen seines Ungehorsams zu einem → Schaitan wird. Wie die christliche Überlieferung führt der Koran seinen Sturz darauf zurück, daß er sich weigerte, Adam nach dessen Erschaffung aus Lehm zu verehren; er war es auch, der Adam und Eva zum Ungehorsam verführte und deshalb aus dem Paradies vertrieben wurde; mit der Erlaubnis Gottes fungiert er fortan als Versucher der Menschen, ähnlich dem alttestamentlichen → Satan in der Erzählung von Hiob (Sure 2,34; 15,30–40).

Idoil → Adoil

Inkubus (von lat. *incumbere* = aufliegen). Ein Dämon, der im Schlaf Albdrücken verursacht. Im Hexenglauben war er ein Buhlteufel, der mit den Frauen den Beischlaf vollzog. Das Pendant dazu ist bei den Männern der → Sukkubus.

Internet-Engel. Michael, Gabriel und Raphael sind auch im World Wide Web tätig. So heißen nämlich die Computer, mit denen der Vatikan seit Ostern 1997 seine Internetstation betreibt. Sie bietet unter der Adresse http://www.vatican.va Papstreden und kirchliche Tagesmitteilungen an.

Islam. Für Mohammed (um 570–632) gehört die Existenz von Engeln, die im Koran über fünfzig Mal erwähnt sind, zu den grundlegenden Glaubensartikeln (2,177 und 285; 4,136). Sie sind subtile und leuchtende Körper, die verschiedene Formen annehmen können (55,15); sie haben Flügel in unterschiedlicher Zahl (35,9), und ihre

Aufgabe ist der Lobpreis Gottes (7,206; 39,75; 69,70) sowie das Wirken in den Kräften und Elementen der Natur, das ähnlich wie in der jüdisch-christlichen Überlieferung gesehen wird. Desgleichen gibt es Engel, welche über die Menschen wachen (6,61; 13,11; 86,4) und ihre Taten aufschreiben (82,10–12), um sie nach dem Tode vor Gottes Gericht zu präsentieren. Einige Engel sind stets bei den Gebeten der Gläubigen anwesend, so daß sie Ängste und Wünsche vor Gott tragen können (40,7–9). Eine besondere Rolle als Verkünderengel spielt Gabriel, der im Koran → Jibril heißt, desgleichen der Todesengel (32,11), den die Überlieferung → Azrael nennt.

Neben den Engeln ist für den Koran die Existenz zweier anderer Kategorien von unsichtbaren Wesen selbstverständlich: der teils guten, teils bösen Dämonen (→ Dschinn) und der Teufel (→ Iblis und → Schaitan), welche die Menschen vom rechten Weg abbringen wollen (u.a. Sure 37,7; 43,37).

In den Jahrhunderten nach Mohammeds Tod hat der Islam dann eine ausführliche Engellehre ausgearbeitet, so in der Metaphysik des Ibn Sina, lat. Avicenna (980–1037), der die Philosophie des Aristoteles und der Neuplatoniker mit der islamischen Theologie verschmolz, vor allem aber auch in den mystischen Schulen des Sufismus. So kennt der aus dem Iran stammende, wegen Ketzerei 1191 hingerichtete Suhrawardi in seiner manchmal gnostisch anmutenden Lichtmystik unzählige Ordnungen von Engelwesen, die von Gott, dem absoluten Licht, ausgehen. Der 1165 in Spanien geborene Ibn 'Arabi, der von den Sufis den Beinamen „größter Meister" erhielt, benennt in seinem System der Schöpfungsebenen, das von der irdischen Welt bis hinauf zur höchsten Sphäre reicht, eine Reihe von Stufen mit jeweils verschiedenartigen Engelwesen. Erwähnenswert ist hier auch der bekannte „Tanz der Derwische" der Mitglieder des auf Mevlana, genannt Rumi (1207–1273), zurückge-

Für Suhrawardi „ist Existenz gleich Licht" – sagt nicht der Koran „Gott ist das Licht der Himmel und der Erde"? Dieses absolute Licht erreicht die geschöpfliche Welt durch ungezählte vertikale und horizontale Ordnungen von Engelwesen. Der Archetyp der Menschheit unter den Engeln ist Gabriel, und alle Dinge werden ins Leben gerufen durch den Laut von Gabriels Schwingen. Aufgabe des Menschen ist es, das existentielle Licht zu erkennen und sich ihm anzunähern ...

Annemarie Schimmel, Sufismus S. 37

Der Erzengel Gabriel erscheint Mohammed, Buchmalerei aus der Handschrift des Jami'al-Tawarikh. Edinburgh, Universität

henden Sufi-Ordens, die sich durch ihre ständig sich steigernden Drehbewegungen in die Sphärenmusik der Engelwelt einzugliedern suchen.

Israfil. Im islamischen Volksglauben der Name für den Engel der Musik, der auch beim Jüngsten Gericht die Trompete bläst. Der amerikanische Schriftsteller Edgar Allan Poe hat ihm sein Gedicht „Israfel" gewidmet, in dem es heißt, dieser Engel habe „die süßeste Stimme unter allen Kreaturen Gottes".

Istrael (?), oft auch **Israel** (Streiter Gottes). Er wird in einigen Handschriften des Henochbuches anstelle von → Asaryalyur genannt. Unter dem Namen Israel gilt er dem kabbalistischen Buch des Engels → Rasiel als einer der Engel, die um Gottes Thron stehen. In anderen jüdischen Überlieferungen ist es der himmlische Name des Patriarchen Jakob, der vor und nach seinem irdischen Leben eigentlich ein Engel war (Dav. 151).

93

Ithuriel (Entdeckung Gottes). Ein in den Schriften der → Kabbala und in Zauberbüchern des 16. Jh. erwähnter Name. In John Miltons ,Verlorenem Paradies' ist er ein → Cherub, den → Gabriel zusammen mit → Zephon ausschickt, um → Satan, der sich ins Paradies eingeschlichen hat, zu suchen. Sie finden ihn als Kröte an Evas Ohr, der er böse Gedanken einbläst. Durch eine Berührung von Ithuriels Speer erscheint dann Satan in seiner wahren Gestalt (4,1046ff.). Im III. Gesang von Klopstocks ,Messias' ist Ithuriel mehrfach genannt, zunächst als Schutzengel von Judas Iskariot und dann, nach dessen Verrat, als zweiter Schutzengel des Simon Petrus.

Iyasusael (Gott ist Retter?), auch **Ijasusael**. Einer jener Engel, die das Buch Henoch als Lenker der Gestirne erwähnt (äthHen 82,14).

Izezeel → Sahriel

Izrail → Azrail

J

Jahoel (Jaho = Jahwe ist Gott), auch **Yahoel, Iaoel** oder **Jehoel**. Er wird nach einer außerbiblischen Schrift der Zeitenwende von Gott als Stärkung zu Abraham gesandt, als dieser den Auftrag erhielt, jene Tieropfer darzubringen, von denen im biblischen Buch Genesis (15,9ff.) die Rede ist. Der Engel stellt sich dem Patriarchen als Zuchtmeister der gewaltigen → Cherubim und deren Gesangslehrer vor und führt ihn auf einer Luftreise in den Himmel, wo er den göttlichen Thron und die ihn umgebenden Engel zu sehen bekommt und ihm von Gott seine Auserwählung und die Geschichte seiner Nachkommenschaft enthüllt wird (ApocAbr Kap. 9–32).

Jahresendflügelfiguren. In der DDR eine verschämte Umschreibung für Engelfiguren, auf deren Produktion, zumindest für Exportzwecke, man nicht verzichten wollte.

Jakobsleiter → Himmelsleiter

Jakun → Yekon

Jehoel → Jahoel

Jehudiel, bei Schwab 253 auch **Jehadiel** (er lobt Gott). In der außerbiblischen Überlieferung erscheint Jehudiel manchmal in der Liste der sieben → Erzengel. Davon zeugt noch ein 1516 in der Kirche des Märtyrers Angelus zu Palermo aufgedecktes Fresko, auf dem als sein Tätigkeitsbereich *Remunerator* (Vergelter) angegeben ist.

Jekon → Yekon

Jeremiel → Ramael oder Ramiel

Jetrel → Yeterel

Jahoel führt Abraham auf Adlerschwingen zum Himmel, Buchmalerei, 14. Jahrhundert

Jibril. Der islamische Name für → Gabriel. Er wird mehrfach genannt, einmal als Übermittler des Korans an Mohammed (Sure 2,97), ein anderes Mal als Beschützer Mohammeds in einem Streit mit seinen Frauen (Sure 66,4) sowie als Vernichter seiner Feinde (Sure 2,98). Nach einer Legende hat Gabriel den Tempelfelsen in Jerusalem, der Mohammed bei seiner Himmelfahrt folgen wollte, zurückgehalten und seine Hand darin abgedrückt.

Jomyael (Tag Gottes), auch **Yomjael.** Einer der Anführer jener Engel, die nach dem Buch Henoch (→ Engelsünde) irdischen Frauen beiwohnten (äthHen 6,7).

Judentum. Für die jüdische Religion, wie sie sich seit dem babylonischen Exil (6. Jh. v. Chr.) bis zur Zeitenwende herausbildet, sind die Engelerzählungen der hebr. Bibel (Altes Testament) ein selbstverständlicher Bestandteil des Glaubens. Daneben wußten die

96

Schriften der → Apokalyptik vielerlei Neues über die Funktionen und Namen der Engel und anderer Geistwesen zu berichten.

Neben diesen Spekulationen zeigt sich im antiken Judentum noch ein andere Strömung, die die Berichte der Bibel über das Auftreten von Engeln den philosophisch gebildeten Zeitgenossen einsichtig machen will. Der hervorragendste Vertreter dieser Tendenz ist Philo von Alexandrien (13 v. Chr.–ca. 45/50 n. Chr.), der viele spätere christliche Theologen inspirierte, weil er als erster die Widersprüche zwischen der gr. Philosophie und der biblischen Überlieferung zu versöhnen suchte. Nach Philo hat der oberste Gott die Welt aus der ewigen Materie durch die Vermittlung des Logos gestaltet. Logos, d. h. Wort, bedeutet für ihn „wirksame Vernunft", durch die das höchste Wesen ordnend in die Welt einwirkt, wobei die aus dem Logos hervorgehenden Einzellogoi, die in etwa den platonischen Ideen entsprechen, mit Sterngeistern, Engeln und Dämonen gleichgesetzt werden können. Was die Engel als Boten angeht, so meint Philo, daß Gott, der in seiner absoluten Transzendenz nicht erkannt werden könne, sich dem Menschen zeige, indem die Seele den Eindruck seiner Gegenwart in einer engelhaften Form empfange.

Zwar gibt es im Neuen Testament Hinweise, daß unter den Juden der Zeit Jesu die konservativen Kreise um die Priesterpartei der Sadduzäer, anders als die Partei der Pharisäer, die Existenz von Engeln verneinten (vgl. Apg 23,8 und 4,2; Mt 22,23–32 par.). Da die Sadduzäer allein die Thora (die ersten fünf Büchern der Bibel) als göttliche Offenbarung anerkannten, darf man jedoch annehmen, daß ihre Ablehnung nur den phantasievollen Darstellungen einer eigenständigen Engel- und Dämonenwelt in den außerbiblischen Schriften der → Apokalyptik galt. Denn an den Engelerzählungen der Thora dürften die Sadduzäer gewiß festgehalten haben.

Das rabbinische Judentum, das sich in der Tradition der Pharisäer während der Jahrhunderte nach der Zerstörung Jerusalems im Jahre 70 n. Chr. herausbildet, übernimmt, ähnlich wie das Christentum, vieles aus den Engelvorstellungen der außerbiblischen apokalyptischen Schriften. Allerdings spielt dabei das Reich des Bösen eine viel weniger ausgeprägte Rolle. Zwar wird → Satan häufig erwähnt, er ist jedoch kein radikaler Widersacher Gottes, sondern wird eher als von Gott beauftragter Versucher gesehen oder mit dem bösen Trieb gleichgesetzt, dem der Mensch durch den Gehorsam gegenüber dem in der Thora geoffenbarten Willen Gottes widerstehen kann.

Seit dem Mittelalter entwickeln sich zwei Strömungen. Die eine versucht, beeinflußt von der arabischen Philosophie, eine metaphysische Ausgestaltung der Engellehre, ähnlich der damaligen Scholastik im Abendland. Sie hat ihren ersten großen Vertreter in Maimonides (1135–1204), nach dem die Engel Intelligenzen und Kräfte sind, die im Weltall und in den Menschen wirken. Sie könnten zwar wegen ihrer Geistnatur ebensowenig wie Gott in körperlicher Form sichtbar werden, verursachen jedoch die prophetischen und visionären Erfahrungen des Menschen. Maimonides vertritt dabei die interessante, von vielen seiner Glaubensgenossen angefeindete Meinung, daß überall dort, wo die Bibel vom Auftreten eines Engels spreche, dem Geschehen ein Traum oder eine ekstatische Vision zugrunde liege, wobei es unerheblich sei, ob dies ausdrücklich gesagt werde oder nicht. Die andere Strömung schlägt hingegen in der → Kabbala und später im osteuropäischen Chassidismus eine mehr mystische Richtung ein. Die Engel spielen darin eine große Rolle, sei es als Offenbarer himmlischer Geheimnisse, sei es als Helfer in den alltäglichen Nöten, wovon auch der reiche Schatz an Engellegenden in der jüdischen Volksfrömmigkeit Zeugnis gibt.

Jüngstes Gericht. Häufig schildert Jesus, ganz im Sinne der außerbiblischen jüdischen Texte, die Rolle der Engel am Weltende. Sie scheiden in den Gleichnissen vom Unkraut und vom Fischernetz die Gerechten von den Sündern (Lk 13,37–50; Mt 13,47–50), begleiten den Menschensohn bei seiner Wiederkunft (Mt 16,27 und 25,31) und führen die von ihm Auserwählten aus allen vier Windrichtungen zusammen (Mt 24,31). Die Bösen hingegen kommen in das „ewige Feuer, das für den Teufel und seine Engel bestimmt ist" (Mt 25,41).

Bei den „Wolken", auf denen der Menschensohn kommen wird (Mt 24,30; Mk 13,24; Lk 21,27; ähnlich schon Dan 7,13), dürfte die Assoziation himmlische → „Heerscharen" anklingen.

K

Kabbala. Diese im Mittelalter entstandene mystisch-spekulative Strömung im Judentum, die später großen Einfluß auch auf den christlichen Humanismus der Renaissance und die Alchimisten jener Zeit gewann, weiß von vielen neuen Engelgestalten zu berichten. Das Wort Kabbala, abgeleitet vom hebr. Wortstamm k-b-l (= empfangen), bezeichnet ursprünglich geheime Schriften, deren Auslegung nur mündlich von einem Meister zum nächsten weitergegeben werden darf, später dann auch das ganze auf diesen Schriften aufbauende Lehrsystem. Es entwickelte sich aus der ekstatischen Meditation über den Thron Gottes, genauer den „Wagen" der Ezechiel-Visionen. Ihre wichtigeren Texte stammen aus dem 12. und 13. Jh., hauptsächlich aus Spanien, wo der ‚Sohar', das „Buch des Glanzes", erschien.

Die Kabbala beschreibt die zehn anfangslos aus dem einen, unerkennbaren Gott hervorgegangenen Kräfte, welche die Vielfalt der göttlichen Wirkungen in der Welt manifestieren. Diese Manifestationen werden Sephiroth (Plural von Sephirah) genannt, ein Wort, das wahrscheinlich aus dem Griechischen von *sphaira* = Sphäre abgeleitet ist. Wie in → Zarathustras Lehre sind die Namen der Sephiroth Abstraktionen: Malkuth (das Königreich), Jesod (das Fundament), Netzach (der Sieg), Hod (die Herrlichkeit), Tiphareth (die Schönheit), Chesed (die Gnade), Geburah (die Macht), Chokmah (die Weisheit), Binah (die Erkenntnis) und Kether (die Krone).

Die Sephiroth selbst gelten, da ungeschaffen, nicht als Engel, ihre Bereiche sind aber von vielen Engeln bevölkert, die als „Kanäle" der göttlichen Energie in den Elementen, Empfänger der Opfer und Gebete, Regenten der Völker und Schutzgeister der einzelnen Menschen verstanden werden. Der Aufstieg der Seele auf dem Weg zu Gott führt durch eine Reihe himmlischer Hallen oder „Paläste" und wird unter Assistenz der Engel beschritten. Die verschiedenen kabbalistischen Schriften geben Anleitungen für einen sicheren Aufstieg zu Gott durch ein frommes Leben, gute Werke und mystische Kontemplation, häufig allerdings auch durch eine magische Anrufung von Engelnamen und die Befolgung bestimmter Riten oder durch geheime Losungsworte, welche die auf dem Weg lauernden Dämonen überwinden sollen.

Kadischim. Das hebr. Wort für die → Heiligen als Sammelbezeichnung für Engel und andere himmlische Wesen.

Kadmiel (vor Gott). Ein Engel, der nach dem Buch → Rasiel bei Geburten angerufen werden soll (Dav. 164).

Kafziel → Cassiel

Kampf mit dem Engel. Auf dem Rückweg aus dem bei seinem Onkel Laban verbrachten Exil muß der Patriarch Jakob in der Nacht mit einem geheimnisvollen Wesen ringen, bevor er seinem Bruder Esau, den er um den Erstgeburtssegen betrogen hatte, gegenübertreten konnte (Anhang 1.2.5). Obwohl Jakob selbst das Geschehen als eine Begegnung mit Gott bezeichnet, wurde sie doch als „Kampf mit dem Engel" umgedeutet.
Die modernen Bibelwissenschaftler sehen in dem Geschehen eine von der Bibel übernommene Lokalsage über einen Flußdämon, dem man beim Überschreiten der Furt ein Geldstück zu opfern hatte; der schlaue Jakob habe den Angreifer im Wissen, daß Dämonen bei Aufgang der Sonne verschwinden müssen, bis zum Morgengrauen festgehalten und auf diese Weise das Mautgeld gespart. Die Tiefenpsychologen interpretieren das Geschehen als ein Ringen Jakobs mit der in seiner Psyche übermächtig gewordenen Drohgestalt Esaus oder deuten es als einen inneren Kampf Jakobs, der sich erst mit den dunklen Aspekten seiner eigenen Natur auseinandersetzen muß, bevor er zur Begegnung mit Esau fähig wird, welcher sich dann in der Tat wider alle Erwartung großmütig mit seinem Bruder versöhnt.

Kasbeel (Zauberer oder Lügner gegenüber Gott?), auch **Kesbeel**. Einer jener Engel, die nach dem Buch Henoch (→ Engelsünde) irdischen Frauen beiwohnten. Er soll vor seinem Fall den Erzengel → Michael zu magischen Zwecken nach dem verborgenen Namen Gottes gefragt haben, worüber Michael jedoch die Auskunft verweigerte (äthHen 69,13).

Kasdeya, auch **Kesdeya**. Einer jener Engel, die nach dem Buch Henoch (→ Engelsünde) irdischen Frauen beiwohnten. Er soll die Menschen dämonische Zaubermittel und die Praktiken der Abtreibung gelehrt haben (äthHen 69,12). Sein Name ist das hebräische Wort für den Volksstamm der Chaldäer, das damals als Synonym für Astrologen gebraucht wurde.

Ke'el (wie Gott). Einer jener Engel, welche das Buch Henoch als Lenker der Gestirne erwähnt (äthHen 82,20).

Kemuel → Camael

Kerkutha. Nach dem apokryphen Bartholomäus-Evangelium der Herrscher über den Südwind.

Kerub → Cherubim

Kesbeel → Kasbeel

Kezef (Zorn), auch **Kezefel**. In der jüdischen Legende ein Todesengel (Dav. 166).

Kimnaras → Hinduismus

Kiramul katibin. Im Arabischen die Bezeichnung für jene zwei → Schreiberengel, die nach dem Koran die Taten eines jeden Menschen registrieren (Sure 50,17–18; auch 43,80 und 82,10–12).

Kokabiel (Stern Gottes), auch **Akibel**. Einer der Anführer jener Engel, die nach dem Henochbuch (→ Engelsünde) irdischen Frauen beiwohnten. Er soll dann die Menschen die Kunde von den Sternbildern gelehrt haben (äthHen 6,7 und 8,3).

Königin der Engel. Ein in der katholischen Kirche gebräuchlicher Ehrentitel Marias, der Mutter Jesu, aus der sog. Lauretanischen Litanei. Dieses Gebet ist zum ersten Mal 1531 im italienischen Wallfahrtsort Loreto bezeugt und wurde 1587 durch Papst Sixtus V. approbiert.

Schon die → Gnosis hatte in der personifizierten Weisheit (→ Sophia) die Herrscherin über die Engel gesehen, eine Vorstellung, die im frühen Christentum zunächst auf Christus und schon bald auf Maria übertragen wurde.

Wenn Hildegard von Bingen (1098–1179) Maria sogar als „Dirigentin" der himmlischen Sphärenmusik bezeichnet, so greift sie nur eine alte Tradition auf, welche von den Theologen seit der Mitte des 1. Jahrtausends vertreten wurde; Maria sei nämlich nach ihrem Tode bei der leiblichen Aufnahme in den Himmel „auf den königlichen Stuhl nächst Christus zu den höchsten Ehren erhöht worden", wie es in der ‚Legenda Aurea' des Jacopo de Voragine (um 1230–1298) im Text zum Fest Mariä Himmelfahrt zitiert wird. Ebenso sieht das II. Vatikanische Konzil Maria als „durch Gottes Gnade nach dem Sohn, aber vor allen Engeln und Menschen erhöht" (Konstitution Lumen Gentium 66; ähnlich 69).

Koran → Islam

Körperlichkeit der Engel. Bevor sich unter dem Einfluß von Thomas von Aquin (um 1225–1274) die Lehre von der reinen → Geistnatur der Engel durchsetzt, ist es allgemeine Ansicht, daß die Engel aus „spiritueller Materie", so nebelhaft sie auch sein mochte, bestünden; sie seien zwar körperlos und immateriell, aber dicht und stofflich im Vergleich zu Gott. So meint Fulgentius von Ruspe (467–533), Bischof im damals wandalischen Nordafrika, die Leiber der guten Engel bestünden aus Feuer und die der bösen Engel aus Luft. Auch das II. Konzil von Nicäa (787) schreibt den Engeln eine besondere Form von Körperlichkeit zu: eine transparente und lichtvolle/leuchtende Hülle (→ Ätherleib), die ihre Darstellung in der Kunst rechtfertigt. Nach traditioneller Ansicht können die Engel von den Menschen allerdings nur gesehen werden durch eine intuitive Wahrnehmung geistiger Art, die sich jedoch zwangsläufig in psychischen und sinnlichen Bildern ausdrückt.

Als Stoff, aus dem die Engel geschaffen wurden, scheint man neben dem Äther auch das unter die Grundelemente gezählte Feuer betrachtet zu haben, eine Vorstellung, die sich aus der Überzeugung von einer engen Verbindung zwischen Sternen und Engeln ergab. Beispielsweise läßt ein frühmittelalterlicher Text Gott über sein Schöpfungswirken berichten: „Aus dem Gestein" – gemeint ist wohl das von Feuer durchsetzte Himmelsgewölbe – „schnitt ich ein großes Feuer, und aus dem Gestein schuf ich die unsichtbaren Scharen, und alle Scharen der Sterne, der Cherubim, Seraphim und Ophanim hieb ich aus dem Feuer" (slawHen 29,3). Wegen ihrer feurigen Natur werden die Engel häufig als „flammende" und „feurige" bezeichnet oder entsprechend beschrieben, wofür eine andere Stelle im selben Text typisch ist: „Ihr Antlitz leuchtete wie die Sonne; ihre Augen wie brennende Fackeln; aus ihrem Mund sprühte Feuer" (slawHen 1,5).

In neuerer Zeit behauptete der englische Dichter John Milton die zugleich geistige und körperliche Natur der Engel. Im ‚Verlorenen Paradies' erklärt der Erzengel → Raphael, der in den Garten Eden gesandt wurde, um das erste Menschenpaar zu warnen, Adam und Eva, was die Engel sind. Sie stellten die Verbindung her zwischen Gott und den Menschen, seien reine, intelligente Substanzen, auf vielfache Weise den Menschen ähnlich, aber mit einem Körper aus Äther, einem fünften Element, das nicht fest, sondern von flüssiger Beschaffenheit ist. So seien sie zwar reine Geister im Vergleich zum Menschen, für Gott jedoch natürliche Kreaturen, da er sie geschaffen habe. Sie hätten die fünf Sinne des Menschen, gebrauchten sie aber mit ihrem ganzen Wesen, nicht durch besondere Organe, und könnten sogar geschlechtlich verkehren. Vor allem aber seien sie voll Glanz und Schönheit, was Milton in Versen voller Poesie mehrfach beschreibt.

Kräfte → Mächte

Kunst und Engel. Die früheste erhaltene Darstellung ist vermutlich eine Malerei der Priscilla-Katakombe aus dem 2. Jh., die als Verkündigungsszene gedeutet wird. In einem Grab des frühen 4. Jh. an der Via Appia wird eine Verstorbene von einem Engel zum himmlischen Gastmahl geführt, und auf der sog. Reiderschen Tafel (um 400) des Bayerischen Nationalmuseums in München verkündet der Engel den Frauen an Jesu Grab die Auferstehung.

Seit dem 5. Jh. werden die Engel durchgehend mit → Flügeln ausgestattet, sie erhalten den Nimbus (Heiligenschein) um ihre Häupter als Zeichen ihrer Lichtgestalt, und ihre Darstellung als Jünglinge verweist auf eine unvermindert andauernde Lebenskraft. Ein ähnlicher Symbolismus kommt im → Gewand und in den → Attributen zum Ausdruck. Im Bereich der Ostkirche werden sie häufig in prunkvoller Hoftracht wiedergegeben. Beispiele dafür finden sich schon in Ravenna, in den Kirchen S. Apollinare in Classe und S. Vitale, die um die Wende zum 5. Jh. entstanden.

Im frühen Mittelalter bleibt das Engelbild noch lange der byzantinischen Tradition verpflichtet. Erst allmählich werden die Gestalten und Gebärden dynamischer und ausdrucksstärker, bewahren aber noch lange Zeit die großartigen, klassisch einfachen und herben Züge mit geradezu unheimlich ernsten Augen, welche die Fähigkeit signalisieren, auf das göttliche Licht zu schauen. Einen Höhepunkt erreicht diese Art der Darstellung in der frühmittelalterlichen Buchmalerei.

Während die Engelhierarchie in der aufblühenden adelig-höfischen Kultur des Hochmittelalters zum ritterlichen Stand in Beziehung gesetzt wird, entwickeln sich wenig später unter dem Einfluß der franziskanischen Mystik gemüthaftere Darstellungen. Die Engel zeigen jetzt auch menschliche Affekte, Freude bei der Geburt Jesu oder Trauer bei seiner Grablegung, wie zuerst auf einem Fresko Cimabues. Nicht selten finden sich jetzt auch androgyne und sogar ausgesprochen weibliche Züge, eine Neuorientierung, die bei Giotto und seinen Zeitgenossen ihren Anfang nimmt. Ihr Ursprung dürfte wohl im Wandel des Marienbildes zu suchen sein. An die Stelle der hieratisch-fernen Gottesgebärerin, der thronenden Theotokos, tritt die menschlich nahe Himmelsbraut und -königin, die folgerichtig mit einem ihr gemäßen Hofstaat umgeben wird. Diese eher weiblichen Engel werden mit schönem Gesicht und mädchenhaft anmutiger Gestalt dargestellt, wie es die Abbildung auf dem Buchumschlag zeigt. Sie tragen Blumen in den Händen oder im Haar, und viele musizieren voll Eifer. Der herbe Ernst, der in der Regel die Männerengel auszeichnete, wird abgelöst von paradiesischer Freude. Diese Mädchenengel prägen von nun an im wesentlichen die Ikonographie bis in die Gegenwart und werden – mehr als Bibel und Theologie – für die heutigen Vorstellungen von den Engeln bestimmend.

Im 14. Jh. kommen auch Kinderengel auf. Um die größtmögliche Ähnlichkeit der Engel mit dem rein geistigen Gott zum Ausdruck zu bringen, beginnt die Altkölner Schule sogar, sie nur in Halbfigur darzustellen, bis dann gegen 1500 oft nur noch der geflügelte Engelkopf übrig bleibt. Die Renaissance gibt dem Jesuskind als Gespielen die oft ausgelassenen → Putten bei.

In der Hochrenaissance des 16. Jh., die das antike Schönheitsideal übernimmt, sind die Engel häufig nur noch anhand ihrer Flügel von den zeitgleichen Darstellungen mythologischer Gestalten zu unterscheiden.

Im Barock, der gerne in Leibherrlichkeit schwelgt, tritt selbst bei den erwachsenen Engeln der religiöse Ernst und die hoheitsvolle Haltung zugunsten einer dekorativen oder rein ornamentalen Funktion zurück. Typisch hierfür sind manche Rubensgemälde, die stürmisch bewegte Gliedmaßen in strotzendem Fleisch auf himmlischen Wolkenbetten zur Schau stellen. Andererseits bringt auch diese Zeit eindrucksvolle Engelbilder hervor. Man denke etwa an Rembrandts Gemälde und Radierungen zu den biblischen Erzählungen von Abraham, Tobias und Daniel oder zur Verkündigung an Maria und zu Jesu Auferstehung.

Sogar unter den Engeldarstellungen des Rokoko ein Jahrhundert später, zum Beispiel bei Ignaz Günther (1725–1775), finden sich Meisterwerke, die durch ihre Leichtigkeit und grazile Schönheit nicht ohne hoheitsvolle Würde sind.

Zu Anfang des 19. Jh. kommen die bildenden Künstler der Romantik in ihrer Auseinandersetzung mit der sich ausbreitenden Geisteshaltung der Aufklärung auf die Gestalt des Engels zurück, wobei sie in einer neuen Hochschätzung des Mittelalters und seiner ganzheitlichen Religiosität versuchen, den Engeln jene hoheitsvolle Würde zurückzugeben, die sie angeblich im Barock und Rokoko verloren hatten.

Typisch dafür sind die sogenannten Nazarener, eine Künstlergruppe, welche die Kunst nach dem Vorbild der altdeutschen Malerei und Raffaels auf religiös-christlicher Grundlage erneuern wollte. Zu ihnen zählt auch Julius Schnorr von Carolsfeld (1794–1872). Die Engelszenen seiner illustrierten Monumentalbibel mit 240 Holzschnitten haben das Engelbild ganzer Generationen ebenso geprägt wie die skurrilen Bilderbogen zur Bibel und zu Dantes „Inferno" des aus einem anderen Umfeld stammenden Gustave Doré (1832–1883).

Auch unter den Künstlern unserer Tage gibt es hervorragende Beispiele dafür, daß das überlieferte Engelbild seine Kraft behalten hat, man denke nur an Georges Rouault oder HAP Grieshaber. Doch kommen bei manchen der modernen Maler und Bildhauer, wie Ernst Barlach, Marc Chagall, Lovis Corinth, Max Beckmann oder Paul Klee, ähnliche Erfahrungen zum Ausdruck wie bei den oben genannten Dichtern. Klee, der sich der Mehrdimensionalität der Wirklichkeit sehr bewußt war, schrieb in seiner ‚Schöpferischen Konfession': „Kunst gibt nicht das Sichtbare wieder, sondern macht sichtbar." Es ist sicher kein Zufall, wenn von ihm zum Thema Engel eine ganze Anzahl von Arbeiten erhalten sind, die seltsame Titel tragen, darunter auch eine Darstellung mit der Bezeichnung als → „Angelus Novus".

L

Laila (Nacht). In der Kabbala ein Engel, der bei Geburten schützt, im jüdischen Volksglauben hingegen ein böser Nachtdämon, vergleichbar → Lilith. Im Talmud heißt es, Laila habe Abraham bei seinem Kampf gegen die Könige (Gen 14) geholfen (Dav. 172).

Lamassu. Ein ursprünglich mesopotamischer Dämon freundlichen Charakters, der bei Riten zur Abwehr böser Geister angerufen wurde (Dav. 172).

Legende und Heiligenleben. Das frühe Christentum hat die biblischen Vorstellungen vom Wirken der Engel im menschlichen Leben als selbstverständlich übernommen. Davon zeugen sowohl die zahlreichen außerbiblischen Erzählungen über Jesu Geburt und Kindheit oder das Leben der Apostel und Mariens als auch die Märtyrergeschichten der ersten Jahrhunderte, die mit vielerlei Erscheinungen hilfreicher Engel phantasievoll ausgeschmückt wurden. Beispielsweise wird die hl. Agnes, die wegen ihres Glaubens in ein Bordell gesteckt wurde, dort von einem Engel beschützt, während die Wunden der gemarterten hl. Katharina von Engeln gesalbt werden und ihr Leichnam später von ihnen am Berg Sinai begraben wird. Eine besondere Rolle spielen die Engel in der Legende der hl. Maria Magdalena: Sie bauen die Klause der Einsiedlerin, führen sie manchmal in die Lüfte, bis sie den Gesang der himmlischen Heerscharen vernehmen kann, und tragen nach dem Tode ihren Leichnam in den Himmel.

Ebenso sind die Biographien der mittelalterlichen Heiligen voll mit Engelerscheinungen, sei es, daß die Engel Krankheiten heilen oder die heilige Kommunion bringen, sei es, daß sie ihre Schützlinge auf weite Reisen ins Jenseits mitnehmen. Noch aus der neuesten Zeit gibt es Berichte über den Umgang mit dem persönlichen Schutzengel. So heißt es über die von der katholischen Kirche heiliggesprochene Gemma Galgani (1878–1903), einer ekstatischen Visionärin und Stigmatisierten, sie habe auf vertrautestem Fuße mit ihrem Schutzengel gelebt, den sie fast ständig um sich sah und der sie immer wieder lobte oder tadelte. Auch hätte sie die Engel anderer Menschen sehen können, ebenso wie Therese Neumann von Konnersreuth (1898–1962), auch eine Stigmatisierte, die dadurch über das innere Leben ihrer Besucher Informationen erhielt. Ähnlich sagt man von Padre Pio (1887–1968), er habe durch die Schutzengel im Beichtstuhl Einblick in die verborgensten Geheimnisse der Ratsuchenden bekommen und dabei sogar Fremdsprachen verstanden.

Legion. Selbstbezeichnung eines unreinen Geistes in einem Besessenen, den Jesus heilte (Mk 5,9 und 16; Lk 8,30). Sie ist offensichtlich nicht als Eigenname aufzufassen, sondern als Hinweis auf die Menge der Geister, die den Besessenen quälten. Eine römische Legion zählte etwa 6000 Mann.

Libaniel. In Klopstocks ,Messias' ein → Seraph, Schutzengel des Apostels Philippus (III 202).

Lilith (die Nächtliche). Im babylonischen Volksglauben ein weiblicher Dämon, der auch einmal in der Bibel genannt wird. Bei der Schilderung der Verwüstung des Nachbarlandes Edom, wo unter den Trümmern der Häuser und Paläste zusammen mit den wilden Tieren nur noch Gespenster hausen, sagt der Prophet Jesaja: „Lilith wird auch dort herbergen" (Jes 34,14). Da in diesem Namen das hebr. Wort *lailah* für „Nacht" anklingt, vermutet man, Jesaja habe ein Nachtgespenst gemeint.

Nach späteren jüdischen Sagen war Lilith die erste Frau Adams, die in einen Dämon verwandelt wurde, weil sie beim ehelichen Verkehr nicht unter Adam liegen wollte und auch sonst nicht bereit war, sich ihrem Manne unterzuordnen. Lilith sucht nicht nur kleine Kinder zu erwürgen, sondern auch schlafende Männer zu verführen, damit sie aus deren Samenerguß dämonische Söhne fabrizieren kann. Als schönhaarige und mit Schmuck behängte Verführerin tritt sie bei Goethe in der Walpurgisnacht seines ,Faust' auf.

Literarische Engel. Während in den antiken Epen Gottheiten die Rolle von Helfern und Beschützern spielen – bei Odysseus ist es

Athene, bei Aeneas Venus – und Hermes/Merkur als „Bote mit den Flügelschuhen" auftritt, sind es in der beginnenden christlichen Dichtung die Engel, die diese Rolle übernehmen. Sie werden im ‚Cid' oder im ‚Rolandslied' angerufen. Ariost (1477–1533) schildert im ‚Orlando Furioso' den Beistand des Erzengels → Michael im Kampf gegen die Mauren.

In kaum einer Epoche spielen die Engel in Dichtung und Drama eine so große Rolle wie im Barock. In vielen Gedichten werden sie gepriesen, sei es in ihren kosmischen Funktionen, sei es als Schutzengel. Dabei sind biblische Reminiszenzen nach dem Geschmack der Zeit häufig vermischt mit gelehrten Anspielungen auf die platonische Philosophie und auf die antike Götterwelt. Ähnliches gilt für das damals blühende Jesuitendrama. Es präsentiert Geschichten, in denen sich die Menschen, beschützt von Engeln und verführt von Teufeln, zu bewähren hatten. Häufig greift Gott als Lenker der Welt direkt in die Handlung ein, durch überraschende Wunder und durch das Auftreten von Engeln oder allegorischen Gestalten. Nicht gespart wird dabei mit szenischen Tricks. Aus einer Versenkung der Bühne tauchen die Teufel auf, und mit Hilfe von Maschinerien schweben die Engel vom Himmel herab und zum Himmel zurück. In England vermischt Edmund Spenser (um 1522–1599) in seinem phantasievollen Epos ‚Faerie Queen' und in seinen Dichtungen ‚Fowre Hymns' Sagenmotive mit christlichen Engelvorstellungen, bevor John Milton (1608–1674) im ‚Paradise Lost' und im ‚Paradise regained' eine ganze, ihm eigene Engelwelt erschafft. Von ihr ging eine ungeheure, kaum zu überschätzende Wirkung aus, sowohl auf die Zeitgenossen als auch auf die nachfolgenden Generationen. Da → Satan in seinem Werk der große Protagonist ist, steht Milton, wohl ohne es zu wollen, auch am Ursprung einer literarischen Richtung, die man als → Satanismus bezeichnet hat.

Während die Entwicklung des Engelbildes im literarischen Bereich bei aller Tendenz zur Um- und Neugestaltung bis dahin nur wenig Berührungsängste gegenüber der Theologie und der religiösen Tradition gezeigt hatte, wird der Engel in neuester Zeit bei Schriftstellern und Dichtern immer mehr zur bloßen Metapher für Einfälle, „Geistesblitze", die Worte, Einsichten oder Melodien ins Bewußtsein heben. Ebenso bedient man sich in Gedichten, Theaterstücken oder Romanen der Gestalt des Engels als Katalysator, der durch die Reaktionen, die er hervorruft, die geheimsten Sehnsüchte und Leidenschaften der Menschen offenlegt, ohne dabei die christliche Glaubenswelt in Anspruch zu nehmen. Rainer Maria Rilke macht zwar mehrfach biblische Engel zum Thema von Gedichten, lehnt aber für den Engel in seinen ‚Duineser Elegien‘ ein christliches Verständnis ausdrücklich ab. Denn er ist „das zum mystischen Bild gewordene Maß, von dem sich das begrenzte und vielfach gebrochene Sein des Menschen abhebt".

> Wer, wenn ich schriee, hörte mich denn aus der Engel
> Ordnungen? Und gesetzt selbst, es nähme
> einer mich plötzlich ans Herz: ich verginge vor seinem
> stärkeren Dasein. Denn das Schöne ist nichts
> als des Schrecklichen Anfang, den wir noch grade ertragen,
> und wir bewundern es so, weil es gelassen verschmäht,
> uns zu zerstören. Ein jeder Engel ist schrecklich.
>
> *Rainer Maria Rilke, Duineser Elegien*

Liturgie (gr. *leitourgia* = öffentlicher Dienst). Seit den frühesten Zeiten haben die Christen, wie schon vor ihnen die Juden, den Gottesdienst als Teilhabe am Lob der Engel vor Gottes Thron gesehen (vgl. Hebr 12,22). So betete der Priester früher in der katholischen Messe: „Deine heiligen Engel mögen dieses Opfer auf deinen himmlischen Altar emportragen vor das Angesicht deiner göttlichen Majestät", was auch heute noch, nach der Liturgiereform, wenigstens in einem der zur Verwendung freigestellten Hochgebete fast gleichlautend formuliert ist. Vor dem „Sanctus", dem als Lobgesang auf die Dreifaltigkeit christlich gedeuteten „Heilig! Heilig! Heilig!" der → Seraphim im Buch des Propheten Jesaja, fordert der Priester in der „Präfation" die Gläubigen auf, in diesen Gesang der Engel einzustimmen. Er benutzt dabei Formulierungen, die auf die ersten christlichen Jahrhunderte zurückgehen, wie ein liturgischer Text aus dem 4. Jh. zeigt. „Durch ihn [Christus] preisen die Engel deine Majestät, beten die Herrschaften dich an, verehren dich zitternd die Mächte. Die Himmel und Himmelsgewalten und die seligen Seraphim feiern dich jubelnd im Chor. Heilig, heilig ist der Herr Sebaoth, alle Lande sind seiner Ehre voll."

Es ist in Wahrheit würdig und recht, billig und heilsam, Dir immer und überall dankzusagen, heiliger Herr, allmächtiger Vater, ewiger Gott: durch Christus, unsern Herrn. Durch ihn loben die Engel Deine Majestät, die Herrschaften beten sie an, die Mächte verehren sie zitternd. Die Himmel und die himmlischen Kräfte feiern sie jubelnd im Chore. Mit ihnen laß, so flehen wir, auch uns einstimmen und voll Ehrfurcht bekennen: Heilig, heilig, heilig...

Alte Meßpräfation

Auch der Islam beruft sich für sein Ritual auf die Engel. Nach der Überlieferung habe Mohammed die körperlichen Gesten beim täglich fünfmaligen Gebet den Engeln im Himmel abgeschaut.

LSD-Engel. Die vom Chemiker Albert Hofmann 1938 entdeckte Verbindung Lysergsäurediäthylamid bewirkt Sinnestäuschungen und Halluzinationen, in denen neben Buddha, Christus, Gandhi und anderen Lehrern auch engelhafte Wesen sichtbar werden. Man sagt ihr auch die Möglichkeit einer Bewußtseinserweiterung durch eine Intensivierung der Gefühle und ein Freilegen visionärer Kräfte nach, wodurch vergessene oder verdrängte Erlebnisinhalte aus den Tiefenschichten der Seele freigelegt werden.

Ob durch LSD und ähnliche psychedelische Drogen tatsächlich eine Begegnung mit einer jenseitigen Wirklichkeit hergestellt werden kann, bleibt offen. Der Gebrauch ist nicht ungefährlich und kann zu Abhängigkeit führen. Die Reaktionen des Konsumenten sind individuell verschieden und reichen von einer Hochstimmung bis zu Angstzuständen (*horror trip*).

Luzifer (Lichtträger). So hieß angeblich → Satan vor seinem Fall, als er noch der prächtigste und schönste aller Engel war. Der Name geht zurück auf ein Spottlied im Buch des Propheten Jesaja über den König von Babylon, der sich selbst vergöttlicht hatte und darum gestürzt wurde (Jes 14,3–21; ähnlich Ez 32,17ff.). Vielleicht spielt auch das Wort Jesu über den Sturz des Bösen auf die Stelle an, wenn es dort heißt, Satan sei „wie ein Blitz vom Himmel gefallen" (Lk 10,18). In John Miltons ,Verlorenem Paradies' wird Satan mehrfach Luzifer genannt (z. B. 5,963 und 10,527).

Im Buch Jesaja wird der stolze König als „Glanzgestirn" bezeichnet, was in der gr. Bibel mit *heosphoros* („Bringer der Morgendäm-

Luzifer, Träger des Lichts: „Thou Wast Perfect Till Iniquity was Found in Thee", *Gemälde von William Blake, 1805. London, Tate Gallery*

merung") und in der lat. mit *lucifer* („Bringer des Lichts") wiedergegeben ist. Jesaja hatte offenbar einen uralten Mythos von einem Gestirngott, der die Höhe des Himmels stürmen wollte, aufgegriffen. Tatsächlich fand man bei den Ausgrabungen von Ugarit, einer Stadt am syrischen Mittelmeerufer, die im 2. Jahrtausend v. Chr. blühte, eine Schilderung vom Sturz einer Gottheit mit dem Beinamen „Glänzender" und „Sohn der Morgendämmerung", vermutlich eine Parallele zum gr. Phaeton-Mythos, in dem der Name des Protagonisten ebenfalls „scheinen/glänzen" bedeutet. Ausgangspunkt für den Mythos könnte die Beobachtung gewesen sein, daß der zunächst hell und sieghaft aufgegangene Morgenstern vor den Strahlen der aufgehenden Sonne verblassen muß. Deshalb erzählte man, der Morgenstern hätte sich vorgenommen, hoch über den Wolken und den höchsten Sternen auf dem Götterberg seinen Thron zu errichten und damit dem höchsten Gott die Herrschaft zu entreißen, ein Usurpationsversuch, der beim Aufgang der Sonne kläglich mit dem Sturz in die dunkle Unterwelt endete.

Die christlichen Theologen haben später diesen Jesajatext vom Sündenfall Luzifers auch verwendet, um Vorstellungen von einem ungeschaffenen Urprinzip des Bösen entgegenzutreten, die aus Bibelstellen herausgelesen wurden, welche Satan als Mörder und Sünder „von Anfang an" bezeichnen (Joh 8,44 und 1 Joh 3,8).

M

Mächte (oder Kräfte, gr. *dynameis*, lat. *virtutes*). Der Ausdruck dient in einigen außerbiblischen Schriften der Zeitenwende als Sammelbezeichnung für jene Geistwesen, die im Bereich des Kosmos und der Menschheitsgeschichte am Wirken sind (Test XII; AscJes; äthHen). in diesem Sinne fand er auch Eingang in die Paulusbriefe (1 Kor 15,24; Eph 1,21und 3,10 sowie 6,12; Kol 1,16 und 2,10) und in den 1. Petrusbrief (3,22).

In der Hierarchie der → Engelchöre bilden die Mächte den fünften Chor. Sie kümmern sich um die Ausführung der Pläne der Vorsehung. Nach einigen Autoren ist ihnen auch die Bewegung der Himmelskörper und die Vermittlung von Energie an die Naturkräfte anvertraut. Durch ihre Dienste geschehen die Wunder, und sie schenken Anmut und Furchtlosigkeit.

Maggid (einer, der erzählt, Pl. *maggidim*). Die auch für Wanderprediger übliche Bezeichnung findet in der → Kabbala und im Chassidismus Anwendung auf ein Engelwesen, das zu dem in Trance geratenen Mystiker in dessen eigener Stimme spricht und ihm die Geheimnisse des Himmels offenbart.

Magie. Seit jeher waren die Menschen bestrebt, durch Zaubersprüche oder Amulette und andere Utensilien auf die geheimnisvollen Mächte, die sie hinter den Naturdingen vermuteten, einzuwirken. Es kann daher nicht überraschen, daß man trotz des eindeutigen Verbots jeglicher Art von Magie in der Bibel (Dtn 18,10–11) auch im jüdisch-christlichen Bereich immer wieder versucht, sich durch die Anrufung von Engeln oder Dämonen deren geistige Energien und Erkenntnisse anzueignen. Das klassische Beispiel dafür ist die Vorstellung vom „Teufelspakt", der einem Menschen in diesem Leben Macht und irdische Genüsse verschafft, dieser aber dafür sein jenseitiges Heil drangeben muß. All diese Auswüchse erklären den ständigen Kampf der kirchlichen Obrigkeiten gegen einen übertriebenen → Engelkult und gegen die Auswüchse im Gebrauch der → Namen von Engeln und Dämonen.

Schon die außerbiblische Literatur der Zeitenwende kannte lange Engellisten und Beschwörungsformeln, die auf ein damals in Blüte stehendes Zauberwesen hinweisen. Man beruft sich dabei mit Vorliebe auf König Salomo, dessen im biblischen Buch der Könige gerühmte Bildung auf allen Wissensgebieten (1 Kön 5,9–14) jetzt auf die Beherrschung der Geister mit Hilfe magischer Utensilien, wie Ring oder Siegel, ausgedehnt wurde (TestSal 1,6–12; 2,9; 22,10; 24,2). Die Dämonen mußten sogar beim Tempelbau mitwirken (TestSal 23 und 24). Besonders beliebt waren dabei zu aller Zeit mit Engel- oder Dämonennamen beschriftete Amulette, die böse Geister oder den Bösen Blick abwehren sollten.

Der Glaube an die Einwirkungsmöglichkeiten auf Engel und andere Geistwesen zu magischen Zwecken wird in den ersten Jh. nach Christus verstärkt durch den Einfluß der → Gnosis und der unter dem Namen Hermes Trismegistus (dreifach Größter) umlaufenden Schriften, in denen sich uralte pythagoreische und ägyptische Weisheiten mit platonischen und gnostischen Gedankengängen vermischen. Sie stammen von unbekannten Verfassern und werden dem griechischen Gott Hermes zugeschrieben, den man damals mit dem ägyptischen Gott Thot gleichsetzt, der als der Erfinder von Schrift und Wissenschaft, als Götterbote und Geleiter der Seelen ins Jenseits gilt. Hermes Trismegistus wird für den größten aller Zauberer gehalten, der mit Hilfe von Engeln und Geistern beispielsweise Gegenstände oder Behälter unzugänglich machen kann, weshalb man noch heute von einem „hermetischen Verschluß" spricht.

Im Zeitalter der Renaissance und des Barock spielen in alchimistischen Zirkeln die Spekulationen über engelhafte Mächte und Energien eine große Rolle. Denn man führt bei chemischen Experimenten die Änderungen der Stoffe in Beschaffenheit (fester – flüssiger – gasförmiger Zustand) und Aussehen (Wechsel der Farbe) ebenso wie die Neigung, sich zu trennen oder zu vermischen, auf das Wirken von Geistern und Dämonen zurück. Gespeist wird diese Strömung von den wiederentdeckten Schriften des Hermes Trismegistus, aber auch von der jüdischen Kabbala, die damals in humanistischen Kreisen auf großes Interesse stößt. Ein extremes Beispiel dafür ist Agrippa von Nettesheim (1486–1535), der in seinem Werk ‚De occulta philosophia sive de magia' den aus der Kabbala kommenden Gedanken vorträgt, daß die Anrufung von Engeln und Dämonen durch die besondere Kraft ihrer Namen den Menschen zur Herrschaft über die Elemente und die Natur befähigen könne. Goethe hat die Stimmung jener Zeit in der Studierstubenszene zu Eingang seines ‚Faust' eindringlich wachgerufen.

Magog → Gog und Magog

Malaku 'l-maut. Im Arabischen des Korans für „Engel des Todes" (Sure 32,11), dort offenbar nicht als Eigenname gedacht.

Maldiel → Engel des Feuers

Malik (Herrscher). Im Koran der Name des Höllenwächters, der den Verdammten, die ihn um Rettung anflehen, zuruft, daß sie für immer in der Hölle bleiben müssen (Sure 43,77). Ihm sind 19 Engel als Gehilfen zugeteilt (Sure 74,30–31).

Malkiel (Gott ist König), auch **Milkiel** oder **Melkeyal**. Er gehört mit Helemmelek, Meleyal und Narel zu den vier Engel, welche die Jahreszeiten lenken. Nach dem Buch Henoch ist er der Herrscher über die heiße Jahreszeit, welche die Früchte heranreifen läßt (äthHen 82,13 und 15).

Mansemat → Mastema

Mammon (aramäisch *mamon* = Reichtum). Im Neuen Testament die Personifikation des Geldes als eine die Menschen versklavende Macht (Mt 6,24; Lk 16,9 und 13). In John Miltons ‚Verlorenem Paradies' wird daraus der Anführer einer Schar in → Satans Heer, die, Bergleuten gleich, überall nach Gold sucht. Von Mammon selbst heißt es, er habe einst auch im Himmelspalast nie nach oben geblickt, sondern immer nur nach unten auf den mit Gold belegten Fußboden der himmlischen Paläste (1,816ff.).

Mara (im Sanskrit und Pali: Mörder/Verderber). Eigentlich die Personifizierung des Todes, ist er im → Buddhismus das Symbol für die Leidenschaften und alle Triebe, welche den Fortschritt auf dem Weg der Erleuchtung hemmen. Er spielt damit eine ähnliche Rolle wie der Teufel in den monotheistischen Religionen. In der tibetischen Kunst hält er mit seinem scharfzähnigen Maul und seinen Klauen das „Rad des Werdens" fest, welches den leidvollen Kreislauf der Wiedergeburten in der Welt des Samsara beschreibt.

Nach der Buddha-Legende hatte Mara bemerkt, daß der meditierende Gautama kurz vor der entscheidenden Erleuchtung steht. So schickt er ein grausiges Dämonenheer, um ihn zu erschrecken. Als dies vergeblich bleibt, sucht er ihn durch nackte Frauengestalten zu verführen. Doch Gautama erkennt die Erscheinungen als Sinnestäuschungen und läßt sich nicht verwirren. Mara flieht besiegt davon.

Marioch → Pariuch

Marut → Harut

Mastema (feindlich/widerwärtig), auch **Mansemat**. Nach dem außerbiblischen ‚Buch der Jubiläen' und einigen der in Qumran entdeckten Schriften der Name für den Obersten der Dämonen. Er soll auch der Verderberengel gewesen sein, der beim Auszug der Israeliten die Erstgeburt der Ägypter erschlug (Jub 49,2), was von der Bibel Gott selbst zugeschrieben wird (Ex 12,29).

Megiddon. In Klopstocks ‚Messias' ein → Seraph, Schutzengel des Apostels Simon Kananäus (III 245). Im Alten Testament wird Megiddo als eine Stadt in der Nähe des Karmel-Gebirges häufig erwähnt.

Der Name galt als Symbol für den Untergang der Heere, da dort zwei jüdische Könige starben (2 Kön 9,27 und 23,29–30), und wird zu Hamagedon (Gebirge von Megiddo), dem Ort, wo sich in der Endzeit die Könige der Erde zur letzten Schlacht versammeln (Offb 16,16).

Meleyal (voll von Gott). Er gehört mit Malkiel, Helemmelek und Narel zu den vier Engeln, die nach dem Buch Henoch die Jahreszeiten lenken (äthHen 82,13). Man schreibt ihm die Herrschaft über den Herbst zu (Dav. 189).

Melkeyal → Malkiel

117

Mephistopheles. Dieser Name für die bekannte Gestalt in Goethes ‚Faust' erschien zum ersten Mal 1587 als „Mephostophiles" im Volksbuch über ‚Doktor Faustus'. Während er dort als ein radikaler Widersacher Gottes erscheint, gehört er bei Goethe zum „Gesinde" Gottes, ähnlich den → Göttersöhnen im biblischen Buch Hiob. Er ist als Geist der Verneinung notwendiger Bestandteil des Kosmos. Zwar will er den Menschen durch Illusionen zum Abweichen von seiner ewigen Bestimmung verleiten, dient aber doch, wenn auch gegen seine Absicht, gerade durch seinen Widerspruch und Widerstand dem Ganzen, indem er als ständiger Stachel im Menschenleben dieses zu seiner Vollendung führt:

DER HERR. Du darfst auch da nur frei erscheinen;
Ich habe deinesgleichen nie gehaßt.
Von allen Geistern, die verneinen,
Ist mir der Schalk am wenigsten zur Last.
Des Menschen Tätigkeit kann allzu leicht erschlaffen,
Er liebt sich bald die unbedingte Ruh;
Drum geb' ich gern ihm den Gesellen zu,
Der reizt und wirkt und muß als Teufel schaffen.

Goethe, Faust, Prolog im Himmel

Die Herkunft des Namens ist unsicher. Einige haben eine Zusammensetzung des Wortes aus gr. Bestandteilen vermutet, wonach sich „Widersacher des Lichtes" ergäbe. Andere sehen hebr. Wörter, die auf „Verbreiter von Unsinn" hindeuten, in dem Namen versteckt. Eine neuere Theorie sieht einen Zusammenhang mit zwei im 2. Buch Samuel genannten Personen; die eine ist Meribbaal, ein Enkel König Sauls, der in einigen Handschriften Mephiboschet (Verbreiter von Schande) genannt wird (2 Sam 9), die andere ein Ratgeber Davids namens Ahitophel, der sich der Rebellion Abschaloms anschloß und den Usurpator beriet, sich aber dann erhängte, als er das Scheitern des Unternehmens ahnte (2 Sam 15–17). Das zwischen *mephi-* (Schande) und *-tofel* (Dummkopf) stehende „s" bleibt allerdings unerklärbar. Vielleicht kommt es aus einer Anlehnung an das deutsche Wort „Stoffel", d.h. Tölpel.

Metatron. Nach einer der vielen Legenden war er ursprünglich ein Mensch, nämlich jener → Henoch, siebter Nachkomme Adams, der wegen seiner Rechtschaffenheit nicht starb, sondern zu Gott entrückt wurde (Gen 5,21–24). Die Herkunft des neuen Namens ist ungewiß; manchmal wird sie wegen des Dienstes beim göttlichen Thron abgeleitet von gr. *meta thronou*, d.h. „beim Thron" (Schwab 282).

In der jüdischen Überlieferung, besonders der → Kabbala, wurde Henoch/Metatron zu einem der höchsten Engel mit 36 (6 x 6) Flügeln und zahllosen feurigen Augen. Seine Wimpern sind Blitze, seine Knochen bestehen aus Glut und sein Fleisch aus Feuer. Ihm werden alle möglichen Funktionen zugeschrieben. Er gilt als Archivar der Geheimnisse des Kosmos und Buchhalter aller menschlichen Taten, die er ins Buch des Lebens einschreibt.

Manchmal wird Metatron sogar als der mächtigste der → Seraphim bezeichnet, dessen besondere Aufgabe es ist, für Wohlbefinden und Erhalt der Menschheit zu sorgen. Andererseits wird er aber auch in seinen dunklen Aspekten in okkulten Kreisen mit → Satan, dem Fürsten der Finsternis, oder dem „alten Drachen" gleichgesetzt.

Und METATRON, der höchste aller Engel,
fünfhundert Meilen hoch,
und schlägt das Rad
aus Lichtgefieder und läßt Musik,
daran die Welten hängen, klingen,
der Liebe Inbegriff!
So tief mißt Sehnsucht aus
der Worte Meer, bis das Gestrahle
aufbricht – und Leben hinnaht
mit dem Wundenmale – .

Nelly Sachs, Fahrt ins Staublose

Michael (Wer ist wie Gott). Im biblischen Buch Daniel ist er genannt als Kämpfer für das Volk Israel (Dan 10,13 und 21; 12,1), nach der Offenbarung des Johannes (12,7) wirft er mit seinen Engeln den → Drachen, d.h. Satan, aus dem Himmel. Eine dunkle Stelle im Judasbrief (Vers 9) spielt auf eine verlorengegangene außerbiblische Überlieferung an, nach der Michael mit → Satan, vermutlich in seiner Funktion als → Psychopompos, um den Leichnam des Moses gestritten habe.

Schon in der äthiopischen Version des außerbiblischen Buches Henoch wird Michael häufig erwähnt. Er ist bei Gott und den ande-

119

*Michael als Seelenwäger, Holzschnitt von Johann Weissenburger
aus ‚Ars Moriendi‘, 1514*

ren Engeln (71,8–13), wendet sich wegen des Unheils, das die →
Wächter angerichtet haben, mit Uriel, Raphael und Gabriel an Gott
und wird mit deren Bestrafung beauftragt (ebd. 9,1; 10,11; 54,6); als
einer der Anführer der Engel ist er über Israel und das Chaos gesetzt
(20,5) und wird als der „Barmherzige und Langmütige" bezeichnet

(40,9); er deutet Henoch eine Vision des kommenden Gerichts (60,4 ff.), über dessen Strenge er erschüttert ist (68).

Während er im Islam kaum eine Rolle spielt (→ Mikail), ist Michael in der jüdisch-christlichen Überlieferung der erste unter den Engeln und wird als → Erzengel bezeichnet. Er gilt nicht nur als Anführer der himmlischen Heerscharen und deshalb als Patron der Soldaten und Polizisten, sondern hat auch die Aufgabe des → Psychopompos, d. h. des „Seelengeleiters", übernommen, eine Rolle, die in der antiken Mythologie der Gott Hermes/Merkur innehatte. In dieser Funktion ist Michael auch zum Gebieter über das Paradies gesetzt, weshalb er beim Weltgericht die Seelen wägt.

Aus dem Beschützer des Volkes Israel im Buch Daniel wurde Michael bei den Christen zum Schutzherrn der Kirche und einzelner Völker, besonders der Deutschen, die schon in einer Dichtung von 1546 nach einer Niederlage der Ordensritter in Preußen gegen die Polen als „teutsche Michel" verspottet werden.

In der → Anthroposophie Rudolf Steiners, die Gabriel mit der Geburt und dem Frühling in Verbindung bringt, steht Michael für den Herbst, die Zeit der Ernte, und das Ende des Erdenlebens. Nach Steiner ist Michael als Führer ins Geistige auch der Engel unseres Zeitalters, der die Menschheit aus dem chaotischen Zustand, in dem sie sich heute befindet, in ein Zeitalter des Lichts und des spirituellen Bewußtseins führen wird.

In der Kunst wird Michael als kraftvoller junger Mann dargestellt, in Ritterrüstung mit Speer, Schwert und Schild, oft auch als Drachentöter. Manchmal trägt er als Seelenrichter beim Endgericht eine wallende Amtstracht sowie eine Waage, die bei den mittelalterlichen Künstlern gerne nach dem neuesten Stand der Technik dargestellt ist. Sein kirchliches Fest ist am 29. September, seiner Erscheinung am → Monte Gargano wird am 8. Mai gedacht.

Michaelskirchen. Seit der Spätantike nahm die Verehrung Michaels einen großen Aufschwung, was die vielen ihm geweihten Kirchen und Heiligtümer, → Monte Gargano, → Mont St. Michel, → Engelsburg bezeugen. Da der Erzengel Michael im Christentum die Rolle des → Psychopompos (Seelengeleiters) übernommen hatte, waren manche der ihm geweihten Kirchen ursprünglich Grabeskirchen, beispielsweise die Michaelskirche in Fulda, eines der ältesten Got-

121

teshäuser in Deutschland, deren Rotunde und Krypta aus dem Jahr 822 stammen.

Mikail. Der Name für Michael im Koran, wo er ein einziges Mal erwähnt wird (Sure 2,98). Er gilt im Islam als Meister der Weisheit und der Seelenkenntnis, kümmert sich auch um die Erhaltung der körperlichen Welt. Manchmal wird er in Fällen der Besessenheit angerufen (Dav. 196).

Milkiel → Malkiel

Mittagsdämon *(Daemonus meridianus)*. In einem Psalm, der von der Kraft des Gottvertrauens handelt, wird gesagt, [Du fürchtest dich nicht] „vor der Seuche, die am Mittag Verderben bringt" (Ps 91,6). Dahinter steht die uralte Vorstellung, daß Seuchen durch Dämonen verbreitet werden, wobei der Mittag („Stunde des Pan") als Zeit galt, in welcher der dämonische Einfluß am stärksten war.

Moloch, in der Bibel eine beleidigende Verballhornung von hebr. *melech* = König. Eigentlich ist das Wort die phönizische Bezeichnung für eine Opferart (Kindesopfer), es wurde in Israel jedoch als Göttername verstanden (Lev 18,21 und 20,2–5; 2 Kön 23,10; Jer 32,35). In John Miltons ‚Verlorenem Paradies' ist Moloch einer der rebellischen Engel (1,462).

Monker → Munkar

Monte Gargano. Eines der ältesten und berühmtesten Heiligtümer des Erzengels → Michael, dessen Ursprung bereits auf das Jahr 490 zurückgeht. Es liegt bei der Stadt Manfredonia am Adriatischen Meer. Nach der Legende hatte sich ein Herdenbesitzer namens Gargano mit seinen Hirten aufgemacht, um einen entlaufenen Stier im Gebirge zu suchen. Nach Stunden entdeckten sie ihn endlich am Eingang einer mit dichtem Gestrüpp umwucherten Höhle, über der ein heller Lichtschein erschien und wieder verschwand. Aus Zorn, das Tier im Dickicht nicht erreichen zu können, schoß der Besitzer einen Pfeil auf den weißen Stier ab. Doch von einer unsichtbaren Hand gelenkt, kehrte das Geschoß um und traf ein Auge des Schützen. Verstört liefen die Hirten in ihre Heimatstadt und erzählten den Vorfall ihrem Bischof. Dieser rief ein allgemeines Fasten aus, und nach langem Gebet erschien ihm Michael und verkündete, daß es Heil bringen werde, wenn man ihn an dieser Stelle verehre. Zur Erinnerung daran feiert die katholische Kirche ein eigenes Fest am 8. Mai, was bei manchen zu tiefsinnigen Spekulationen darüber führte, daß 1945 an diesem Fest des himmlischen Patrons der Deutschen die Naziherrschaft durch die Kapitulation der Wehrmacht ein Ende fand.

Mont Saint-Michel. Ein berühmtes Heiligtum vor der normannischen Küste. Um 700 soll der Erzengel → Michael dem Bischof Autbert von Avranches auf dem auf einer Insel gelegenen Hügel erschienen sein, um ihn zu seiner Kultstätte zu bestimmen. Auf der bislang wasserlosen Insel sei dann eine Quelle entsprungen, und an seinem Fest hätte der Engel das Meer zweimal zurückweichen lassen, damit die Pilger trockenen Fußes ihren Weg nehmen konnten. Die Erscheinung Michaels vor Bischof Autbert wird in Frankreich am 16. Oktober gefeiert.

Der Berg trug anfangs den latinisierten keltischen Namen Mons Tumbae (Grabesberg), da nach dem Volksglauben die Toten auf unsichtbaren Schiffen vom Festland hierher gebracht wurden. Es liegt deshalb nahe, daß bei der Entstehung des Heiligtums die Rolle Michaels als → Psychopompos (Seelengeleiter) eine Rolle gespielt hat.

Moroni. Name des Engels, der den damals 17jährigen Joseph Smith (1805–1844), den Begründer der Mormonen, zu seiner Aufgabe berief. Smith erzählt, daß er nachts im Bett lag und zu Gott um Erkenntnis betete: „Da entdeckte ich ein Licht, das in meinem Zimmer erschienen war und fortfuhr, größer zu werden, bis das Zimmer heller als zu Mittag war. Einen Moment später erschien eine Gestalt neben meinem Bett. Sie stand in der Luft, denn ihre Füße berührten den Boden nicht. Sie trug ein loses Gewand von außerordentlicher Weiße...". Die Gestalt nannte dann ihren Namen und zeigte Smith den Ort an, wo ein heiliges Buch, geschrieben auf goldenen Tafeln, begraben war. Diese Tafeln enthielten angeblich uralte Berichte, aus denen später das ‚Buch Mormon‘ entstand.

Munkar, auch **Monker.** In der islamischen Überlieferung der Name eines der beiden Engel, die nach dem Koran die Seelen der Toten am Eingang des Paradieses examinieren (Sure 50, 17–19).

Musizierende Engel → Engelmusik und → Engelchöre sowie → Kunst und Engel

N

Naamah (die Liebliche). In der jüdischen Sage und in der → Kabbala ist sie ein Engel der Unzucht und Hurerei, mit → Lilith und → Agrat bat Mahlat zugleich eine Sexualpartnerin → Sammaels. Man sagt ihr auch nach, sie habe den Dämon → Aschmodai geboren.

In der Bibel ist Naamah hingegen eine gewöhnliche Sterbliche, Tochter des Kain-Abkömmlings Lamech. Sie wird im Zusammenhang mit dessen drei Söhnen Jabal, Jubal und Tubal-Kaijn genannt. Diese sind die „Stammväter", d. h. Begründer, der für die Nomaden wichtigsten Gewerbe, deren soziale Stellung durch die Rangfolge der Geburt und der Mütter zum Ausdruck kommt: an erster Stelle die Wanderhirten, dann die Musikanten und Zitherspieler, d. h. die Sänger oder Barden jener Zeit, und schließlich die Metallhandwerker. Zuletzt, als Schwester des Schmiedes am untersten Ende der Rangordnung, wird fast beiläufig noch Naamah erwähnt (Gen 4,17–22). Da ihr Name „erfreulich" oder „charmant" bedeutet, sehen einige Überlieferungen in ihr die „Stammutter der Prostituierten", also ebenfalls die Begründerin eines Gewerbes.

Nah-Tod-Erfahrungen. Schon Plato erzählt in seiner „Politeia" von einem Krieger namens Er, der auf dem Schlachtfeld wie tot liegenblieb und nach seiner Rückkehr ins Leben das Schicksal der vom Leib getrennten Seelen in Bildern schildert, die den antiken Vorstellungen von der Unterwelt entsprechen. Ähnliche Berichte, diesmal mit christlichen Vorzeichen, finden sich dann bei einigen Kirchenvätern, z. B. bei Beda Venerabilis (9. Jh.), dessen Beschreibung eines solchen Falles bis in die Details heutigen Berichten gleicht, was übrigens auch für manche Szenen in den Gemälden eines Hieronymus Bosch gilt. Populär war die mehrfach in der Kunst dargestellte Geschichte vom irischen Ritter Tundale, der infolge einer Vergiftung drei Tage wie tot da lag, während seine Seele von einem Engel durch Himmel und Hölle geführt wurde.

Der islamische Sufismus kennt ähnliche Überlieferungen, und im tibetischen Buddhismus gibt es die sog. „deloks" (*de lok* = vom Tode zurückgekehrt), nämlich Menschen, die scheinbar sterben und sich, bevor sie doch wieder ins Leben zurückkehren, im Bereich des „Bardo" wiederfinden, dem Zwischenzustand zwischen Tod und Wiedergeburt, wie er im Tibetischen Totenbuch beschrieben ist.

Derartige Berichte wurden noch bis vor kurzem kaum ernstgenommen. In Folge der Fortschritte in der medizinischen Technologie, durch die heute häufiger als früher Menschen nach Minuten eines sogenannten klinischen Todes ins Leben zurückgeholt werden können, wird heute viel über die Erlebnisse von Menschen diskutiert, denen in todesnahen Situationen Lichtwesen begegneten, die sie an der Schwelle zwischen dem irdischen und dem jenseitigen Leben freundlich empfingen, aber dann wieder ins Leben zurückschickten. So haben in den letzten Jahrzehnten der amerikanische Psychiater Raymond A. Moody und die Schweizer Ärztin Elisabeth Kübler-Ross ihre Beobachtungen veröffentlicht, daß solche Erfahrungen von einem unauslöschlichen Glücksgefühl begleitet waren, das danach oft eine tiefgreifende Änderung in der Lebensführung mit sich brachte. Es gibt aber auch Berichte anderer Fachleute über Patienten mit sehr qualvollen Erfahrungen, die an eine „Höllenfahrt" erinnern. Zwar weist Moody, anders als Kübler-Ross, die Folgerung zurück, in den Nah-Tod-Erfahrungen einen eindeutigen Beweis für die Existenz jenseitiger Geistwesen oder für ein Fortleben nach dem Tode zu sehen, da nicht sicher sei, ob die Patienten, die eben nicht wirklich tot waren, tatsächlich eine Realität jenseits des Todes erreicht hätten. Da aber ihr Grenzerlebnis fast immer eine Änderung in der Lebenseinstellung durch einen Zuwachs an Liebe und an Verantwortungsbewußtsein für das eigene und das Leben anderer nach sich ziehe, meint Moody, daß es sich um Erfahrungen handle, wie sie aus der Mystik aller Religionen bekannt sind, Erfahrungen, denen sich die heutigen, gegen alle übersinnlichen Wahrnehmungen verschlossenen Menschen höchstens noch in Lebenskrisen und lebensbedrohlichen Krankheiten öffneten.

Nakir, auch **Nekir**. In der islamischen Überlieferung der Name eines der beiden Engel, die nach dem Koran die Seelen der Toten am Eingang des Paradieses examinieren (Sure 50, 17–19).

Namen der Engel. Im Alten Orient dient der Name häufig als Wesensaussage, welche die Art und Bestimmung einer Sache oder Person enthüllt. Engelnamen wurden deshalb gerne dadurch gebildet, daß man einfach die Bezeichnung für eine Kraft, eine Fähigkeit oder ein Geschehen durch das Suffix –el, das auf Gott oder eine göttliche oder gottähnliche Wesenheit hinwies, ergänzte. Die außerbiblischen Schriften der Zeitenwende haben ebenso wie später die → Kabbala auf diese Weise eine Unmenge solcher „Suffix-Engel" produziert. Manchmal hat man auch auf Personennamen zurückgegriffen, wie sie in der Bibel vorkommen, oder auf Namen aus der persischen, griechischen oder römischen Mythologie.

Die Bibel selbst erwähnt nur drei Engel: → Michael, → Gabriel sowie – wenn wir das in der katholischen Bibel enthaltene Buch Tobias mitrechnen – → Raphael. Allerdings werden in der frühen Kirche auch noch einige jener Engel verehrt, die in der außerbiblischen Literatur zu finden sind. Doch bemüht man sich schon bald, diese von der Verehrung auszuschließen, aus Furcht vor Praktiken der → Magie, bei denen die Kenntnis von Namen dazu dienen soll, über die Geistwesen Verfügungsgewalt zu erlangen. Die römische Lateransynode des Jahres 745 erklärt ausdrücklich, für den Christen gebe es nur die drei in der Bibel erwähnten Engelnamen. Sie folgt damit dem hl. Bonifatius (672/73–754), dem „Apostel der Deutschen", der den → Engelkult eines (vermutlich unkanonisch geweihten) Wanderbischofs namens Aldebert (Adalbert) bekämpfte. Dessen „Engelgebet", mit Namen wie Uriel, Raguel, Adimus, Inias, Tophoas/Tubuas, Sabaoc/Sabaoth und Simiel/Semibel, wurde von der Synode als Dämonenanrufung verurteilt.

Narel (Gott ist Licht?). Er gehört mit Maliel, Helemmelek und Meleyal zu den vier Engeln, die nach dem Buch Henoch die Jahreszeiten lenken (äthHen 82,13). Man schreibt ihm die Herrschaft über den Winter zu (Dav. 204).

Nautha. Nach dem apokryphen Bartholomäus-Evangelium der Herrscher über den (Süd-) Westwind.

Nekael. Einer der Anführer jener Engel, die nach dem Buch Henoch (→ Engelsünde) irdischen Frauen beiwohnten (äthHen 69,2). Vermutlich identisch mit dem anderenorts (ebd. 6,7) genannten → Ezekeel.

Nisroch, Zeichnung, aus ‚A Dictionary of the Bible‘, hrsg. von Philip Schaff. Philadelphia 1880

Nekir → Nakir

Neuplatonismus. Eine philosophische Strömung der Spätantike, die viel zur Systematisierung der christlichen, aber auch der jüdischen und islamischen Engellehre beigetragen hat. Ihr Begründer ist Plotin (205–270), der eine Synthese des Polytheismus mit dem Gedanken der transzendenten Einheit des Göttlichen anstrebt.

Eines der Hauptthemen des Neuplatonismus ist der Aufweis, daß der Kosmos als eine intelligible Hierarchie aufgebaut ist, wobei deren Stufen von Plotins Nachfolgern immer mehr verfeinert werden. Nach Porphyrios (um 233–304) sind die Engel als Diener und Boten des Göttlichen in Gruppen geordnet, die Erzengeln unterstehen. Sie wachen über die Erde, geleiten die Seelen aus dem göttlichen Bereich zur Erde, schützen sie dort und führen sie wieder an ihren Ursprung zurück. Der letzte große Neuplatoniker Proklos (411–485) bringt Götter und Engel in ein hierarchisches System von neun Rängen, die jeweils wieder in drei Ordnungen aufgeteilt sind. Er denkt sich schon das Göttliche als gestuft, mit dem (unpersönlichen) Einen an der Spitze. Während dieser Bereich für den Menschen unerkennbar bleibt, manifestieren sich die einzelnen Gottheiten in der Welt in der Form von Engeln, um dem Kosmos die Energien des göttlichen Bereichs zuzuführen. Die „Engel" sind als → Emanationen der jeweiligen Gottheit gedacht, mit der sie deshalb im Grunde eins sind. Nach Proklos wird jede menschliche Seele bei ihrem Abstieg in diese Welt von einem Engel geleitet, der in ihr den Drang nach Erkenntnis des Unsichtbaren erwecken soll.

Der neuplatonische Einfluß auf die christliche Lehre von den → Engelchören, wie sie von Dionysios Areopagita in seiner ‚Himmlischen Hierarchie‘ entwickelt wird, ist unverkennbar. Auch die Theologie und besonders die Mystik des Mittelalters sind davon stark geprägt. Der Neuplatonismus, den man für die Lehre Platos hält, spielt auch noch im Zeitalter der Renaissance in den Spekulationen der Alchemisten (→ Magie) eine bedeutende Rolle. Seine Geltung wird erst gebrochen, als die Humanisten jener Zeit die von Plato selbst stammenden Schriften neu entdecken und sich die Reformatoren scharf gegen die von ihm beeinflußten theologischen Schulen wenden.

Nisroch. Ursprünglich eine assyrische Gottheit (vgl. 2 Kön 19,37). In John Miltons ‚Verlorenem Paradies‘ trägt ein Fürst der gefallenen Engel diesen Namen (6,552).

Nuriel (Feuer Gottes). In jüdischen Legenden der Engel des Hagels. Sein Name ist hilfreich als Gegenzauber und findet sich manchmal auf Amuletten, die beim Studium der Heiligen Schrift helfen (Schwab 296).

O

Obaddon. Eine andere Form für → Abaddon. Im VII. Gesang von Klopstocks ,Messias' fungiert Obaddon als Todesengel.

Oertha. Nach dem apokryphen Bartholomäus-Evangelium der Herrscher über den Ostwind.

Ophanim oder **Ofanim** (Räder). Der hebr. Name für die Engelklasse der → Throne. Sie spielen unter diesem Namen in der → Anthroposophie Rudolf Steiners eine besonders wichtige Rolle, da bei ihnen der himmlische Bereich dem irdischen begegnet.

Ophis (gr. für Schlange). Ein Geistwesen, das die Ophiten, eine Sekte der → Gnosis, als Vermittler der Erkenntnis verehren, die dem Menschen vom bösen Weltschöpfer vorenthalten wird.

Orion. In Klopstocks ,Messias' ein → Seraph, Schutzengel des Apostels Petrus (III 92). In der gr. Mythologie ein Jäger von riesenhafter Gestalt, der zu einem Sternbild wurde (Homer, Odyssee 5,121 ff.)

Oriphiel. In mittelalterlichen Zauberbüchern und beim Alchimisten Agrippa von Nettesheim einer der sieben → Erzengel oder ein Engel aus der Ordnung der → Throne. Bei Paracelsus ist er ein wichtiger Talisman (Dav. 215).

Ornias. Ein bösartiger Dämon, der nach dem ,Testament Salomos', einer außerbiblischen Schrift der Zeitenwende, bei den Menschen Auszehrung verursacht oder in Gestalt einer Frau lüsterne Träume hervorruft. König Salomo zwang ihn mit Hilfe eines Zauberringes, am Tempelbau mitzuarbeiten (Kap. 1–2).
Ein anderes Mal erzählte Ornias dem König, daß die Dämonen am Himmel zwischen den Sternen herumfliegen und bei dieser Gelegenheit einiges von den geheimnisvollen Beschlüssen des

Himmels erfahren; sie werden dabei allerdings schnell müde und fallen dann, da sie sich dort oben nirgends festhalten können, wie glänzende Blitze auf die Erde herab, wo sie die Wohnstätten der Menschen in Brand setzen (Kap. 20).

Othriel (Er ruft Gott an). Oft auf Amulette geschriebener Name eines himmlischen Helfers, der auch in jüdischen Gebeten angerufen wird (Schwab 330).

Oryoch → Ariuch

P

Pariuch, auch **Parioch** oder **Marioch**. Ein Engel, den Gott zusammen mit Ariuch mit der Bewahrung der Schriften des → Henoch beauftragt (slawHen 33,11).

Parsismus → Zarathustras Engellehre

Penemue (bitter?). Einer der Engel, die nach dem Buch Henoch (→ Engelsünde) irdischen Frauen beiwohnten. Er lehrte die Menschen das Schreiben mit Tinte, eine Quelle der Sünde, und soll ihnen die Bitterkeit und die Honigsüße und andere Wissenschaften gezeigt haben (äthHen 69,8–11).

Penuel (Angesicht Gottes). Einer der vier Engel, die vor Gottes Thron stehen (Sib 2,215). Der Name stammt aus Jakobs → Kampf mit dem Engel, da Jakob den Ort des Geschehens so benannte (Gen 31–32). In der jüdischen Überlieferung wurde daraus der Name des Engels, mit dem Jakob rang. Bei Henoch heißt der Engel → Phanuel.

Pestengel → Verderberengel

Phanuel (Angesicht Gottes), auch **Fanuel** und → Penuel. Neben → Michael, → Raphael und → Gabriel eines der vier „Gesichter", die, unterschieden von den gewöhnlichen Engeln, an den vier Seiten von Gottes Thron stehen. Dieses Geistwesen ist gesetzt, so heißt es, über die Buße derer, die das ewige Leben besitzen wollen. Seine Aufgabe ist deshalb, die Satane abzuwehren, welche die Menschen vor Gott anklagen wollen (äthHen 40; ferner 54,6 ; 71,8)

Pistis Sophia → Sophia

Posaunenengel. Im Matthäusevangelium heißt es, der wiederkehrende Christus werde beim Jüngsten Gericht seine Engel unter lautem Posaunenschall aussenden (24,31). In der Geheimen Offenba-

132

Die letzten Posaunen (Offb 9, 1–21), Kupferstich von Matthäus Merian, 1627/28. Sog. Merian-Bibel, Straßburg 1630

rung des Johannes (8,2) sind sieben Engel erwähnt, denen sieben Posaunen gereicht werden, mit denen sie in der Folge große Plagen ankündigen.

Oft werden auch Menschen mit pausbäckigem Gesicht so genannt, nach den Abbildungen von Engeln in der Kunst, die mit aufgeblasenen Backen in Posaunen stoßen.

Pravuil → Vrevoil

Psychopompos. Die Vorstellung, daß die Seelen der Verstorbenen durch Tiere, Götter oder andere Wesenheiten ins Jenseits geleitet werden müßten, reicht in die Frühzeit der Menschheit zurück und ist durch die ägyptischen Totenbücher oder das Tibetische Totenbuch auch in heutiger Zeit wieder bekannt. Man meinte, daß die Seele einen Führer brauche, um sich nach Verlassen ihres Körpers nicht zu verirren; denn wenn sie dabei die Fassung verliere, könnte sie vor Angst verrückt werden. Die Griechen nannten diesen Helfer

133

psychopompos (zusammengesetzt aus psyche = Seele und pompos = Geleiter, letzteres vom Verb pempein, das eigentlich „senden", aber auch „geleiten" meint). Seelengeleiter ist bei den Griechen vornehmlich der Gott Hermes, bekannt aus der Geschichte des Orpheus und der Eurydike, in der er den Abstieg des Orpheus ins Totenreich und den Versuch einer Rückkehr der Liebenden ins Leben ermöglicht.

Die Rolle des Hermes als Seelengeleiter hat im Christentum der Erzengel Michael übernommen. Oft wird sie auch den Engeln ganz allgemein zugeschrieben, wie die kirchlichen Begräbnisgebete zeigen oder der bekannte Schlußchor der Bachschen Johannespassion: „Ach Herr, laß dein lieb' Engelein / Am letzten End' die Seele mein / In Abrahams Schoß tragen...". Bach übernimmt hier ein Jesuswort aus dem Gleichnis vom reichen Prasser und dem armen Lazarus (Lk 16,22).

> So sicher ich nun in mein Hauß gehe und mich zu Bette lege und gewiß bin, daß die guten Engel einen Befehl haben auff mich zusehen: Also sicher und gewiß soll ich auch sein, wenn ich den letzten gang gehe unter die Erden ins Grab zu den Wuermern, daß die lieben Engel auch da sein werden und mich geleiten.
>
> *Martin Luther in seiner Michaelspredigt vom 29. September 1531*

In der Kunst findet man nicht selten die Darstellung einer Sterbeszene, in der die Seele aus dem Mund des gerade Verstorbenen entweicht und von einem Engel entgegengenommen wird. Manchmal sieht man auch, wie der Teufel bereits lauert und → Michael mit dem Schwert herannaht, um ihm seine Beute zu entreißen.

Putten (hergeleitet von *putto*, im Italienisch der Toskana für ein Kleinkind). Neben den seit dem 14. Jh. aufkommenden → Kinderengeln finden sich in der Renaissance die Putten als Gespielen des Jesuskindes, ähnlich den Amoretten auf Gemälden weltlichen oder mythologischen Inhalts. Sie gehen auf die antiken Eroten zurück, die sich als geflügelte Knäblein an römischen Grabmälern finden. Die ursprünglich weltlichen Gestalten waren zunächst wohl gar nicht als Engel gedacht, wurden aber bald als solche betrachtet und mit kleinen Flügeln versehen. In den idyllischen Szenen der Geburt Jesu und seiner Kindheit repräsentieren sie Reinheit und Unschuld.

134

Drei Genien (oft auch aus „Putten" bezeichnet) mit Helm und Schild,
Kupferstich von Albrecht Dürer, um 1507

Meist treten sie paarweise oder als Schar auf, um zu tanzen und zu musizieren oder Girlanden herbeizutragen. Sie werden manchmal auch „Cheruben" genannt, was allerdings angesichts der machtvollen → Cherubim der Bibel nicht so recht einleuchtet.

R

Rabisu. Ein mesopotamischer Dämon, der am Eingang von Gebäuden über das Gute und das Böse in den Taten ihrer Bewohner wacht. Möglicherweise ist er in der Geschichte vom ersten Brudermord (Gen 4,7) erwähnt. Dort heißt es, Gott habe Kain, als dieser wegen der Nichtannahme seines Opfers „ergrimmte und seinen Blick senkte", ausdrücklich davor gewarnt, daß das Böse seiner Herr werden könne. Denn wenn er nicht recht tue, dann „lauert [die Sünde?] vor der Tür, und nach dir hat sie Verlangen; du aber herrsche über sie". Diese Bibelstelle kann nur annähernd übersetzt werden, da das entscheidende, schon in den gr. Bibelübersetzungen mit „Sünde" wiedergegebene hebr. Wort für die Ausleger unverständlich ist, wobei manche von ihnen vermuten, daß ursprünglich *rabisu*, hebr. *robes*, gemeint war.

Racheengel. Eine volkstümliche Redeweise, die heute ebenso wie der Ausdruck „Gott der Rache" durch einen Wandel in der Wortbedeutung mißverständlich geworden ist. Mit „Rache", wenn sie von Gott bzw. seinen Engeln ausgeübt wird, ist in der Bibel nicht eine rachsüchtige Haltung, sondern die gerechte Vergeltung für geschehenes Unrecht gemeint. Gerade um der persönlichen Rachsucht entgegenzusteuern, fordert das Alte wie das Neue Testament immer wieder dazu auf, die Vergeltung für erlittenes Unrecht Gott zu überlassen.

Raguel (Freund Gottes), auch **Raguil** und **Ra-uel**. Nach dem Buch Henoch gehört er als dritter im Rang zu den sieben höchsten Engeln und „übt Rache an der Lichterwelt" (äthHen 20,4), was vermutlich bedeutet, daß die Engel vor ihm Rechenschaft über ihre Taten ablegen müssen. Einmal deutet er eine Vision → Henochs (äthHen 23,4). Bis ins Mittelalter wird Raguel in vielen Texten noch unter die → Erzengel gezählt, und sein Name findet sich häufig auf Amuletten.

Ramael (von hebr. *rama* und *el* = Donner Gottes), auch **Ramiel, Rameel, Remiel** oder **Jeremiel**. Er deutet in der syrischen Apokalypse des Baruch (55,3; 63,6) und im 4. Buch Esra (4,36) die Visionen der beiden Seher. Bei Baruch (63,6–9) wird Ramiel auch als Verderber der Soldaten des Assyrerkönigs Sanherib (Anhang 1.4.2) genannt. Bei Henoch (→ Engelsünde) ist Ramiel/Rameel einer der Anführer jener Engel, die irdischen Frauen beiwohnten (äthHen 6,7), während ihn die Sibyllinischen Orakel unter den fünf Engeln aufzählen, welche die Seelen ins Paradies führen (2,2,5).

In John Miltons ‚Verlorenem Paradies‘ ist Ramiel einer der vom Seraphen → Abdiel schon am ersten Tag besiegten rebellischen Engel (6,461).

Ramiel (von hebr. *rum* = erhöhen und *ram* = hoch, erhöht sein), auch **Remiel, Rumael** oder **Rumayal**, manchmal auch **Jeremiel**. Nach dem Buch Henoch gehört er nach einigen Handschriften als siebter im Rang zu den sieben höchsten Engeln und ist (als „Erhöher"?) „gesetzt über die Auferstandenen" (äthHen 20,8).

Raphael (von hebr. *rapha* = heilen und *el* = Gott/Gottheit). Er gehört mit → Michael und → Gabriel zu den drei im Christentum allgemein anerkannten Engeln. Im deuterokanonischen Buch Tobit/Tobias, das nur bei den Katholiken, nicht aber bei den Juden und Protestanten zur Bibel gehört, ist er achtmal mit Namen genannt, sonst aber nirgends in der Bibel.

Häufig wird Raphael hingegen im außerbiblischen Buch Henoch erwähnt. Er gehört dort zu den vier Engeln, die Gott das durch die → Engelsünde auf Erden angerichtete Unheil melden (äthHen 9,1) und an der Bestrafung der bösen Engel teilhaben (äthHen 10,4; 54,6; auch 68,2 und 4); er wird unter den sieben wichtigsten Engeln genannt (äthHen 20,3) und betätigt sich als Deute-Engel auf Henochs Himmelsreise (äthHen 22,3; 32,6). An anderer Stelle wird er zu den vier „Gesichtern" um Gottes Thron gerechnet, als derjenige, der „über alle Krankheiten und Wunden der Menschen gesetzt" ist (äthHen 40). Ebenso wird er bei der Erhöhung → Henochs zum Engel im himmlischen Hofstaat genannt (äthHen 70,8–9).

Bekannt ist Raphael jedoch vor allem durch das Buch Tobit als Reisebegleiter des jungen Tobias. Das Buch erzählt, wie der Engel, als zwei Menschen inständig zu Gott um Beistand flehen, auf die

Raphael steigt zur Erde hinab, Illustration zu John Miltons ,Paradise Lost', London 1794

Erde geschickt wird und dort den beiden, dem alten und blinden Vater des Tobias und einem Mädchen namens Sara, das von einem Dämon geplagt wird, Hilfe und Heilung bringt (Anhang 1.3.5).

In der Kunst wird Raphael erst seit dem 16. Jh. häufiger dargestellt, stets als bartloser Jüngling mit einem Wanderstab und einem Vorratssack am Gürtel oder über der Schulter, manchmal mit einem Fisch in der Hand. Daraus entwickelten sich später die vielen populären Öl- und Farbdrucke mit dem Schutzengelmotiv. Raphaels kirchliches Fest ist am 24. Oktober.

Rasiel (Gottes Geheimnis), auch **Raziel**. Ein Engel aus der Ordnung der Throne, der die himmlischen Geheimnisse deutet. Sein Name findet sich in einigen Handschriften anstelle von → Raguel, dem Begleiter Henochs auf dessen Himmelsreise (slawHen 33,6). Nach der jüdischen Überlieferung ist er der Verfasser eines nach ihm benannten legendären Buches, das in der → Kabbala eine wichtige Rolle spielt. In ihm sollen alle Geheimnisse des Universums enthüllt sein.

Die Legende erzählt, Raziel habe sein Buch auf Geheiß Gottes zum Trost an den gefallenen Adam übergeben, damit dieser wie in einem Spiegel alle Wesen der Welt und sich selbst als Ebenbild Gottes sehen könne. Später soll es an → Henoch gelangt sein und dann in die Hände Noahs, dem dadurch ermöglicht wurde, die Arche zu bauen. Schließlich tauchte es bei dem mittelalterlichen Autor Eleazar ben Juda von Worms (um 1176–1238) wieder auf, dessen Name durch Umstellung der Buchstaben als Anagramm „Raziel" ergibt (Schwab 145). Es enthält kunstvoll verschlüsselte, auch dem Eingeweihten kaum verständliche Aussagen über die Bedeutung der Buchstaben und die Welt der Engel sowie magische Rezepte und Anleitungen zur Herstellung von Amuletten. Im jüdischen Volksglauben diente der Besitz des Buches als Schutz vor Feuersgefahr.

Remiel → Ramael oder → Ramiel

Ridwan. In der islamischen Überlieferung der Name des Engels, der den Eingang zum Paradies bewacht.

Rochel. Einer der Engel aus den 72 → Schemhamphoras. Er hilft verlorengegangene Sachen wiederzufinden. Denn der bei seiner Anrufung zu zitierende Bibelvers lautet: „Der Herr ist mein (Erb-)-Gut und mein Anteil, du erhältst mir mein Erbteil" (Ps 16,5).

Roter Engel. In dem so benannten Gemälde Marc Chagalls stürzt der apokalyptische → Engel des Feuers herab auf eine ahnungslose friedliche Welt.

Rufael → Raphael

Rumael/Rumayal → Ramiel

S

Sabaot → Zebaoth

Sahriel (Mond Gottes), auch **Asdiel** oder **Izezeel**. Einer der Anführer jener Engel, die nach einigen Handschriften des Buches Henoch (→ Engelsünde) irdischen Frauen beiwohnten (äthHen 6,7).

Salatiel → Schealtiel

Sammael (aus hebr. *sam* = Gift und *el* = Gottheit), auch **Schamael, Semael** oder **Semel**. Nach einigen Handschriften des Henochbuches gehört er zu den Engel, welche mit irdischen Frauen schliefen (→ Engelsünde). In der jüdischen Überlieferung gilt er als Schutzengel des verhaßten Römerreiches, sein Name wird immer mehr zu einem Synonym für → Belial und für → Satan, der Sünde und Tod in die Welt gebracht hat. Nach einigen Schriften der → Kabbala ist er zusammen mit seiner dämonischen Gefährtin → Lilith oberster Herrscher über das Reich des Bösen.

Thomas Mann beschreibt nach Motiven der jüdischen Überlieferung zu Beginn des dritten Bandes von ‚Joseph und seine Brüder‘ die Vorgänge, die zum Sturz Sammaels, der hier Semael heißt, führten.

Samoil (aus hebr. *schemiel* = mein Name ist El), auch **Schemiel** oder **Semiel**. Ein Engel, der zusammen mit → Raguel als Begleiter → Henochs auf dessen Himmelsreise genannt wird (slawHen 33,6).

Samsapeel (aus hebr. *schamschiel* = Sonne Gottes), auch **Samsiel, Schamschiel** oder **Simapisiel**. Einer der Anführer jener Engel, die nach dem Buch Henoch (→ Engelsünde) irdischen Frauen beiwohnten (äthHen 6,7; 69,2).

Sanctus (lat. für heilig). Ein Gesangsteil in der katholischen Messe. „Sanctus, sanctus, sanctus, Dominus Deus Sabaoth. Pleni sunt coeli et terra gloria tua" (Heilig, heilig, heilig ist der Herr Gott der Heerscharen. Von seiner Herrlichkeit sind erfüllt Himmel und Erde). Der Text geht auf den Ruf der → Seraphim in der Berufungsvision des Propheten Jesaja zurück.

Sandalphon (von gr. *syn-adelphos* = mitbrüderlich). In der jüdischen Überlieferung ist er der Zwillingsbruder → Metatrons. Er lebt in ständigem Kampf mit dem bösen → Sammael und webt die Gebete Israels zu Blumenkränzen, um sie vor Gott zu bringen. Auch heißt es, Sandalphon sei stets zugegen, wenn ein Kind gezeugt wird, und er bewirke die geschlechtliche Differenzierung im Embryo, weshalb er für Schwangere wichtig sei (Dav. 257).

Nach einigen jüdischen Überlieferungen ist Sandalphon der nach seiner Himmelfahrt (2 Kön 2,11) in einen Engel verwandelte Prophet Elija, der als Nothelfer gilt.

Sarakiel, auch **Sarakael** oder **Sariel**. Nach dem außerbiblischen Henochbuch einer der sieben „Erzengel" (äthHen 20,6).

Sariel (Fürst Gottes). In einigen Handschriften des Henochbuches (Schwab 371 f.) statt → Uriel der Name eines der vier guten Engel, die Gott nach der → Engelsünde auf die Untaten der Riesen aufmerksam machen (äthHen 9,1).

Sarim (pl. von hebr. *sar* = Fürst). Sammelbezeichnung für hochrangige „Engelfürsten". Meist sind damit die siebzig → Völkerengel gemeint.

Sartael → Satreel

Satan. Das hebr. Wort *ha-satan* = der Widersacher/Ankläger war eine im profanen Bereich allgemein gebräuchliche Bezeichnung für einen Opponenten, in besonderen Fällen für den Ankläger vor Gericht, seltener für ein Geistwesen, das dem Menschen im Auftrag Gottes entgegentrat, wie in der Bileamgeschichte (Anhang 1.4.3). Dort sagt der „Engel des Herrn" (!) zweimal zu Bileam, er trete ihm als Satan entgegen (Num 22,22 und 32). Das wird – wohl durchaus sinngemäß – meist übersetzt mit „in feindlicher Absicht" (EÜ) oder „um ihm zu widerstehen" (Luther-Bibel). Dabei folgt man der Sep-

Satan, Stich des 19. Jahrhunderts

tuaginta, die ebenfalls an die Stelle von Satan, gr. *diabolos* (Verwirrer), ein Verb setzt und schreibt: *endiaballein auton*, also „um ihn [Bileam] zu verwirren".

„Der Satan" erhält schließlich sogar Funktionen, die in den frühen Texten Gott noch selbst wahrgenommen hatte: Prüfung und Versuchung der Menschen. Er wird allerdings zunächst noch nicht als ein gottfernes Wesen angesehen, sondern gehört, wie im Prolog des Buches Hiob, zu den → Göttersöhnen, die sich vor Jahwe versammeln. Offenbar hatte er die Aufgabe, die Erde zu durchstreifen, um im Himmel über das Tun der Menschen zu berichten.

Als Eigenname (ohne Artikel) kommt der Ausdruck „Satan" erst im ersten der beiden Chronikbücher aus dem vierten vorchristlichen Jh. vor (1 Chron 21,1). Er wird zum bösen Engel, der sich schon vor oder bei der Erschaffung der Welt gegen Gott gewandt hatte. Da seine Rebellion von den treu gebliebenen Engeln niedergeschlagen wurde (→ Engelsturz), habe er die Frau in Gestalt der → Schlange mit dem Versprechen „Ihr werdet wie Gott" getäuscht, um die Menschheit in seinen Sturz hineinzureißen.

In den Evangelien ist Satan der Böse schlechthin. Jesus sieht ihn

„wie einen Blitz vom Himmel fallen" (Lk 10,18), und in der Geheimen Offenbarung wird er mit der „alten Schlange" und dem „alten Drachen" gleichgesetzt, wenn sein Sturz geschildert wird: „... sein Schwanz zog den dritten Teil der Sterne [Engel] des Himmels hinweg und warf sie auf die Erde ... und Satan, der die ganze Welt verführt, und ward geworfen auf die Erde, und seine Engel wurden auch dahin geworfen" (Offb. 12, 4–10). Siehe auch → Luzifer.

In der Kunst wird Satan im ersten christlichen Jahrtausend nur selten figürlich vor Augen gestellt. Das früheste Bild findet sich in einer ägyptischen Kirche des 6. Jh. Es führt noch kein Monster vor, sondern einen Menschen, der nur durch seine Krallen und ein ironisches Lächeln als gefallener Engel gekennzeichnet ist. Auch die byzantinische und die von ihr beeinflußte Kunst der folgenden Jahrhunderte zeigt Satan und sein Gefolge meist nicht als Ungeheuer, manchmal sogar als „schöne" Verführer. Diese Tradition wird in der Neuzeit wieder aufgenommen, etwa von William Blake oder Gustave Doré, nachdem das Mittelalter bei der Darstellung des Jüngsten Gerichts und ähnlicher Sujets Satan – wie alle teuflischen Wesen an der blau-schwarzen Farbe erkennbar – immer garstiger gezeichnet hatte, zwar mit Krone und Szepter, aber mit grimassenhaft verzerrtem Gesicht und mit häßlichen Drachen- oder Fledermausflügeln.

Satanismus. Typisch für die beginnende Neuzeit ist ein wachsendes Interesse an einer psychologisierenden Charakterdeutung Satans. In John Miltons (1608–1674) berühmtem Versepos ‚Das verlorene Paradies‘, das Luzifers Rebellion und den Sündenfall im Paradies beschreibt, ist der eigentliche, wenn auch negative Held der durch seinen Hochmut gestürzte Satan. Während dieser jedoch für Milton die Verkörperung des gottlosen Chaos und der Unfreiheit ist, wurde er für einige englische Dichter sogar zum positiven Helden. William Blake (1757–1827) interpretiert ihn in ‚The Marriage of Heaven and Hell‘ als edlen Rebellen, der die starre Ordnung Gottes zerschlagen will, um allen Geschöpfen Licht und Erlösung zu bringen. Zu Beginn des 19. Jh. spricht man bei Autoren wie Byron, Keats und Shelley, die in der Verklärung des Düsteren, Krankhaften, sogar Grausamen schwelgen, von „Satanismus" als einer literarischen Richtung. Sie glauben wahrscheinlich nicht an einen real existierenden Satan, wollen aber unter diesem Topos die menschlichen Sehnsüchte nach selbstherrlicher Autonomie und uneingeschränkter Daseinslust verherrlichen, die von der offiziellen Lehre der Kirchen „verteufelt" würden. Typisch dafür ist Charles Baudelaire mit seinem Gedicht „Satanslitaneien":

> Der Engel weisester und schönster du hoch droben,
> O du gestürzter Gott, der Anbetung enthoben,
> Erbarme, Satan, dich auch meiner tiefen Qualen!
> O du, des Abgrunds Herr, dem Unrecht einst geschah,
> Du stehst, obgleich besiegt, viel herrlicher nun da,
> Erbarme, Satan, dich auch meiner tiefen Qualen!
> Der du allwissend bist, in Nacht hinabgeborgen,
> Der Menschen Heiland, du Vertrauter ihrer Sorgen,
> Erbarme, Satan, dich auch meiner tiefen Qualen ...
> Du Vater aller der, die Gottes eitles Prahlen
> Mit der Vertreibung aus dem Paradies bezahlen,
> Erbarme, Satan, dich auch meiner tiefen Qualen."

Charles Baudelaire, Satanslitaneien

Ein Nachklang dieser Einstellung findet sich noch in dem 1913 erschienenen frivol-ironischen Roman ‚Der Aufruhr der Engel' von Anatole France. Dort sammeln sich die Anführer der gefallenen Engel nach Art der zeitgenössischen Anarchisten im Paris der Belle Époque, um die Wiedereroberung des Himmels und den Sturz des tyrannischen Weltengottes zu organisieren. Doch sieht Satan am Ende ein, daß er als Sieger die Welt ebenfalls als Tyrann regieren müßte, und bricht das Unternehmen ab.

Satreel (Dämmerung Gottes?), auch **Satarel** oder **Sartael**. Einer der Anführer jener Engel, die nach dem Buch Henoch (→ Engelsünde) irdischen Frauen beiwohnten (äthHen 6,7).

Schaitan (arabisch für → Satan). Im Plural böse Geister, in der Einzahl vom Koran synonym für Iblis verwendet. So soll Schaitan die Königin von Saba und ihr Volk zur Anbetung der Sonne an Stelle von Allah verführt haben (Sure 28,23–24).

Schamael → Sammael

Schamdan, auch **Aschamdon**. Nach einer jüdischen Legende ein Dämon, der mit der schönen → Naamah jenen Dämon → Aschmodai zeugte, der aus der Geschichte von Raphael und Tobias bekannt ist (Anhang 1.3.5). Auch soll er Noah beim Pflanzen des Weinbergs geholfen haben und damit Noahs Trunkenheit herbeigeführt haben, wovon das biblische Buch Genesis (9,20 ff.) erzählt (DAV 270).

Schamschiel → Samsapeel

Schamyaza → Semyaza

Schealtiel (Ich habe ihn von Gott erbeten oder: Ich habe Gott befragt, nach Schwab 311), auch **Sealtiel** oder **Salatiel**. Er ist manchmal als einer der sieben → Erzengel angeführt. In der Bibel ist Schealtiel ein Eigenname aus der Linie der judäischen Könige (Hag 1,12), der auch unter den Ahnen Jesu auftaucht (Mt 1,12, Lk 3,27).

Schemhamphoras. Eine Gruppe von 72 Engeln, die in Beschwörungen und Magie angerufen werden, weil in ihrem Namen das Wort für Gott (-el oder -jah) enthalten ist. Dahinter steht die uralte Vorstellung von der ungeheuren Kraft, welche das Aussprechen eines Namens hervorbringen kann. Mit jedem dieser Engel ist ein kurzer Bibeltext verbunden, der die Kraft des Namens steigert. Siehe z. B. → Rochel.

Schemhazi/Schemichaza → Semyaza

Schemiel → Samoil

Schlange. Symbolgestalt der Verführung zum Bösen, seit man sie in der Erzählung vom Sündenfall des ersten Menschenpaares im Paradies mit → Satan identifizierte. Entgegen einer weitverbreiteten Meinung steht davon nichts im biblischen Text. Sie gilt dort zwar als listig (Gen 3,1) und klug (Mt 10,16) und wird zum Synonym für bösartige Menschen (Ps 140,4; Jes 59,4; Röm 3,13). In Gen 3,1 heißt es jedoch ausdrücklich, daß die Schlange eines der Tiere war, „die Gott gemacht hatte". Wenn sie zugleich den geschaffenen Tieren durch ihre Schlauheit als etwas Besonderes gegenübergestellt wird, ist das noch kein Hinweis darauf, daß der Erzähler eine außerirdische Macht ins Spiel bringen wollte. Es könnte eher sein, daß die sprechende Schlange die dramaturgische Funktion einer inneren

Stimme hat, die jene Aspekte der menschlichen Intelligenz repräsentiert, die man Mißtrauen und Zweifelsucht nennen kann. Für diese Interpretation spricht, daß das Buch Genesis auch sonst keinen Dualismus zwischen Gott und übernatürlichen Akteuren kennt, die ihm widerstreben, vielmehr in der Möglichkeit des Bösen eine im Menschen liegende Gegebenheit sieht, deren Ursprung nicht weiter erklärt zu werden braucht.

Der Grund, warum der biblische Erzähler gerade die Schlange heranzog, um Mißtrauen und Zweifel in der Frau zu wecken, können jene Mythen gewesen sein, die von einer Rivalität zwischen Tier und Mensch berichten. Im Gilgamesch-Epos war es die Schlange, die dem Helden das Kraut der Unsterblichkeit, das dieser aus der Tiefe des Meeres geholt hatte, heimtückisch im Schlaf entwendete und damit selbst Unsterblichkeit erlangte. Dafür spricht nach antiker Auffassung, daß sich die Schlange regelmäßig häutet, also immer wieder neu und jung entsteht. Da sich aus dem Erzählzusammenhang des Bibeltextes ergibt, daß der Mensch im Paradies, falls er nicht nach der verbotenen Frucht vom Baum der Erkenntnis griff, die Chance hatte, vom Baum des Lebens zu essen und dadurch unsterblich zu werden, liegt es nahe, daß die Schlange aus Eifersucht und Neid auf die bevorzugte Stellung des Menschen handelte. Denn Neid und Eifersucht spielen als Quelle böser Taten auch in anderen Erzählungen des Buches Genesis eine entscheidende Rolle; so beim Mord Abels durch seinen Bruder Kain, bei der Täuschung des Vaters um der Erstgeburt willen in der Geschichte Jakobs und beim Haß der Brüder auf den Liebling des Vaters in der Josefserzählung.

Erst in einigen Schriften der → Apokalyptik der Jahrhunderte um die Zeitenwende findet sich die Identifizierung der Paradies-Schlange mit Satan (z.B. ApocMos 15–20; Leben Adams und Evas 16). Sie wurde vom Christentum übernommen und ist in der Geheimen Offenbarung ausdrücklich formuliert: „... die alte Schlange, die Teufel oder Satan heißt und die ganze Welt verführt" (Offb 12,9).

Schreiberengel. Die Bibel spricht mehrfach, allerdings ohne ausdrücklichen Hinweis auf eine Verfasserschaft der Engel, von einem himmlischen Buch, das die Taten der Menschen (Ex 32,32; Ps 109,14; Ps 139,16; Jer 22,30; Offb 20,15) oder die Wahrheit (Dan 10,21) ent-

Engelschrift, Auszug aus dem Alphabet „Malachim",
nach: Robert Ambelain, ‚La Kabbale Pratique', Paris 1951

hält. Ein solches Buch, in dem die Zukunft der Menschen und Völker aufgeschrieben ist, muß vom Propheten Ezechiel (Ez,2,8–3,3) und vom Seher auf Patmos (Offb 5,1 und 10,8–11) sogar verschlungen werden.

Dahinter steht offenbar die Vorstellung, daß Engel mit der schriftlichen Fixierung der göttlichen Geheimnisse beauftragt sind. Tatsächlich ist im außerbiblischen Schrifttum der Zeitenwende die Rede von himmlischen Tafeln oder Buchrollen, auf denen die bösen Taten (Jub 30,23) oder die Geschichte der Menschheit im voraus aufgezeichnet sind (äthHen 81,1–2; 91,1; 106,19; 107,1). Als Schreiber wird einmal ein anonymer Engel genannt (äthHen 89,61–62; 90,14), an anderer Stelle ein Engel namens → Vrevoil (slawHen 22,10–11). Zu erwähnen in diesem Zusammenhang ist auch das Buch des Engels → Rasiel. Eine Ausgabe aus dem 17. Jh. demonstriert zwischen dem hebr. Text sogar Muster einer eigenen, angeblich von den Engeln verwendeten Schrift.

Nach dem Koran sitzen auf den Schultern eines jeden Menschen zwei Engel, der zur Rechten notiert die guten Taten, der zur Linken die schlechten (Sure 50,17–19; auch 43,80 und 82,10–12).

Schrift der Engel → Schreiberengel

Schutzengel. Während heute vom Wirken der Engel im Kosmos und in der Völkergeschichte kaum noch die Rede ist, hat sich der Glaube an ihren Beistand im persönlichen Bereich als bemerkenswert widerstandsfähig erwiesen. Er reicht quer durch die Konfessionen und ist auch vielen Menschen, die den Kirchen fern stehen, nicht fremd. Man redet deshalb gerne von einem Schutzengel, wenn jemand ohne andere Erklärung bei einem Unfall unversehrt bleibt, aus lebensbedrohender Not und Krankheit gerettet wird oder vor einer wichtigen Entscheidung plötzlich den richtigen Weg erkennt. Bei solchen „Schutzengel-Erlebnissen" steht die beglückende Gewißheit im Vordergrund, daß das Dasein ein Geschenk ist, wobei das Wissen, daß das Geschehen auch „natürlich" erklärbar sein kann, ebenso belanglos ist wie das Wissen darum, daß ständig viele Unfälle passieren, ohne daß ein Engel eingreift.

Ausgangspunkt für die Entwicklung der Vorstellung von einem schützenden Eingreifen der Engel waren die Berichte im Alten Testament über Hagar und Elija (Anhang 1.1.1 und 1.1.6), über Raphael

Schutzengel, Stich nach einem Gemälde von Hermann Kaulbach, um 1900

und Tobias (Anhang 1.3.5) oder über die wunderbaren Errettungen im Buch Daniel (Anang 1.3.1 und 1.3.2). In all diesen Fällen wird die Hilfe der Engel allerdings nur in konkreten Situationen wirksam. Die Vorstellung, daß jedem Menschen auf Dauer ein besonderer Engel zugeteilt sei, hat sich erst relativ spät entwickelt. Im außerbiblischen jüdischen Schrifttum der letzten vorchristlichen Jahrhunderte nimmt man zunächst an, jedem Menschen seien zwei Engel beigegeben, ein guter und ein böser, die jeweils für entsprechende Einflüsterungen verantwortlich wären. Oder es wird behauptet, daß jeder Mensch einen unsichtbaren geistigen → Doppelgänger an seiner Seite habe.

149

Diese und ähnliche Theorien werden von den christlichen Schriftstellern der ersten Jahrhunderte zunächst noch weiter tradiert, bis sich dann im Mittelalter die endgültige Vorstellung von einem jedem Menschen beigegebenen Engel durchsetzt, der in Notsituationen beschützt und zu guten Taten inspiriert. Gerne wird dafür auf Psalm 91 verwiesen, den Jesus bei seiner Versuchung durch Satan zitierte: „Er hat seinen Engeln befohlen, daß sie dich behüten auf allen deinen Wegen, daß sie dich auf Händen tragen und du deinen Fuß nicht an einen Stein stoßest" (Mt 4,6).

Hinsichtlich ihres Ranges innerhalb der → Engelchöre nimmt man meist an, daß sich die Schutzengel aus dem neunten Chor der „gemeinen Engel" rekrutieren, während einige Theologen meinen, daß sie einen eigenen, zehnten Rang bilden. Auf katholischer Seite erlebt die Verehrung der Schutzengel im Zuge der Gegenreformation ab dem 17. Jh. einen großen Aufschwung. Sie werden in der Predigt und in zahllosen Handbüchern als Seelenführer empfohlen, die zu guten Taten anleiten und den Sünder auf den rechten Weg zurückführen. Ihnen ist auch ein besonderes Fest gewidmet, das gegen Ende des Mittelalters in Spanien entstand und 1670 für den 2. Oktober in der Gesamtkirche eingeführt wurde.

Gebet:

Abends, wenn ich schlafen geh,
vierzehn Engel bei mir stehn:
Zwei zu meiner Rechten, zwei zu meiner Linken,
zwei zu meinen Häupten, zwei zu meinen Füßen,
zwei die mich decken, zwei die mich wecken,
zwei die mich weisen zu des Himmels Paradeisen.

Sealtiel → Schealtiel

Seelengeleiter → Psychopompos

Selia. In Klopstocks ,Messias' ein im III. Gesang häufig genannter → Seraph, der vom Himmel herabstieg, um den Messias und seine Jünger zu sehen, die ihm andere Engel vorstellen.

Semel → Sammael

Semiel → Samoil

150

Semyaza (mein Name sah), auch **Schemichaza, Semjaza, Amezyarak** oder **Amizaras**. Nach dem Buch Henoch (→ Engelsünde) ist er der oberste Anführer jener Engel, die irdischen Frauen beiwohnten (äthHen 6,3 und 7; 69,2). Er lehrte einst die Menschen die Kunst der Beschwörungen und des Wurzelschneidens (ebd. 8,3), womit die auch als Schadenzauber verwendbare Heilkunst gemeint ist. Da man Krankheiten für dämonisch-magisch verursacht hielt, war die Anwendung von Heilpflanzen stets mit Beschwörungsriten verbunden.

Sephiroth → Kabbala

Seraphim (Pl. von *seraph*). Zum himmlischen Hofstaat gehören neben den → Cherubim einige geheimnisvolle Wesen, die, dem Ritual der antiken Königsakklamation folgend, ohne Unterlaß das Lob Gottes verkünden. Unter den neun → Engelchören stehen sie an erster Stelle. Sie haben sechs Flügel und glühen vom Feuer ekstatischer Liebe zu Gott, die sie unablässig das „Heilig, heilig, heilig" singen läßt.

> In dem Jahr, als der König Usija starb, sah ich den Herrn sitzen auf einem hohen und erhabenen Thron, und sein Saum füllte den Tempel. Seraphim standen über ihm; ein jeder hatte sechs Flügel: mit zweien deckten sie ihr Antlitz, mit zweien deckten sie ihre Füße, und mit zweien flogen sie. Und einer rief zum andern und sprach: „Heilig, heilig, heilig ist der Herr Zebaoth, alle Lande sind seiner Ehre voll!" Und die Schwellen bebten von der Stimme ihres Rufens, und das Haus war voll Rauch. Da sprach ich: „Weh mir, ich vergehe! Denn ich bin unreiner Lippen ... Da flog einer der Seraphim zu mir und hatte eine glühende Kohle in der Hand, die er mit einer Zange vom Altar nahm, und rührte meinen Mund an ... Und ich hörte die Stimme des Herrn, wie er sprach: „Wen soll ich senden? Wer will unser Bote sein?" Ich aber sprach: „Hier bin ich, sende mich!"
>
> *Buch Jesaja 6,1–8*

Das Wort Seraph, ursprünglich der Name einer Wüstenschlange (Num 21,6), ist verwandt mit *saraph* = brennen, vermutlich wegen ihres schmerzhaft-brennenden Bisses, was später als Feuer der Liebe gedeutet wurde. Zur Steigerung der Gefährlichkeit stellte man sich die Seraphim als geflügelte Schlangen vor, vermutlich eine Entlehnung der vierflügeligen Uräen; das sind die Schlangen, die in Ägypten König und Thron beschützten.

151

Jesajas Vision der Berufung, Buchmalerei zu einem Jesaja-Kommentar, Reichenau, Ende 10. Jahrhundert

Der einzige Bericht der Bibel über diese geflügelten Geistwesen findet sich beim Propheten Jesaja (8. Jh. v. Chr.). Er sieht im Jerusalemer Tempel feurige Mischwesen, deren drei Flügelpaare nicht nur zu schweben erlauben, sondern auch dazu dienen, zum Zeichen des Abstandes zu Gott das Gesicht und die – euphemistisch als Beine bezeichnete – Scham zu verdecken (Jes 6).

152

seraphisch. Von den → Seraphim abgeleitete Bezeichnung für den hl. Franz von Assisi (1181/82–1226), seinen Orden und einige damit verbundene geistliche Gemeinschaften. Sie erklärt sich aus der Art und Weise, wie Franz die Wundmale Christi eingeprägt erhielt. Als der Heilige eines Morgens um das Fest der Kreuzerhöhung am Bergeshang betet, sieht er einen Seraph mit sechs feurigen, leuchtenden Flügeln vom Himmel herabschweben. Zwischen den Flügeln erkennt der Heilige eine Gestalt, deren Hände und Füße zur Kreuzesgestalt ausgestreckt und ans Kreuz geheftet sind, und er spürt, wie seine Hände und Füße sowie seine Brust verwundet werden. Nach dem Ende der Vision stellt Franz zu seiner Verwunderung fest, daß sich auf seinen Händen und Füßen Auswüchse in Form von Nagelköpfen befinden und aus einer Seite – wie bei der Kreuzigung Jesu – Blut austritt.

Wenn man Franz von Assisi in der Folge gerne als „pater seraphicus" bezeichnete, mag auch mitgespielt haben, daß Joachim von Fiore (um 1130–1202) in seinen Schriften über die drei Zeitalter – des Vaters, des Sohnes und des Heiligen Geistes – den baldigen Anbruch des neuen Reichs des Geistes mit einem „ordo seraphicus" angekündigt hatte, eine Prophezeiung, die man in Franziskus und der von ihm gegründeten Gemeinschaft erfüllt sah.

Simapisiel → Samsapeel

Siona. In Klopstocks ‚Messias' ein → Seraph, Schutzengel des Apostels Bartholomäus (III 288).

Sipha. In Klopstocks ‚Messias' ein → Seraph, Schutzengel des Apostels Andreas (III 189).

Silver Seraph. Die Nobelmarke Rolls-Royce hat ihr repräsentativstes Fahrzeug „Silver Seraph" getauft. Vielleicht ließ man sich dabei vom Oxford English Dictionary inspirieren, das den → Seraph als „himmlisches Wesen von höchster Ordnung, das vor allem mit Licht, Leidenschaft und Reinheit in Verbindung gebracht wird", beschreibt. Offenbar soll dieser Name für ein Auto, das trotz seiner 2,3 Tonnen ausreichend Agilität und Temperament besitzt, um in 7 Sekunden eine Geschwindigkeit von 100 Stundenkilometern zu erreichen, jene Mischung aus Eleganz und Luxus, Leistung und

Komfort symbolisieren, die in den Augen des Käufers den stolzen Preis von 150 000 Pfund aufwärts rechtfertigt.

Sophia, oft auch unter dem Namen **Pistis Sophia** (Glaube – Weisheit). In der → Gnosis ein weiblicher → Äon, manchmal als das Urprinzip und die Mutter des Weltschöpfers, manchmal als ein Mittlerwesen. Sophia spielt auch eine wichtige Rolle in der → Theosophie.

In einigen späten Schriften des Alten Testaments, dem Buch der Weisheit und dem Buch Jesus Sirach, wird die göttliche Weisheit zwar bereits in personifizierter Gestalt dargestellt, als Beraterin bei der Weltschöpfung und sogar als Braut Gottes oder als Predigerin, die sich an die Wege stellt, um die Menschen zu belehren. Es ist jedoch umstritten, ob die Verfasser dieser Texte dabei an ein eigenständiges Geistwesen denken oder lediglich eine poetisch-figürliche Redeweise verwenden. In der christlichen Theologie wird die biblische Gestalt der Weisheit schon sehr früh mit Christus und bald auch mit der Gottesmutter Maria identifiziert.

Sorath. Eine böse Macht, die die geheimnisvolle, übelbringende Zahl 666 trägt, welche den Weg zu den Geheimnissen der schwarzen, d. h. der schadenbringenden, Magie öffnet. Sie wird in der → Kabbala mit dem römischen Kaiser Nero, im Okkultismus mit dem Geist der Sonne identifiziert (Dav. 277).

Für die → Anthroposophie Rudolf Steiners ist Sorath als Sonnendämon eine der stärksten unter den bösen Mächten. Er werde, so sagt Steiner voraus, gegen Ende des 20. Jh. (666 x 3 = 1998) von vielen Menschen Besitz ergreifen, die sich mit gewaltiger Kraft und heftigen Emotionen gegen alles Geistige wenden. Der Erzengel → Michael, der gute Geist dieses Zeitalters, werde jedoch über ihn den Sieg davontragen.

Über die Person, die mit der in der Geheimen Offenbarung (13,18) genannten Zahl 666 gemeint ist, wurde viel gerätselt. Am wahrscheinlichsten ist die Hypothese, daß es sich um Kaiser Nero, den grausamen Verfolger von Juden und Christen, handelt. Da im Hebräischen die Buchstaben auch Zahlen bezeichnen, ergeben die gr. Buchstaben von „Neron Qesar" (ohne E und A, die im Hebräischen unbeachtet bleiben) als Summe 666, wenn sie mit den Zahlwerten des hebr. Alphabets gelesen werden: N=50 + R=200 + O=6 + N=50 + Q=100 + S=60 + R=200.

Sphärenmusik → Engelmusik

Sprache der Engel. Der Beginn des berühmten „Hohenlieds der Liebe" des Apostels Paulus: „Wenn ich in den Sprachen der Menschen und der Engel redete…" (1 Kor 13,1), zeugt davon, daß man im antiken Judentum den Engeln eine eigene, den Menschen normalerweise unverständliche Sprache zuschrieb. Von einigen Vertretern der christlichen Wüstenmönche in den ersten Jahrhunderten, z.B. Pachomius, wird berichtet, sie hätten die besondere Sprache der Engel verstanden.

Es gab lange die Meinung, die Engel würden Hebräisch sprechen. Denn das Jubiläenbuch, das von einer Himmelsreise Abrahams berichtet, weiß zu erzählen, der Patriarch habe durch den wunderbaren Eingriff eines Engels wieder erlernt, die ursprüngliche und bis zu seiner Zeit vergessene „Sprache der Schöpfung", nämlich das Hebräische, zu sprechen und zu schreiben (Jub 12,25–27).

Ausgehend von den Schriften der → Kabbala, besonders dem Buch des → Schreiberengels → Rasiel, hat der englische Alchemist und Mathematiker John Dee (1527–1608), Astrologe der Königin Elisabeth I., mit Hilfe von spiritistischen Medien ohne viel Erfolg die Engelsprache zu lernen versucht, die er nach → Henoch als „Henochianisch" bezeichnete. Genaueres zu dem Thema weiß hingegen der durch seine visionären Erlebnisse mit Geistwesen berühmte Emmanuel von Swedenborg (1688–1772) zu berichten. Nach ihm atmen die Engel eine für ihre Lungen geeignete Atmosphäre und können nicht nur sprechen, sondern auch schreiben. Dabei sei es merkwürdig, daß sie Gefühle mit Vokalen, Ideen mit Konsonanten und ihre gesamte Mitteilung mit Worten ausdrückten. Die menschliche Sprache mit ihren Zweifeln und Ideen, Konflikten und Argumenten könnten sie allerdings nicht sprechen, da sie nur Äußerungen hervorbrächten, die in vollkommener Aufrichtigkeit mit ihrer allumfassenden und bedingungslosen Liebe übereinstimmten. Deshalb müßten fehlbare Menschen manchmal als Kanäle fungieren, um zum Ausdruck zu bringen, was die Engel selbst nicht sagen können.

Spuren der Engel. Diesen Ausdruck verwendet der Soziologe Peter L. Berger in seinem gleichnamigen Buch zur Bezeichnung von Transzendenzerfahrungen. Nach ihm lassen sich „Spuren der En-

155

gel" darin finden, daß dem Menschen immer wieder Einsichten zuteil werden, die weder das oberflächliche Alltagsbewußtsein noch die bloß naturwissenschaftlich-technische Sicht der Wirklichkeit vermitteln und bei denen er deutlich spürt, daß sie nicht aus ihm allein stammen können. Er erfährt plötzliche Eingebungen verschieden starker Intensität, die ihm als Aufforderungen zu oder Warnungen vor einem Tun Alternativen des sittlichen Handelns aufzeigen, oder er findet in Krisensituationen zur Gewißheit, daß er so und nicht anders handeln soll, was immer die Folgen sein mögen.

> Sagt mir doch nicht
> Es gäbe keine Engel mehr
> Wenn Ihr die Liebe gekannt habt
> Ihre rosigen Flügelspitzen
> Ihre eherne Strenge.
>
> *Marie Luise Kaschnitz*

Sterne. Während die Himmelskörper in der antiken Welt für Götter gehalten werden, sieht die biblische Religion in ihnen beseelte Geistwesen, die von Gott geschaffen wurden und ihm als Teil der himmlischen → Heerscharen unterstehen. So werden die Sterne, die in der Mythologie Kanaans als Quelle des Regens gelten, in einem der ältesten Texte der Bibel, dem Deboralied, sogar als „Kämpfer" bezeichnet; denn der Sieg der israelitischen Bauern wird dort einem plötzlichen Gewitterregen zugeschrieben, der die Streitwagen der kanaanäischen Könige im Schlamm steckenbleiben ließ (Ri 5,20–21). Und das Buch Hiob spricht von den „Morgensternen, die jauchzten", als Gott, der Herr, die Welt erschuf. Die Gleichsetzung mit Engeln dürfte auch für die in der Geheimen Offenbarung erwähnten „Sterne" (1,20; 8,10; 9,1) gelten, wie schon das außerbiblische Henochbuch die wegen der → Engelsünde verworfenen Engel als „Himmelssterne, die Gottes Befehl übertraten", bezeichnet hatte (äthHen 21,6).

Das Judentum der Zeitenwende übernimmt den in der Antike verbreiteten Gedanken, daß die Menschen nach ihrem Tod zu Sternen würden und somit in der künftigen Heilszeit in engster Gemeinschaft mit den Engeln lebten.

156

Suffix-Engel → Namen der Engel

Sukkubus (von lat. *succumbere* = darunter liegen). Ein weiblicher Dämon, der den Männern im Traum eine sexuelle Begegnung vorgaukelt, die zum Samenerguß führt. Im Hexenglauben war es der Teufel in Gestalt einer Frau. Das männliche Pendant dazu war der → Inkubus.

Suriel. In einigen Handschriften des Henochbuches wird er an Stelle von → Sarakiel unter den sieben „Erzengeln" aufgezählt (äth-Hen 20,6). Die jüdische Überlieferung schreibt ihm Heilkräfte zu und sieht ihn als Lehrer der Hygiene (Dav. 280).

T

Tamiel (Vollkommenheit Gottes), auch **Tummiel, Tumael** und **Temel**. Einer der Anführer jener Engel, die nach dem Henochbuch (→ Engelsünde) irdischen Frauen beiwohnten (äthHen 6,7; 69,2). Er soll die Menschen die Sternenkunde gelehrt haben (äthHen 8,3).

Taufengel. Aus der Vorstellung, daß bei der Taufe eines Kindes sein Schutzengel zugegen ist, entwickelt sich in manchen Gegenden in der Barockzeit der Brauch, eine Engelsfigur von der Kirchendecke herabzulassen, mit der wassergefüllten Taufschale in den Händen. Jean Paul hat eine solche Szene in seinem ‚Leben des Quintus Fixlein' geschildert.

Temel → Tamiel

Temeluch, (von gr. *tamia* = Wirtschafterin und *locheia* = Entbindung?), auch **Temlakos** oder **Temleyakos**. Nach der apokryphen ‚Petrusoffenbarung' aus der Mitte des 2. Jh. n. Chr. ein Engel, der einerseits die Seelen der abgetriebenen oder ausgesetzten Kinder bewahrt und im Jenseits zu Gott führt, andererseits die Eltern nach deren Tode mit den Kindern konfrontiert und bestraft.

Theosophie (Gottesweisheit). Unterschiedliche, von der Antike bis heute lebendige, von pantheistischen Tendenzen geprägte Strömungen am Rande oder außerhalb der offiziellen Glaubensgemeinschaften. Ihre Anhänger suchen durch Meditation und visionäre Erlebnisse, in denen häufig Engel und andere Geistwesen auftreten, und durch das Studium uralter geheimnisvoller Überlieferungen zu einer höheren Wahrheit vorzudringen, als es dem unerleuchteten Verstand oder dem bloßen Glauben möglich ist.

Teufel. Eine Bezeichnung für → Satan. Aus dem gr. Verb *diaballein* (durcheinanderwerfen) entstand das Substantiv *diabolos* für „Verwirrungstifter", das vermutlich über die Bibelübersetzung des Gotenbischofs Wulfila (4. Jh.) als Lehnwort in die deutsche Sprache kam.

Theliel. Er gilt im Zauberglauben als ein Engel, dessen Anrufung bei Liebeskummer die Gunst des oder der Angebeteten verschafft (Dav. 288).

Throne (hebr. *ophanim*, gr. *thronoi*). Sie bilden in der Hierarchie der → Engelchöre den dritten Chor. In der Bibel werden sie nur ein einziges Mal erwähnt, in einem der Paulusbriefe (Kol 1,16). Die Überlieferung sieht in ihnen den Widerschein der Gerechtigkeit Gottes, die im Bild des herrscherlichen Throns zum Ausdruck kommt.

Todesengel. Während der Koran ausdrücklich einen „Engel des Todes" erwähnt (Sure 13,23), kennt die Bibel noch keinen Engel, der den Individuen im Auftrag Gottes den Tod bringt. Das Alte Testament stellt sich das Sterben des Einzelmenschen als den endgültigen Verlust an Lebenskraft vor, der ihn als Schatten ins Totenreich gehen läßt. Oder es sieht das Sterben dadurch verursacht, daß Gott den Lebensatem, den er dem Menschen bei der Geburt eingehaucht hatte (vgl. Gen 2,7), wieder zurücknimmt. Der → Verderberengel läßt eher an Pest oder ähnliche Epidemien, also kollektive Katastrophen, denken.

Manchmal wird der Tod in biblischen Texten (z.B. Ps 49,15; Hos 13,14) auf eine poetische Weise personifiziert, die an den kanaanäischen Gott Mot, den Bruder Baals und Herrscher in der Unterwelt, erinnert, worauf auch die Namensgleichheit mit dem hebr. Wort für Tod hinweist. Die Bildersprache der kanaanäischen Mythologie taucht auch auf, wenn der Prophet Jeremia das Bild vom „Schnitter Tod" gebraucht (9,20–21).

Ein Wandel bahnt sich erst in hellenistischer Zeit an, unter dem Einfluß der griechischen Philosophie, die den Menschen als etwas Zusammengesetztes aus einem stofflich-körperlichen und einem unstofflich-geistigen Prinzip versteht. Man sieht jetzt den Tod auch als eine Trennung dieser beiden Prinzipien voneinander, wobei die Seele des Gerechten bei Gott weiterlebt (Weish 3,1–3). Da sich gleichzeitig die Auffassung verbreitet, jedes Einwirken Gottes auf die Welt werde durch einen besonderen Engel repräsentiert, lag die Vorstellung von einem Todesengel nahe, dessen Aufgabe es ist, die

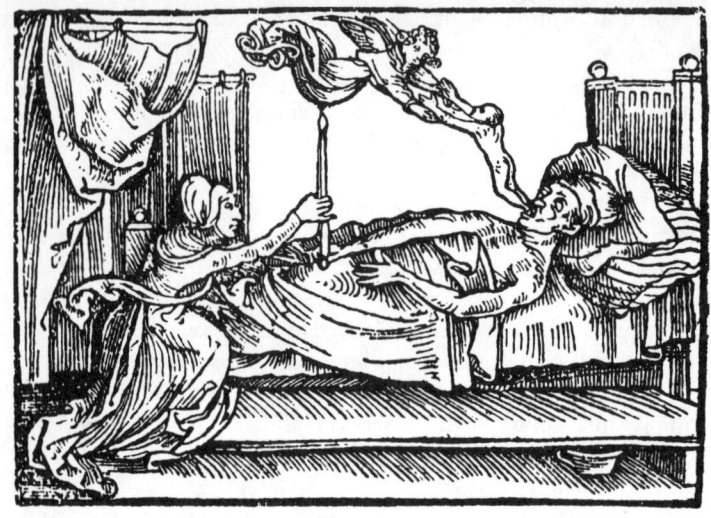

Todesengel, Holzstich aus Reiter, ‚Mortilogus‘, 1508

Seele vom Leib zu trennen. Er bleibt entweder namenlos (z. B.
ApocBar 21,23) oder wird mit → Satan in Verbindung gebracht, da
das Sterben als ein unerwünschtes und zerstörerisches Ereignis erfahren wird. Als andere Kandidaten für das Amt werden beispielsweise → Abaddon/Apollyon oder → Metatron genannt. Im Islam
heißt sein Träger → Azrael/Azrail.

> Sprich: Fortnehmen wird euch der Engel des Todes,
> der mit euch betraut ist.
> Alsdann werdet ihr zu eurem Herrn zurückgebracht.
>
> *Koran Sure 32,11*

Tumael/Tummiel → Tamiel

Turel/Turyal → Zuriel

U

Ufos → Außerirdische

Umbiel. In Klopstocks ‚Messias' ein → Seraph, Schutzengel des Apostels Thomas (III 263).

Unschuldsengel. Ironisch für jemanden, der seine Schuld hinter einer engelhaften Miene verbirgt.

Unterscheidung der Geister. Mit diesem Ausdruck wird in der christlichen Spiritualität ein Bemühen um Kriterien bezeichnet, mit deren Hilfe man erkennen kann, ob eine innere Regung von Gott bewirkt wurde oder von eigennützigen Trieben oder gar von gottfeindlichen Mächten.

Schon in der Zeit des Alten Testaments stellt sich immer wieder die Frage, ob die Propheten bei ihren Weissagungen tatsächlich vom → Geist Gottes inspiriert sind. Ein erstes Kriterium findet sich im Buch Deuteronomium (18,21–22): Das Eintreffen einer Weissagung zeigt an, daß Gott durch den Propheten gesprochen habe – eine Regel, die doch sehr rudimentär bleibt. Darauf weist schon, nicht ohne Ironie, das biblische Buch Jona hin, in dem sich der Prophet bei Gott darüber beklagt, daß sich seine Unheilsweissagungen über Ninive nicht erfüllten (Jona 4,2).

Bei den frühen Mönchen der ersten christlichen Jahrhunderte, die in der Einsamkeit der Wüste mit unterschiedlichen inneren Erlebnissen konfrontiert wurden, entwickelte sich dann die Deutung psychischer Erfahrungen als ein Ringen zwischen Eingebungen, die von Gott kamen, und solchen, die auf Satan und seine Geister zurückgingen. So soll beispielsweise Antonius (um 250–356), einer der großen Mönchsväter, während seines Wüstenlebens vielen Anfechtungen der bösen Geister ausgesetzt gewesen sein, was später in der Kunst gerne dargestellt wurde. Der Teufel erschien ihm als Riese, als schwarzes Kind oder in Begleitung verführerischer Frauen. Andere Geister kamen in häßlichen Tiergestalten und

161

drohten, ihn zu zerreißen. Oder sie stellten ihm Goldklumpen und silberne Schüsseln vor Augen, um ihn durch die Begierde nach Reichtum zu verführen.

Auch Ignatius von Loyola (1491–1556) deutet den Widerstreit zwischen guten und bösen Regungen im Menschen als Geister- oder Engelkampf. Ausgangspunkt ist die Beobachtung, daß der gute Engel echte geistliche Freude in der Seele verbreitet und diese in der Erkenntnis und Verwirklichung des Guten voranschreiten läßt, während der böse Engel in der Seele Bilder sinnlicher Freuden und irdischer Genüsse hervorruft, um sie in ihren Lastern und Sünden festzuhalten. Da sich aber → Satan nicht selten als „Engel des Lichts tarnt", wie dies schon der Apostel Paulus an die Gemeinde in Korinth geschrieben hatte (2 Kor 11,14), fügt Ignatius seinen ‚Geistlichen Übungen‘ als Anhang „Regeln zur Unterscheidung der Geister" bei, in denen er die uralten Einsichten der Mönche in ihre inneren Seelenregungen auf Grund seiner eigenen Erfahrungen systematisiert.

Urian. In der Welt der Sagen als „Meister Urian" manchmal ein Name für den Teufel.

Urim. In Klopstocks ‚Messias‘ der Name eines → Cherub. Im Alten Testament bezeichnet das Wort einen heute nicht mehr genauer bekannten Gegenstand, mit dessen Hilfe die Priester Orakel vermittelten. Man vermutet, es habe sich um Steine oder Stäbchen verschiedener Form und Farbe gehandelt.

Uriel (Gott ist mein Licht). Er wird in der Bibel selbst nicht genannt, wohl aber in einigen außerbiblischen Schriften der Zeitenwende, besonders im Buch Henoch, wo er zusammen mit → Michael, → Gabriel und → Raphael an Gott die Untaten der bösen → Wächter meldet (äthHen 9,1–10) und von Gott zu Noah gesandt wird, um diesen vor der drohenden Sintflut zu warnen (äthHen 10,1–3). Er wird dort sogar an erster Stelle unter den sieben höchsten Engeln aufgezählt, als Herrscher über die Welt und den Tartarus/Hades (äthHen 20,2) und Führer der Gestirne (slawHen 4 und 19). Auch fungiert er mehrfach auf Henochs Himmelsreise als Deute-Engel (äthHen 19; 21,5; 33; 82,7), eine Aufgabe, die er auch im IV. Buch Esra wahrnimmt (4,1; 5,20 u. a.). Dort wird Esra, der als großer Gelehrter gilt, in langen professoralen Exkursen über Himmel und Erde und den Verlauf der Weltgeschichte belehrt. Nach einer anderen Überlieferung öffnet Uriel beim Weltgericht die Tore der Unterwelt und bringt die Toten vor Gottes Richterstuhl (Sib 2. Buch).

Noch bei den Kirchenvätern der ersten christlichen Jahrhunderte stand Uriel in hohem Ansehen, bis seine Verehrung wegen der fehlenden Nennung in der Bibel von der römischen Kirche auf der Synode von 745 verboten wurde. Die äthiopische Kirche hingegen, welche das Buch Henoch als Teil der Bibel ansieht, feiert bis heute sein Fest am 15. Juli.

Uriels Attribute in der Kunst sind Schwert und Flamme sowie eine Laterne oder eine Weihrauchschale. Seine Figur, ursprünglich eine von vier Erzengeln am Dogenpalast in Venedig, krönt jetzt die Spitze des Campanile am Markusplatz.

In Miltons ‚Verlorenem Paradies' ist Uriel einer der sieben → Erzengel (3,837) und „Regent der Sonne" (9,72), weshalb er einmal poetisch als „die Abendluft auf einem Sonnenstrahl durchgleitend" beschrieben wird (4,742f.).

Uzziel (Auge/Stärke Gottes), auch **Usiel**. Nach der → Kabbala einer der sieben Engel vor Gottes Thron, Herrscher über die vier Winde. In John Miltons ‚Verlorenem Paradies' wird er als rangnächster zu → Gabriel erwähnt (4,1038).

V

Verderber(-engel). Im Bibeltext vom Auszug der Israeliten aus Ägypten spricht Gott an einer Stelle zu Moses vom „Verderber" oder „Vernichter" (hebr. *maschchit*, gr. *olothreutes*), der in der Passahnacht den Erstgeborenen den Tod bringen wird (Ex 12,23), obwohl kurz zuvor und kurz danach (12,12 bzw. 12,29) Gott selbst die Tötung zugeschrieben wird. Die Bibelwissenschaftler meinen, daß sich bei der Rede vom „Verderber" die archaische Vorstellung von einem Mitternachtsdämon erhalten habe, der durch Bestreichen der Türe mit Blut abgewehrt werden könne.

In manchen Erzählungen der Bibel hingegen ist es der „Engel des Herrn", der Verderben bringt, beispielsweise als König David es wagt, eine Volkszählung durchzuführen, damals eine Vermessenheit (2 Sam 24; 1 Chron 21,15). Siehe Anhang 1.4.1. Eine ähnliche Erzählung, in der sich das Verderben nun gegen einen äußeren Feind richtet, spielt zwei Jh. später, als Sanherib, der König von Assur, Jerusalem belagert und der Engel des Herrn das Lager der Assyrer schlägt, so daß ihr König die Belagerung aufhebt und nach Hause zurückkehrt (2 Kön 1,13–19; Jes 36 und 37). Siehe Anhang 1.4.2.

Doch nicht nur im Alten, auch im Neuen Testament taucht der Verderberengel auf. So bestraft → Gabriel den zunächst ungläubigen Priester Zacharias mit zeitweiliger Stummheit (Anhang 2.1.1), ein ungenannter „Engel des Herrn" schlägt den König Herodes Agrippa wegen eines frevelhaften Wortes mit einer tödlichen Krankheit (Anhang 2.4.7), und der Apostel Paulus sieht in seiner Krankheit, meist als Epilepsie gedeutet, einen Engel Satans am Werk, den Gott nicht an seinem Tun hindern wollte (2 Kor 12,7–9).

Diese heute befremdlichen Unheilserzählungen zeigen, daß der biblische Engel Funktionen übernahm, die in der Götterwelt anderer Völker einzelnen Gottheiten zugeschrieben wurden, die je nach Laune Heil über die einen und Unheil über die anderen brachten. Man ist erinnert an Episoden in der gr. Mythologie, in denen sich ein Sterblicher den Zorn einer Gottheit zuzieht. Etwa wenn Apoll die Stadt Troja mit Pestpfeilen beschießt, weil ihr König ihn erzürnt hatte (Ilias 21,441 ff.). Für das frühe Israel hingegen war der Eine Gott Ursache allen Geschehens im Himmel oder auf der Erde. Die Überzeugung, daß sein Wesen Schöpfermacht und Zerstörung in einem unauflöslichen Ganzen umschließt, ist deutlich in Jesaja 45,7 ausgesprochen, wenn Gott von sich sagt, „Der ich das Licht mache und schaffe die Finsternis, der ich Frieden gebe und schaffe das Übel".

Als dann später aus dem → Engel des Herrn eine abgetrennte Wesenheit wurde, wurde auch der dunkle, zerstörerische Aspekt Gottes in die Engelwelt verlegt. Neben den Wohltaten spendenden Engeln gab es somit auch die Pest- und den → Todesengel, die aber als gehorsame Boten des Allerhöchsten galten.

Verehrung der Engel → Engelkult

Vermittler des Gesetzes. Um die Zeitenwende ist es allgemeine jüdische Auffassung, daß das Gesetz vom Sinai dem Moses durch Engel übermittelt worden war (vgl. Jub 1,27–29; ApocMos 1). Davon finden sich Spuren auch im Neuen Testament, nämlich in der Rede des Stephanus in der Apostelgeschichte (7,38 und 53), bei Paulus (Gal 3,19) und im Hebräerbrief (2,2).

vita angelica → engelgleiches Leben

Völkerengel. Das Wirken der Engel vollzieht sich nicht nur im kosmischen Bereich oder in der Vermittlung von Botschaften an einzelne Menschen. Als Schutzmächte von Völkern bilden sie auch ein himmlisches Gegenstück zu den politischen Gemeinschaften auf der Erde: „Als der höchste den Völkern Land zuteilte und die Grenzen der Menschenkinder voneinander schied, da setzte er die Zahl der Völker nach der Zahl der Göttersöhne fest" (Dtn 32,8). Diese Aussage entspricht der Vorstellung von den → Göttersöhnen, jenen Lokal- und Landesgöttern, die als zum himmlischen Hofstaat gehörende Geistwesen in den israelitischen Monotheismus integriert wurden, wobei man unterstellte, daß sie den jeweiligen Völkern ihre guten oder schlechten Gesetze gaben. Beispielsweise heißt es im außerbiblischen Buch der Jubiläen über die Art der Herrschaft Gottes: „Viele sind die Völker... Und über alle hat er Geister gesetzt und ihnen die Fähigkeit gegeben, sie von ihm abspenstig zu machen" (Jub 15,31).

Im Buch Daniel, dem spätesten Buch des Alten Testaments, ist →
Michael der Engel des Gottesvolkes (Dan 12,1), und es ist die Rede
von den Engelfürsten (→ Sarim) Persiens und Griechenlands (Dan
10,13 und 20). Dahinter steht die Vorstellung von einem himmlischen Spiegelbild des Kampfes zwischen einzelnen Völkern, zwischen Israel und dem Heidentum. Es geht somit nicht mehr nur, wie
in den früheren Büchern der Bibel, um die Geschichte eines Volkes
(Israel) oder einer Stadt (Jerusalem), sondern um die Geschichte
aller Reiche der Welt. Ausgehend von der sogenannten Völkertafel
im Buch Genesis (Kap. 10), die 70 Völker in der Welt aufzählt,
nimmt man an, daß es 70 Völkerengel gebe, die meist *sarim* (Fürsten) genannt werden.

Vrevoil, auch **Vretil, Bretil** oder **Pravuil**. Jener Engel, der die himmlischen Bücher führt. Nach einem Bericht über → Henochs Himmelsreise diktiert er diesem daraus die Schöpfungsgeschichte (slaw-
Hen 22,10–11).

W

Die Wächter oder **Grigori** (von gr. *egrégoros* = wach). Schon der griechische Dichter Hesiod (um 700 v. Chr.) spricht von „10000 unsterblichen Wächtern" des Zeus, „welche die Rechtsentscheidungen nach bösen Taten beobachten und mit Luft bekleidet die ganze Erde durchziehen" (Werke und Tage 252f.). Ähnlich wird im Judentum für die Engel manchmal auch ein Wort verwendet, das mit „wachsein/wachen" zu tun hat. So spricht das außerbiblische Buch Henoch von bestimmten Engeln als den „nie Schlafenden", die vor Gottes Thron stehen und Gott unaufhörlich preisen (äthHen 39,12–13; 40,2; 61,12; 71,7). Man vermutet hinter der Redeweise auch die Gleichsetzung der Sterne mit Engeln, da die Sterne selbst dann wachen, wenn die Menschen schlafen, und mit ihren hellen Augen alle guten und bösen Taten der Menschen sehen.

In der Bibel findet sich der Begriff nur im 4. Kapitel des Buches Daniel (Vers 10, 14 und 20), wo im Traum des Königs Nebukadnezar ein Wächter vom Himmel herabsteigt, um einen dort gefaßten Beschluß der Wächter auszuführen, wobei ausdrücklich gesagt wird, daß es sich um einen Spruch der → Heiligen, also der Engelwesen handelt. Da jene Engel, die sich nach dem Buch Henoch mit Frauen einließen (→ Engelsünde), in einigen Handschriften als Wächter bezeichnet sind, denkt man heute meist an diese Übeltäter, wenn von den Wächtern oder den Grigori die Rede ist.

Die Wagen Gottes. Wenn es in einem Psalm heißt: „Gottes Wagen sind viel tausend mal tausend, der Herr zieht ein ins Heiligtum ...", sind offenbar die → Cherubim gemeint (Ps 68,18; ähnlich Jes 66,15). Ein den Cherubim ähnliches Himmelswesen dürfte auch der „feurige Wagen mit feurigen Pferden" sein, der Elija in den Himmel holt (2 Kön 2,11). Das gleiche könnte auch für die Wagen gelten, welche zur Zeit des Propheten Elischa die Stadt Samaria aus einer Belagerung retten (2 Kön 6,17).

„wegen der Engel". Erstaunlich ist die Anweisung des Apostels Paulus an die Frauen, beim Beten und Prophezeien „wegen der Engel" auf dem Kopf eine „Macht", das heißt nach damaligem Sprachgebrauch einen Schleier, zu tragen (1 Kor 11,10). Fast müssen wir annehmen, daß Paulus fürchtete, ein Geschehen wie die im Buch Henoch beschriebene → Engelsünde könne sich wiederholen. Allerdings hat man in neuerer Zeit diese Annahme bezweifelt und eine frühchristliche Auslegung des Paulustextes, der die „Engel" mit den Priestern und Bischöfen gleichsetzte, wieder aufgegriffen, sogar einen Schreibfehler beim Kopieren für möglich gehalten, durch den das Wort „Engel" an die Stelle von im Griechischen ähnlich klingenden Bezeichnungen für „gewöhnliche Leute", „Männer" oder „Spötter" getreten wäre. Neben solchen offensichtlichen Notlösungen wurden auch andere Deutungen vorgeschlagen, beispielsweise die Formulierung „um der Engel willen" im Sinne von „weil auch die Engel so tun" zu verstehen, wie die → Seraphim in der Prophetenvision des Buches Jesaja, die Gesicht und Scham bedecken (Jes 6,2). Doch ist dann nicht zu verstehen, warum die Vorschrift nicht auch für die Männer gelten soll.

Wahrscheinlicher ist die Annahme, daß Paulus, der den Schleier der Frauen als Symbol ihrer Unterordnung unter den Mann ansah, eine Verwischung der Geschlechtsrollen befürchtete, an der die für die Ordnung in der Welt zuständigen Engel sowie die Schutzengel oder die Kultengel, welche die Gebete der Gemeinde nach oben tragen, Anstoß nehmen könnten. Für die These, Paulus habe tatsächlich an eine Versuchung der Engel durch die Schönheit der menschlichen Frauen gedacht, spricht jedoch weiterhin, daß er nur von den betenden und prophezeienden Frauen spricht und wohl annahm, solche ekstatische Zustände brächten eine besondere Gefährdung mit sich.

Wermut. Name eines Engels, der in der Endzeit als Stern vom Himmel fällt und das Wasser bitter macht (Offb 8,10–11).

Wiener Engelpfad. Seit 1998 wird in Wien jährlich für ein bis zwei Wochen ein Rundgang eingerichtet, der zu den Fassaden und Plätzen führt, die mit Engelgestalten geschmückt sind. Um diese aus ihrer Stummheit zum Leben zu erwecken, werden die sieben Stationen des Weges durch Werke namhafter Komponisten, Literaten und

168

Künstler interpretiert, wobei jede Statue mit Kleinstlautsprecher und CD-Player ausgerüstet ist, so daß es den Anschein hat, die Figur selbst würde den Klang erzeugen.

Willenskraft der Engel. Anders als beim Menschen ist nach Ansicht der Theologen im Gefolge Thomas von Aquins bei den Engeln wegen ihrer → Geistnatur ein jeder Willensakt unumkehrbar. Ihr Wesen steht jedesmal total für ihr Wollen ein, weshalb auch ihr Abfall von Gott total war und unwiderruflich bleibt. Anders als die Menschen können sie eine einmal gebildete Meinung nicht ablegen und eine einmal getroffene Entscheidung nicht mehr rückgängig machen.

Andererseits können die Engel – weder die bösen noch die guten – den Willen des Menschen nicht überwältigen. Sie können auf den menschlichen Verstand nicht von innen her einwirken, sondern nur dadurch, daß sie ihm einen Erkenntnisgegenstand als Ziel vor Augen stellen, der zwar den Willen stärkt, diesen aber nicht zu zwingen vermag.

Dies gilt nach Thomas auch für die Himmelskörper, die zu seiner Zeit engelhaft gedacht werden. Er wendet sich damit gegen astrologische Lehren, welche behaupten, die Handlungen der Menschen würden durch die Sterne determiniert; allenfalls seien die Gestirne für gewissen Neigungen und Tendenzen beim einzelnen Menschen ursächlich, die aber überwunden werden könnten.

Wirken in der Natur. Bis in die neueste Zeit war es allgemeine Überzeugung, daß die Erde mit Geistwesen erfüllt sei, die in Gottes Auftrag all jene Dienste verrichten, die die Abläufe in der Natur ermöglichen. Die Geheime Offenbarung des Johannes spricht von Engeln, welche die vier Winde festhalten (7,1), oder vom Engel, der Macht hat über das Feuer (4,18). Man meinte gleicherweise, daß jede Kreatur – ob Mensch, ob Tier oder Pflanze – ihren besonderen Engel habe, der auf ihre Lebensäußerungen, die Geburt der Lebewesen und das Wachstum der Pflanzen, einwirke. Entsprechendes glaubte man in bezug auf alle Elemente, wie Wasser, Feuer oder Luft, und auf die Sonne, den Mond und die Sterne, das Meer und die Erde.

Diese Vorstellungen sind bereits in der außerbiblischen Literatur des Judentums um die Zeitenwende vielfach formuliert und dann im Christentum als selbstverständlich übernommen worden. Nach

Ich betrachte die Engel nicht nur als die vom Schöpfer beauftragten Diener in Seinen Beziehungen zum Menschen im Hinblick auf das Werk des Heils in alttestamentlicher und neutestamentlicher Sicht, wie es die Heilige Schrift klar angibt. Nein, die Engel bewirken auch die Ordnung in der sichtbaren Welt. Ich sehe die Engel als die eigentliche Ursache der Bewegung, des Lichtes, des Lebens, dieser Grundtatsachen der physischen Welten an. Freilich, wenn ihr Wirken in unsere Sinne fällt, macht es uns lediglich den Eindruck von Ursache und Wirkung, das, was wir mit „Naturgesetz" bezeichnen. Aber jedes Lüftchen, jeder Strahl von Licht und Wärme, jedes Aufschimmern von Schönheit ist gleichsam nur der Saum des Gewandes, das Rauschen des Kleides jener, die Gott von Angesicht zu Angesicht schauen. Ich frage, welches sollten darum die Gedanken eines Menschen sein, der eine Blume, einen Grashalm, einen Kiesel betrachtend in den Händen hält? Sollte er nicht, indem er einen Lichtstrahl schaut, der von einem niedern Wesen als er selber ist, zu ihm aufsteigt, sich mit einemmal in der Gegenwart eines mächtigen Wesens finden, das sich unter der Hülle der sichtbaren Dinge birgt, die er schaut? Eines Wesens, das seine Tätigkeit, voll der Weisheit, verheimlicht und ihnen doch die eigentliche Schönheit, ihre Anmut und Vollendung verleiht. Wollen wir nicht annehmen, daß diese Naturerscheinungen, welche der Mensch so leidenschaftlich erforscht, das Kleid und das Geschmeide jenes höheren Wesens sind!

Henry Kardinal Newman (1801–1890), Apologia pro vita sua

dem Buch Henoch garantieren die Engel die Ordnung im Lauf der Gestirne (äthHen 43,2; 72,1; 82), sie verwalten den Wind, den Donner, die Blitze und die Niederschläge (äthHen 60,11–20) sowie die Jahreszeiten, Monate und Tage (äthHen 82,10–20); einige kümmern sich um die Gewässer, andere um die Gewächse und Früchte (slawHen 19,4). Das Jubiläenbuch, eine andere Schrift jener Zeit, erwähnt Engel der Kälte, der Hitze, der Ernte usw. (Jub 2,2).

Derartige Vorstellungen mögen in unserem wissenschaftlichen Zeitalter hinfällig geworden sein: Sie entstanden aber aus einem Bedürfnis nach Logik und nicht aus irrationaler Phantasie. Es ist durchaus denkbar, daß ein früherer Denker seine Aussagen mit denen der modernen Wissenschaft für kompatibel gehalten hätte. Vielleicht hätte er von einem Engel „Photosynthesis" und einem Engel „Gravitatio" gesprochen, um das Wachstum der Pflanzen bzw. den Gang der Gestirne zu erklären, oder von einem Engel „Elektron", um die Wirkung des elektrischen Stromes zu begründen.

Neuerdings versucht der Biologe Rupert Sheldrake eine Brücke zwischen der überlieferten Engellehre und der modernen Naturwissenschaft zu schlagen. Er meint, daß in allen Lebewesen ebenso wie in der scheinbar unbelebten Materie komplexe Aktivitätsstrukturen am Werk seien, die man mit den Engeln gleichsetzen könne. Für ihn sind es „morphogenetische [gestaltbildende] Felder", die Bewußtsein und Gedächtnis haben und die Entwicklung des Universums in einem schöpferischen Prozeß vorantreiben. Dieser werde von einer Unzahl solcher Magnetfeldern gesteuert, die – wie das menschliche Gehirn – schöpferische Intelligenzen seien.

Sheldrakes Sichtweise ist typisch für eine Strömung innerhalb der ökologischen Bewegung, die unter Berufung auf die Belebtheit aller Dinge zu mehr Ehrfurcht vor der Natur aufrufen will.

Würgengel. In den früheren Ausgaben der Lutherbibel (bis 1912) die deutsche Übersetzung für den → Verderberengel.

Y

Yahoel → Jahoel

Yaksas und Yaksinis → Hinduismus

Yatreel → Yeterel

Yekon (Mag [Gott] sich erheben), auch **Jakun**. Einer der Anführer jener Engel, die nach dem Henochbuch irdischen Frauen beiwohnten (äthHen 69,4).

Yeterel (?), auch **Jetrel** oder **Yatreel**. Einer der Anführer jener Engel, die nach dem Henochbuch irdischen Frauen beiwohnten (äthHen 69,2).

Yomyael → Jomyael

Z

Zadkiel (Gerechtigkeit Gottes), auch **Zadakiel** oder **Zedekiel**. In der jüdischen Überlieferung ist er ein Engel des Wohlwollens und des Erbarmens. Die Faustsage kennt Zadkiel als „Führungsoffizier" des Mephisto (Dav. 324).

Zahl der Engel. Zu den Angaben in der Bibel, die von „zehntausendmal Zehntausend" und „zwanzigtausendmal Zehntausend" spricht (Dan 7,10; Offb 9,16), meint vernünftigerweise schon der erste große Systematiker der Engelwelt Dionysios Areopagita (→ Engelchöre), sie seien nicht wörtlich zu nehmen, sondern ein Hinweis, daß die wahre Zahl der Engel die Fähigkeit menschlichen Zählens übersteige.

Im Mittelalter nannte man sehr hohe Zahlen: Man versuchte beispielsweise, aus der Rede Jesu von den zwölf Legionen Engeln, die ihm sein himmlischer Vater zu Hilfe schicken könne (Mt 26,53), entsprechende Schlüsse zu ziehen, da eine römische Legion 6000 Mann stark war. Oder man spekulierte, es gäbe insgesamt 6666 Legionen zu je 6666 Mann, woraus sich eine Zahl von 44435556 Engeln errechnen läßt; die jüdische → Kabbala wußte von 301655722 Engeln, von denen gut ein Drittel, nämlich 133306668, gefallen waren.

Beliebt war darüber hinaus das Argument aus dem Gleichnis Jesu vom Hirten, der hundert Schafe hat und eines davon verliert (Lk 15,4−6). Man schloß daraus auf ein Verhältnis 1 zu 99 zwischen der Gesamtheit der Menschen aller Zeiten, die man mit dem verlorenen Schaf gleichsetzte, und den guten Engeln, die bei Gott geblieben waren und den übrigen 99 Schafen entsprachen.

> Ihr Ungeübten, die in den Nächten
> nichts lernen.
> Viele Engel sind euch gegeben
> Aber ihr seht sie nicht.
>
> *Nelly Sachs*

Während nach allgemeinchristlicher Auffassung die Zahl der Engel seit ihrer Erschaffung konstant bleibt, wird im Talmud gesagt, daß mit jedem Wort aus Gottes Mund neue Engel entstehen. Von den → Dämonen, sofern sie von den gefallenen Engeln unterschieden werden, wird allerdings häufig behauptet, daß sie sich durch Kopulation untereinander vermehren könnten.

Zakiel (von hebr. *zeqiel* = Komet Gottes). Einer der Anführer jener Engel, die nach dem Buch Henoch (→ Engelsünde) irdischen Frauen beiwohnten (äthHen 6,7).

Zalbeseel (Dies ist das Herz Gottes), auch **Zelebseel** oder **Zelbeseel**. Einer jener Engel, welche die Gestirne lenken (äthHen 82,17). Da er dem Engel → Malkiel, dem Lenker der heranwachsenden Saat, untergeordnet ist, wird sein Name auch als Gottes „Besprenger", d. h. Bringer des Regens, gedeutet.

Zarathustras Engellehre. Ihr Einfluß auf das Judentum der letzten Jahrhunderten vor der Zeitenwende und damit auf die Engelvorstellungen des neu entstehenden Christentums und des Islams ist kaum wegzudenken.

Zarathustra (gr. Zoroaster) lebte um 600 v. Chr., vielleicht auch schon Jahrhunderte früher, im Iran. Auch wenn über sein Leben und seine religiöse Entwicklung nichts Genaues bekannt ist, so muß er doch ein manchen biblischen Propheten vergleichbarer Ekstatiker und Visionär gewesen sein. Es heißt, ein Lichtwesen habe ihn zum Himmel geführt, wo sich ihm der einzige Gott Ahura Mazda („Weiser Herr") offenbarte, umgeben von den → Amesha Spentas. Diese Mächte, sechs oder sieben an der Zahl, hat der französische Religionswissenschaftler Georges Dumézil „Erzengel" genannt, was etwas verwirrend ist, da sie, anders als in der jüdisch-christlichen Vorstellung, nicht von Ahura Mazda geschaffen, sondern durch → Emanation aus ihm hervorgeströmt sind.

Von diesen Amesha Spentas wird Zarathustra dann in vielen Unterredungen in die Geheimnisse der übernatürlichen Welt eingeweiht. Er lernt die Weltgeschichte als den Kampf zweier Reiche verstehen, einer reinen Lichtwelt, über die Ahura Mazda herrscht, und einer Welt der Finsternis, beherrscht von → Ahriman (dem Arggesinnten), zu dem alles Verderbliche, Lasterhafte und Unreine gehört. Er lernt die vielen guten und bösen Geistwesen kennen, die bestrebt sind, die Menschen ihrem jeweiligen Reich zuzuführen. Und er erfährt, daß der einzelne Mensch frei ist, für eine von beiden Mächten Partei zu ergreifen, und auf Grund seiner Entscheidung nach dem Tod einem individuellen Gericht unterworfen wird. Ahura-Mazda werde jedoch am Ende der Zeiten siegreich sein und durch einen Heilsbringer/Erlöser eine endgültige Ära des Glücks und des Friedens herbeiführen, die bis in alle Ewigkeit fortdauert.

Die Engellehre Zarathustras ist heute noch lebendig in der Religion der Parsen, den Nachkommen jener Perser, die bei der Eroberung ihres Landes durch die Araber in der Mitte des 7. Jh. den Islam nicht übernehmen wollten. Einige harren bis heute trotz Verfolgung im Iran aus, während die meisten nach Indien auswanderten.

Zebaoth (hebr. Plural von Heer, heute oft auch **Sabaot** geschrieben). Die himmlischen Heerscharen gehören zum klassischen Bild von Jahwes Hofstaat, den beispielsweise der Prophet Micha Ben Jimla aufgrund einer Vision schildert. „Ich sah den Herrn sitzen auf seinem Thron und das ganze himmlische Heer neben ihm stehen zu seiner Rechten und Linken" (1 Kön 22,19). Der Ausdruck, der gelegentlich auch auf den Heerbann Israels angewandt wird, ist meist als festgeprägte Redewendung mit dem Gottesnamen verbunden. Dann sind nicht Menschen gemeint, sondern die Naturkräfte, die Gestirne am Himmel ebenso wie die Wolken und Blitze auf der Erde, die alle Jahwe gehorchen müssen.

Es handelt sich dabei unzweifelhaft um Relikte aus der Vorstellungswelt des Polytheismus, der die Vielfalt der guten und schlechten Naturerfahrungen des Menschen mit der Rivalität und dem Widerstreit der verschiedenen Gottheiten erklärte. Im Gegensatz dazu wurden die Kräfte der Natur als „Heerscharen" in den israelitischen Monotheismus integriert, indem man unterstellte, daß sie – ebenso wie die → Göttersöhne – im Dienst des einzigen Gottes Jahwe stünden und ihm gehorchen müßten, wodurch sich Jahwes universelle Souveränität auch im kosmischen Bereich erwies.

Obwohl das Wort Zebaoth eigentlich ein Plural ist, taucht es, vermutlich wegen seines feierlichen Klanges, in den Spekulationen der → Gnosis und anderen esoterischen Schriften als Engelname auf.

Zedekiel → Zadkiel

175

Zekeel → Ezekeel

Zelbeseel/Zelebseel → Zalbeseel

Zephon (Sucher?). Ein → Cherub in Miltons ‚Verlorenem Paradies‘ (4,1046).

Zeruel → Cerviel

Zophiel (Späher Gottes). In Miltons ‚Verlorenem Paradies‘ ein → Cherub (4,1046), in Klopstocks ‚Messias‘ ein Herold der Hölle (II 292 und 302).

Zoroastrismus → Zarathustras Engellehre

Zotiel, auch **Zuteel**. Auf seiner Himmelsreise gelangt → Henoch weit nach Osten bis über das erythreische Meer hinaus. Von dort schreitet er, nach einer Lesart, „über den Engel Zotiel hinweg", bevor er ins Paradies gelangt (äthHen 32,2). Vielleicht handelt es sich ursprünglich um eine Ortsbezeichung oder soll „Finsternis" bedeuten.

Zuriel (Mein Fels/Berg ist Gott), auch **Turiel, Turel** oder **Turyal**. Einer der Anführer jener Engel, die nach dem Henochbuch irdischen Frauen beiwohnten (äthHen 69,2). Der Name ist einer biblischen Geschlechterliste entnommen (Num 3,35).
   Im jüdischen Volksglauben hilft ein Engel Zuriel den Frauen im Kindbett. Auch vermag er es, die Dummheit der Menschen zu heilen (Dav. 331).

Zuteel → Zotiel

Zwilling → Doppelgänger

Die wichtigsten Engelgeschichten der Bibel

In der gesamten Bibel übernehmen die Engel durchweg Funktionen der Weisung, der Stärkung, der Deutung eines Geschehens oder der Errettung aus einer Gefahr, manchmal sind sie aber auch Träger von Verderben.

1.0 Altes Testament

1.1 Der „Engel des Herrn"

1.1.1 Die zweimalige Errettung der Hagar

Hagar war Saras Magd und Abrahams Konkubine. Im ersten Bericht wird die schwangere Hagar von ihrer Herrin schlecht behandelt, so daß sie ihr davonläuft und durch die Wüste ihre Heimat Ägypten erreichen will. Damit gerät sie mit ihrem werdenden Kind in eine aussichtslose Situation, in die der „Engel des Herrn" eingreift. Er findet Hagar an einem Brunnen, redet sie mit ihrem Namen und ihrer Standesbezeichnung als „Magd Sarais" an und fragt sie nach ihrem Woher und Wohin. Als sich Hagar als entlaufene Sklavin bekennt, gibt ihr der Engel die Weisung, zu ihrer Herrin zurückzukehren. Als sollte ihr dieser Entschluß leicht gemacht werden, ergeht an sie die großartige Verheißung, sie werde zur Ahnfrau unzähliger Nachkommen werden, und als Begründung dafür wird ausdrücklich auf die schlechte Behandlung Hagars durch Sara verwiesen. Denn in der Aussage: „Der Herr hat dein Elend erhört", klingt die typisch biblische Vorstellung an, daß Gott sich der Unterdrückten annimmt (Gen 16).

Die Bibel berichtet später noch einmal von einer ganz ähnlichen Erscheinung, die Hagar zuteil wurde, als Sara, die doch noch ihren eigenen Sohn Isaak geboren hatte, Abraham veranlaßt, die Magd und ihren Sohn zu verstoßen. Als Hagar sich in der Wüste verirrt und das Wasser in ihrem Schlauch zu Ende ist, legt sie den Sohn unter einen Strauch und setzt sich abseits, um nicht mitansehen zu müssen, wie das Kind stirbt. In der Folge ist das Wirken Gottes und das seines Engels auf seltsame Weise ineinander verflochten. Der Erzähler sagt zunächst, Gott habe das Schreien des Knaben gehört, berichtet dann aber, daß der Engel „vom Himmel her" dies Hagar mitteilt, zugleich mit der Aufforderung, den Knaben ja nicht aufzugeben (wörtlich: „Halte Deine Hand fest an ihm"). Daraufhin verkündet der Engel erneut die schon früher über Ismael ergangene Verheißung, diesmal in der ersten Person: „Ich will ihn zu einem großen Volk machen." Anschließend ist es ebenfalls Gott, der bewirkt, daß Hagar die Augen öffnet und einen nahen Brunnen wahrnimmt, der offenbar schon vorher da war, so daß man an kein Naturwunder zu denken braucht (Gen 21,14–21).

1.1.2 Die Bewahrung Isaaks

Die über Hagars Sohn Ismael ergangenen Verheißungen erfüllen sich, da er nach der Überlieferung zum Stammvater der Araber wurde, während die Israeliten von Isaak, dem Sohn Abrahams von Sara, abstammen. Auch Isaak wird durch das Eingreifen des „Engels des Herrn" vor dem Tode bewahrt. Die Erzählung wird eingeleitet mit der Bemerkung, daß Gott Abraham auf die Probe stellte, als er ihm auftrug, seinen Sohn als Brandopfer darzubringen. Tatsächlich macht sich Abraham auf und geht mit Isaak an den vorgesehenen Ort, wo er einen Altar baut, auf ihm Holz aufschichtet und seinen Sohn gebunden auf die Holzscheite legt. Nun erst, als Abraham zum Messer greift, ruft ihn der „Engel des Herrn" vom Himmel herab an und spricht: „Tu dem Knaben nichts zuleide; denn jetzt weiß ich, daß du gottesfürchtig bist, da du deinen Sohn, deinen einzigen, mir nicht vorenthalten hast." So bringt Abraham einen Widder, der sich mit seinen Hörnern im Gestrüpp verfangen hatte, anstelle seines Sohnes als Brandopfer dar. Und es folgt eine göttliche Segensverheißung, wobei auffällt, daß sie, wie schon die Begründung für den Ruf einzuhalten – „jetzt weiß ich..." –, in der Ich-Form als Rede Gottes selbst ergeht (Gen 22).

1.1.3 Die Berufung des Moses

In manchen Fällen tritt der „Engel des Herrn" auf, um einen Menschen für eine besondere Aufgabe zu berufen. Dazu gehört der Bericht über die Berufung des Moses zum Retter der Israeliten aus der ägyptischen Knechtschaft (Ex 3). Moses hatte einen Aufseher getötet, der gerade dabei war, einen Hebräer zu schlagen. Er mußte daraufhin aus Ägypten in die Wüste von Midian fliehen, wo er viele Jahre als Hirte weilte. Die Bibel erzählt dann, daß „der Engel des Herrn" Moses in einer Flamme erschien, die aus einem Dornbusch aufloderte, wobei dann allerdings Gott selbst zu Moses über dessen Berufung spricht, sein Volk aus Ägypten zu befreien.

1.1.4 Die Berufung Gideons
Eine andere Berufungserzählung findet sich aus der Zeit der Richter (etwa 13.–11. Jh. v.Chr.) zu Anfang der Geschichte Gideons, der die Israeliten von räuberischen Kamelreitern befreite, die regelmäßig zur Erntezeit aus der Wüste ins Kulturland einfielen und den Ertrag der Felder raubten. Da die Räuber an den hohen Staubwolken, die beim Dreschen von den hochgelegenen Tennen aufwirbelten, die Vorratsplätze der Israeliten erkennen konnten, steigt der junge Gideon in die Weinkelter seines Vaters, um dort ungesehen die Körner aus den Ähren zu schlagen. Da erscheint ihm „der Engel des Herrn", so heißt es im Text, und grüßt ihn: „Gott sei mit dir, du starker Held!" Gideon, der den Besucher offenbar für einen menschlichen Wanderer hält, fühlt sich durch diese Anrede verspottet und klagt, daß der Herr sein Volk verlassen habe. Der Mann – nach dem Text ist es der Herr selbst – verkündet nun, Gideon werde Israel retten. Gideon, immer noch unsicher, wer der Fremde ist, schlachtet ein Zicklein und bringt es mit Broten und einer Brühe hinaus zur Kelter für den Fall, daß es sich doch um einen menschlichen Wanderer handelt, der der Stärkung bedarf. Der Gottesbote befiehlt aber, die Brühe wegzuschütten und das andere auf einen Stein zu legen. Dann berührt er mit seinem Wanderstab das Fleisch und das Brot. Da steigt Feuer auf und verzehrt die Gaben. Die Erscheinung verschwindet, und Gideon wirft sich nieder; denn er weiß nun, wer der Fremde gewesen ist (Ri 6).

1.1.5 Die Ankündigung der Geburt Simsons
Hier ist das in der Bibel häufige Motiv des göttlichen Erbarmens mit einer kinderlosen Frau verbunden mit einer Berufungsgeschichte. Denn in ihr wird der Mutter der göttliche Auftrag an das Kind mitgeteilt, an jenen Simson, die durch die Affäre mit Delila wohl bekannteste Richtergestalt. Als nämlich die Philister den israelitischen

Stamm Dan bedrücken, erscheint einer lange kinderlos gebliebenen Frau der „Engel des Herrn", nach ihrer Wahrnehmung in der Gestalt eines „Gottesmannes", also eines Sehers oder Propheten, um ihr die Geburt eines Sohnes anzukündigen: Dieser werde anfangen, Israel von den Philistern zu befreien. Die Frau erzählt es ihrem Mann Manoach, der jedoch offenbar der Erzählung seiner Frau von dem „Gottesmann" nicht ganz traut und darum zu Gott betet, er möge den Gottesmann noch einmal schicken. Dies geschah, und Manoach will für den Gast ein Böcklein zubereiten, vermutlich um zu sehen, ob es sich um einen irdischen Mann oder um ein himmlisches Wesen handelt. Doch der Gast sagt, er könne nichts essen, man solle das Böcklein dem Herrn opfern. Als Manoach das Opfer auf einem Felsen darbringt, fährt der Bote Gottes im Feuer zum Himmel empor (Ri 13).

1.1.6 Die Speisung des Propheten Elija

Die Episode ist ein Beispiel für die fürsorgliche Funktion des Engels. Der große Prophet Elija lebt in der ersten Hälfte des 9. Jh. im Reich Israel, das sich nach Salomos Tod von der Dynastie Davids getrennt hatte, die nur noch über das südlich davon gelegene Juda herrschte. König in Israel ist damals Ahab, der Isebel, eine Königstochter aus der heidnischen Phönizierstadt Sidon, zur Frau hat. Diese fördert den Baalskult, gegen den Elija auftritt. Er veranstaltet auf dem Berge Karmel einen großen Wettstreit, bei dem er gegen die Baalspriester der Königin obsiegt und sie töten läßt. Wegen der Tötung ihrer Priester droht Königin Isebel dem Propheten mit dem Tode. Elija gerät in Angst und flieht ganz allein weit nach Süden, bis in die Wüste. Verzweifelt legt er sich dort unter einen Busch, um zu sterben, und schläft ein. Ein Engel weckt ihn und sagt: „Steh auf und iß!" Elija sieht neben sich Brot und einen Krug Wasser. Er ißt und schläft wieder ein. Da weckt ihn der Engel, nunmehr ausdrücklich „der Engel des Herrn" genannt, noch einmal mit den Worten: „Steh auf und iß! Du hast einen weiten Weg vor dir." Elija steht auf und ißt. Dann marschiert er vierzig Tage und vierzig Nächte bis zum Gottesberg, wo ihm der Herr erscheint (1 Kön 19,1–8).

1.2 Geheimnisvolle Szenen, in denen Engel erwähnt sind oder in denen Akteure auftreten, die später den Engeln zugerechnet wurden.

1.2.1 Die drei Männer bei Abraham

Die Erzählung spielt zu der Zeit, als Sara, Abrahams Frau, schon so alt war, daß sie auf ein eigenes Kind nicht mehr hoffen konnte. Sie wird eingeleitet mit der Feststellung, daß „der Herr" Abraham bei den Eichen von Mamre erschien, entwickelt sich jedoch zunächst als ein Bericht über die gastliche Bewirtung Fremder. Abraham, der zur Mittagszeit am Eingang seines Zeltes sitzt, sieht plötzlich in der Nähe drei fremde Männer stehen. Er läuft auf sie zu, verneigt sich bis zur Erde und lädt sie ein, bei ihm einzukehren. Die Plötzlichkeit ihres Auftretens mag Abraham stutzig gemacht haben. Doch seine tiefe Verneigung zeugt nur von der getreuen Erfüllung der Rituale der Gastlichkeit. Die übernatürliche Qualität der Fremden wird erst offenbar gegen Ende der üppigen Bewirtung. Auf die Frage: „Wo ist deine Frau Sara?" und Abrahams Antwort: „Dort im Zelt", sagt einer der Männer, sie werde in einem Jahr einen Sohn haben. Darüber bricht Sara, die im Zelt hörte, was draußen gesprochen wurde, in Lachen aus, da sie, der es „nicht mehr nach der Frauen Weise erging", daran denken mußte, wie sie mit ihrem ebenfalls alt gewordenen Ehemann noch einmal die „Lust der Liebe" – wie es wörtlich heißt – erleben sollte. Einer der Gäste, den der Erzähler jetzt als „den Herrn" bezeichnet, sagt nun zu Abraham: „Warum lacht Sara, ist denn für Gott etwas unmöglich?", obwohl er sie, die ja im Zelt war, weder sehen noch hören konnte. Sara, nun voller Angst, beeilt sich, wenn auch vergeblich, ihr Lachen abzuleugnen (Gen 18,1–15).

Die Dreizahl der Besucher hat viele Spekulationen hervorgerufen. Einige frühe christliche Theologen sahen darin eine versteckte Anspielung auf die Lehre von der Dreifaltigkeit, weshalb die Szene ein beliebtes Sujet der russischen Ikonenmalerei wurde, so z.B. auf der berühmten, um 1425 entstandenen Bildtafel von Andrej Rubljow. Meist spricht man jedoch von drei Engeln oder nimmt vielmehr an, Gott selbst sei mit einem Ehrengeleit von zwei Engeln nach Mamre gekommen. Die modernen Bibelwissenschaftler neigen zur Auffassung, der Erzähler habe unterstellt, Gott sei Abraham in allen Dreien erschienen.

1.2.2 Der Untergang Sodoms

Als die drei Fremden nach ihrem Besuch in Mamre (vgl. 1.2.1) wieder aufbrechen, begleitet sie Abraham bis zur Höhe des Gebirges, wo man zur Stadt Sodom, in der sein Neffe Lot wohnt, hinabsehen kann. Dort spricht „der Herr" von seiner Absicht, in Sodom und Gomorra nach dem Rechten zu sehen, da das „Geschrei" über die Bosheit dieser Städte bis zu ihm gedrungen sei. Da ergreift Abraham, der Schlimmes ahnt, eine überraschende Initiative. Er fragt Gott, den „Weltenrichter", ob es wirklich Recht sei, die Gerechten zugleich mit den Unschuldigen zu bestrafen, und er beginnt einen Handel mit Gott, bis dieser schließlich zusagt, die Städte zu verschonen, wenn dort wenigstens eine kleine Gruppe von Gerechten lebe (Gen 18,16–33).

Während Abraham noch um die Verschonung der beiden sündigen Städte Sodom und Gomorra feilscht, gehen die zwei anderen Wanderer nach Sodom. Sie werden von nun an abwechselnd „Männer" und „Boten" genannt, wobei letzteres in den Übersetzungen meist mit „Engel" wiedergegeben wird. Abrahams Neffe Lot sieht in ihnen zunächst nur fremde Wanderer und nimmt sie gastlich in sein Haus auf. Da sie offenbar das Aussehen schöner, „engelgleicher" Männer haben, verlangen die Einwohner der Stadt von Lot ihre Auslieferung, in der Absicht, die Fremden sexuell zu mißbrauchen. Als Lot sich wegen seiner Schutzverpflichtung als Gastgeber weigert, wollen die Menschen sein Haus stürmen, werden aber von den Engeln mit Blindheit geschlagen. Daraufhin führen die beiden Lot und seine Familie aus der Stadt, bevor die Katastrophe hereinbricht (Gen 19).

1.2.3 Der Traum von der Himmelsleiter

Mit dem Patriarchen Jakob, dem Enkel Abrahams, sind einige der bekanntesten Erzählungen über Engel verbunden. Auf seiner Flucht zu Laban vor dem Zorn Esaus, den er um sein Erstgeburtsrecht betrogen hatte, kommt Jakob einmal nach Einbruch der Nacht an einen Ort, den der Text als eine „Stätte", das heißt einen Kultort, bezeichnet. Ohne sich dessen gewahr zu werden, bettet Jakob den Kopf auf einen der dort liegenden Steine und schläft ein. Da sieht er im Traum, wie Engel auf Stufen, die zum Himmel hinauf führen, auf- und absteigen, und er hört Gott sprechen: „Das Land, auf dem du liegst, will ich dir und deinen Nachkommen geben. Und auf deiner Reise werde ich dich behüten und dich in dieses Land zurückbringen." Als Jakob aus dem Traum erwacht, fürchtet er sich und spricht: „Wie heilig [gemeint ist: Schauder/Ehrfurcht erregend] ist dieser Ort. Gott ist gegenwärtig, und ich habe es nicht gewußt. Hier ist das Haus Gottes und Tor des Himmels." Und er nennt den Ort „Haus Gottes", hebr. *Bet-El* (Gen 28,10–22).

1.2.4 Die Engel von Mahanajim

Zwanzig Jahre nach dem Traum von der Himmelsleiter (vgl. 1.2.3) hat Jakob eine ähnliche Erscheinung. Dazwischen liegt der lange Aufenthalt bei seinem Onkel Laban in Mesopotamien, in dessen Verlauf er von seinen Frauen viele Söhne bekommt und durch seine Geschicklichkeit als Züchter sehr reich wird, was Laban und seine Söhne schließlich gegen ihn aufbringt. So sieht Jakob nur noch den Ausweg der Flucht und macht sich heimlich mit seiner Familie und seinen Herden auf den Heimweg. Als Laban ihn an der Grenze zu Kanaan mit einer bewaffneten Schar von Verwandten einholt, kann er dank seiner Redegewalt mit den Verfolgern Frieden schließen. Gleich danach, so heißt es dann, sieht er ein Lager von Engeln, was ihm offenbar als günstiges Vorzeichen für sein eigenes Lager erscheint. Er gibt deshalb dem Ort der Erscheinung den Namen Mahanajim, was „Doppellager" bedeutet (Gen 32,2–3).

1.2.5 Der Kampf mit dem Engel

Jakob muß seinem von ihm um die Erstgeburt betrogenen Bruder Esau gegenübertreten, der inzwischen ein mächtiger Kriegsherr geworden ist. Am Vorabend der entscheidenden Begegnung gerät er in panische Angst, und er entschließt sich, noch in finsterer Nacht seine Leute und Herden bei einer Furt über den Fluß Jabbok zu bringen, der ihn von Esaus Streitmacht trennt, offenbar aus Furcht, am nächsten Morgen bei der Flußdurchquerung von Esau überrascht zu werden. Dann bleibt er selbst auf dem diesseitigen Ufer zurück. Will er vielleicht sogar allein fliehen, um seine nackte Haut zu retten? Da tritt ihm, so erzählt die Bibel, aus der Finsternis ein Mann entgegen, um mit ihm zu ringen. Nach einem lange unentschiedenen Kampf schlägt der andere auf Jakobs Hüfte, die sich ausrenkt. Trotz des Schmerzes läßt aber Jakob den Gegner, als dieser ihn mit dem Hinweis auf die anbrechende Morgenröte darum bittet, nur unter der Bedingung los, ihn zuvor zu segnen. Der Fremde erfüllt Jakobs Verlangen. Am Morgen, bei der Rückkehr zu den Seinen, so vermerkt die Bibel, leuchtet Jakobs Gesicht in der aufgehenden Sonne. Nur ein Makel fällt an ihm auf: Er hinkt, da der Unbekannte seinen Hüftnerv (nervus ischiaticus) getroffen hat (Gen 28,10–22).

Die Erzählung wird oft als „Jakobs Kampf mit dem Engel" bezeichnet, obwohl Jakob selbst sie als eine Begegnung mit Gott deutet (Gen 28,31). Die modernen Tiefenpsychologen interpretieren das Geschehen als ein Ringen Jakobs mit der in seiner Psyche übermächtig geworden Drohgestalt Esaus oder deuten es als einen inneren Kampf Jakobs, der sich erst mit den dunklen Aspekten seiner eigenen Natur auseinandersetzen muß, bevor er zur Begegnung mit Esau fähig wird, welcher sich dann in der Tat wider alle Erwartung großmütig mit seinem Bruder versöhnt. Und fromme Bibelausleger haben im Schlag auf Jakobs Hüfte einen Hinweis gesehen, daß bei Menschen, die Gott bzw. seinem Engel begegnet sind, im Verhältnis zur Welt ein „Bruch" zu spüren ist, der aber untrennbar zum Segen, der auf ihnen liegt, gehört.

1.2.6 Die Begegnung Josuas mit einem geheimnisvollen Bewaffneten

Als Josua, der nach dem Tod des Moses die Israeliten ins Gelobte Land führen soll, auf einem Erkundungsgang den Jordan bei Jericho überschreitet, trifft er unvermutet auf einen Mann mit gezücktem Schwert. Er geht zunächst furchtlos auf ihn zu mit der Frage: „Freund oder Feind?" Erst als sich der Unbekannte als „Anführer des Heeres des Herrn" zu erkennen gibt, wirft Josua sich anbetend nieder und fragt: „Was befiehlt mein Herr seinem Knecht?" Die Antwort lautet, er solle seine Schuhe ausziehen, denn der Ort sei „heilig" (Jos 5,13–15).

1.3 Engel als Retter aus Not und Verfolgung

Diese Erzählungen finden sich vor allem in den sogenannten deuterokanonischen Teilen des Alten Testaments, die nur von den Katholiken als Bestandteil der Bibel anerkannt werden, also in vielen protestantischen Bibelausgaben fehlen.

184

1.3.1 Die Jünglinge im Feuerofen

Die Jünglinge sind Gefährten des jungen Daniel am babylonischen Hof. Als König Nebukadnezar ein riesiges goldenes Standbild machen läßt, das alle im Reiche anbeten sollen, weigern sie sich, diesem Befehl zu folgen. Voll Zorn befiehlt der König, sie in einen glühenden Feuerofen zu werfen, den der König so sehr anheizen läßt, daß die arbeitenden Knechte von den herausschlagenden Flammen getötet werden. Doch die drei Jünglinge bleiben unverletzt, da der Engel des Herrn in Gestalt eines Mannes die Flammen aus dem Ofen hinaustreibt. Nebukadnezar, der nun vier Männer im Ofen sieht, wundert sich. Er läßt die Jünglinge herausholen und preist ihren Gott (Dan 3).

1.3.2a Daniel in der Löwengrube

Als Folge einer Hofintrige wird Daniel auf Befehl des Perserkönigs Darius den Löwen, die man in einer Grube gefangen hält, zum Fraß vorgeworfen. Als der König am Morgen des nächsten Tages zur Grube kommt, findet er Daniel unversehrt und fragt diesen, wie er verschont geblieben sei. Daniel antwortet, ein Engel seines Gottes habe die Rachen der Löwen verschlossen, so daß sie ihm nichts zuleide getan hätten. Da preist der König Daniels Gott und läßt diejenigen in die Grube werfen, die Daniel hatten vernichten wollen. Sie werden vor seinen Augen sofort aufgefressen (Dan 6).

1.3.2b Daniel in der Löwengrupe, ernährt vom Engel des Herrn

Eine der deuterokanonischen Textergänzungen zum Daniel-Buch bringt noch zusätzliche Details. Danach haben die Babylonier einen großen Drachen, den sie wie einen Gott verehren. Als Daniel ihm ein Gemisch aus Pech, Talg und Haaren zum Fressen gibt und das Tier daran stirbt, läßt der König Daniel in eine Grube mit sieben Löwen werfen, denen man sonst täglich zwei Menschen und zwei Schafe füttert, jetzt aber nichts. Trotz ihres Hungers tun die Löwen sechs Tage lang Daniel kein Leid an. Für Daniels leibliches Wohl sorgt hingegen der Engel des Herrn. Er nimmt den Propheten Habakuk, der damals im fernen Judäa lebt und gerade Essen zu den Arbeitern aufs Feld trägt, beim Schopf und bringt ihn mit seinem Topf zu Daniel in die Grube, damit dieser nicht verhungere (Dan 14,23–42).

185

1.3.3 Die Bestrafung Heliodors

Der syrische König, zu dessen Reich Judäa zu Anfang des 2. Jh. v. Chr. gehört, schickt seinen Kanzler Heliodor nach Jerusalem, um sich die Schätze des Tempels ausliefern zu lassen. Doch als Heliodor das Heiligtum betreten will, erscheint plötzlich ein Reiter in goldener Rüstung, „in strahlender Schönheit und herrlich gekleidet", der auf den Eindringling zustürmt und ihn mit den Vorderhufen des Pferdes trifft, während ihn zwei ebenfalls strahlende Begleiter des Reiters auspeitschen (2 Makk 3).

1.3.4 Hilfe in der Schlacht

In einem Krieg der Makkabäer gegen die übermächtigen Unterdrücker (Mitte des 2. Jh. v. Chr.) sind die Juden nach einem Gebet zu Gott gegen die Feinde gezogen. Dabei verhelfen ihnen „fünf herrliche Reiter auf goldgezäumten Pferden" zum Sieg in der Schlacht (2 Makk 10,29–30).

1.3.5 Raphael und Tobias

Nach dem Buch Tobit begleitet der Engel Raphael, zunächst unerkannt, den jungen Tobias, der für seinen alten, erblindeten Vater Tobit in einem fernen Land eine ausgeliehene Geldsumme holen soll. Tobias, vom Vater beauftragt, sich einen Reisebegleiter zu suchen, findet einen freundlichen jungen Mann, der in Wirklichkeit der Engel Raphael ist, sich aber nicht als solcher zu erkennen gibt. Als die beiden Reisenden eines Abends an den Fluß Tigris kommen und Tobias baden will, schießt ein großer Fisch aus dem Wasser und will ihn verschlingen. Auf Geheiß seines neuen Freundes zieht Tobias den Fisch ans Ufer und entnimmt ihm Herz, Leber und Galle, ein Mittel gegen Dämonen und Augenkrankheiten, wie ihm der Freund sagt. Auf dem weiteren Weg kehren die beiden auf Vorschlag des Begleiters bei Raguel, einem Verwandten des Tobias, ein. Dessen Tochter Sara ist schon mehrmals verheiratet worden, aber der böse Dämon Aschmodai, der in das Mädchen verliebt war, hat ihre künftigen Männer jeweils in der Brautnacht getötet. Als nun der Freund zu Tobias sagt, er solle Sara heiraten, hat Tobias zunächst Angst. Da er aber Zuneigung zu dem Mädchen gefaßt hat, hält er dann doch um seine Hand an. Auf Geheiß seines Begleiters verbrennt er in der Brautnacht die Innereien des Fisches, so daß der Dämon in den hintersten Winkel Ägyptens flieht. Nach Beendigung der Hochzeitsfeierlichkeiten macht sich Tobias mit seinem Reisegefährten und seiner Braut auf den Weg nach Hause, wo ihm Tobit, in seiner Blindheit stolpernd, entgegenkommt. Tobias streicht ihm die Galle des Fisches auf die Augen, und der alte Mann kann wieder sehen. Erst jetzt, als Vater Tobit den treuen Begleiter seines Sohnes belohnen will, gibt sich dieser als der Engel Raphael zu erkennen und verschwindet.

1.4 Der Engel des Herrn als Verderber

Zwar bringen die Boten Gottes meist Stärkung und Hilfe; doch gibt es auch Fälle, in denen Gott sie zur Bestrafung aussendet.

1.4.1 Der Pestengel in Jerusalem

König David wagt es, eine Volkszählung durchzuführen, was damals als eine Vermessenheit gilt. So stellt ihn Gott vor die Wahl, sich aus drei möglichen Strafen eine auszusuchen: Hungersnot, Volksaufstand oder Pest. David wählt die Pest; denn er will, so sagte er, lieber in die Hände des barmherzigen Gottes als in die der Menschen fallen. Als dann die Seuche zu wüten beginnt, sieht der König auf dem Berg oberhalb Jerusalems den strafenden Engel mit ausgestreckter Hand stehen. Da bietet er sich selbst und seine Familie als Ziel des göttlichen Zornes an, um das unschuldige Volk zu verschonen. Gott befiehlt ihm nun durch einen Propheten, dort, wo der Engel gestanden hat, einen Altar zu errichten, und die Pest hört auf (2 Sam 24).

1.4.2 Die Vernichtung von Sanheribs Heer

Ende des 8. Jh. v. Chr., zu Lebzeiten des Propheten Jesaja unter dem König Hiskija, belagert Sanherib, der König von Assur, Jerusalem. Er schickt einen hohen Würdenträger vor die Stadt, um sie zur Übergabe aufzufordern. Die Einwohner Jerusalems sollen sich von Hiskija nicht mit dem Hinweis auf die Hilfe des Herrn vertrösten lassen; denn kein Land sei bisher von seinen Göttern vor den assyrischen Heeren gerettet worden. Da spricht Jesaja dem König Mut zu; Sanherib werde wegen dieser Verhöhnung des Herrn Jerusalem nicht erobern. In der Nacht, so heißt es dann, zieht der Engel des Herrn aus und erschlägt im Lager der Assyrer 185000 Mann, so daß ihr König die Belagerung aufhebt und nach Hause zurückkehrt (2 Kön 1,13–19; Jes 36 und 37).

1.4.3 Bileam und seine Eselin

Noch ein anderer biblischer Bericht muß in diesem Zusammenhang erwähnt werden, da sich in ihm der Engel des Herrn einem Menschen auf bedrohliche Weise zeigt. Die Erzählung ist nicht ohne versteckten Humor. Denn der springende Punkt der Geschichte liegt nicht darin, daß eine unverständige Kreatur sprechen kann, sondern in der Ironie, daß sie mehr sieht als der berühmte Seher.

Die Handlung spielt in der Zeit des Moses, als die Israeliten ins Ostjordanland wandern, um von dort in Kanaan einzudringen. Einer der dortigen Könige, davon überzeugt, daß ihn keine Waffen gegen den Gott der Israeliten schützen können, will es mit Magie versuchen. Er schickt mehrfach Gesandte mit reichen Geschenken zu dem berühmten Seher Bileam mit der Bitte, zu kommen und Israel zu verfluchen. Schließlich sattelt Bileam seine Eselin und bricht auf. Auf dem Weg tritt ihm der Engel des Herrn „mit gezücktem Schwert", Inbegriff tödlicher Bedrohung, entgegen. Die Eselin sieht die Gestalt und weicht ihr aus. Bileam, blind für das, was vor sich ging, schlägt zornig auf das Tier ein, um es auf den Weg zurückzubringen. Als Bileam seinen Weg fortsetzt und zwischen zwei Mauern hindurch muß, erscheint der Engel abermals. Der Esel schreckt zurück und quetscht dabei Bileams Fuß ein. Bileam schlägt wieder auf das Tier ein, das unter ihm zu Boden geht, da es keinen Platz hat umzudrehen. Da öffnet Gott, so heißt es dann, der Eselin den Mund, und sie beklagt sich über die schlechte Behandlung: „Bin ich nicht immer dein treues Reittier gewesen? War ich je bockig oder ungehorsam?" „Nein!" gibt Bileam zu, und in diesem Augenblick öffnet Gott auch ihm die Augen, und er sieht jetzt den Engel mit einem Schwert vor sich stehen. Er versteht, warum der Esel solchen Widerstand geleistet hat, wirft sich auf sein Angesicht nieder und erklärt sich bereit umzukehren. Doch der Engel weist ihn an weiterzuziehen, mit der Einschränkung: „Du darfst nur die Worte sprechen, die ich selber dir sagen werde." Und tatsächlich, als Bileam von dem feindlichen König auf einen Berg geführt wird, von wo aus man die Lager Israels sehen kann, beauftragt ihn Gott selbst, also nicht mehr der Engel, die Israeliten zu segnen, anstatt sie zu verfluchen (Num 22 und 23).

2.0 Neues Testament

2.1 Kindheitsgeschichten Jesu im Matthäus- und Lukasevangelium

In diesen mehr nach theologischen als historischen Gesichtspunkten gestalteten Erzählungen erscheinen die Engel besonders häufig, um durch die außergewöhnlichen Begleitumstände von Jesu Geburt dessen einzigartige Rolle im göttlichen Heilsplan hervorzuheben.

2.1.1 Die Geburt des Vorläufers Jesu, Johannes des Täufers

Der Priester Zacharias und seine Frau Elisabeth, eine Verwandte Marias, sind schon alt und immer noch kinderlos. Da erscheint dem Priester beim Opferdienst im Tempel zu Jerusalem der Engel Gabriel und kündigt ihm an, er werde einen Sohn haben, den er Johannes nennen solle. Da Zacharias zweifelt und um ein Zeichen der Bekräftigung bittet, sagt ihm der Engel, er werde stumm sein, bis sich alles erfüllt habe. Erst nach der Geburt des Johannes kann Zacharias wieder reden (Lk 1,5–22 und 1,57–64).

2.1.2 Die Verkündigung der Geburt Jesu an Maria

Noch während der Schwangerschaft Elisabeths (vgl. 2.1.1) sendet Gott den Engel Gabriel nach Nazareth zu Maria, die mit Joseph verlobt ist. Der Engel grüßt Maria und verkündet ihr die Geburt eines Sohnes, den sie Jesus nennen solle. Auf Marias Einwand, sie habe noch keinen Mann, sagt ihr Gabriel, sie werde das Kind als Jungfrau vom Heiligen Geist empfangen. Da spricht Maria: „Siehe, ich bin die Magd des Herrn. Mir geschehe, wie du gesagt hast." Daraufhin verläßt sie der Engel (Lk 1,26–38).

2.1.3 Der Traum Josephs

Als Joseph, der Verlobte Marias, merkt, daß seine Braut schwanger ist (vgl. 2.1.2), will er sie nicht anklagen, denkt aber daran, sie heimlich zu verlassen. Da erscheint ihm ein (namenloser) „Engel des Herrn" im Traum und sagt ihm, er solle Maria zu sich nehmen; denn das Kind sei vom Heiligen Geiste (Mt 1,18–24).

2.1.4 Verkündigung an die Hirten

In der Nacht der Geburt des Jesuskindes in Bethlehem verkündet ein „Engel des Herrn" den Hirten die freudige Botschaft, während ganze Engelchöre mit ihrem Gesang das Ereignis lobpreisen (Lk 2,8–20).

2.1.5 Weitere Träume Josephs

Als König Herodes sich anschickt, alle neugeborenen Knaben in Bethlehem töten zu lassen, erscheint Joseph ein „Engel des Herrn" im Traum und fordert ihn auf, mit dem Jesuskind und dessen Mutter nach Ägypten zu fliehen (Mt 2,13). Nach dem Tod des Herodes erhält Joseph – wiederum von einem „Engel des Herrn" – die Weisung, aus Ägypten zurückzukehren und sich mit seiner Familie in Nazareth niederzulassen (Mt 2,19 und 22).

2.2 Im öffentlichen Leben Jesu

Die relativ seltenen Engelerscheinungen in dieser Periode zeichnen sich durch das schon aus den alten Engelerzählungen geläufige Motiv des himmlischen Zuspruchs aus.

2.2.1 Der Dienst der Engel nach Jesu Versuchung

Nach seinem vierzigtägigen Fasten in der Wüste wird Jesus von Satan mehrfach versucht. Als er den Angriff abgewehrt hat, „kamen Engel und dienten ihm" (Mt 4,11; Mk 1,13).

2.2.2 Jesu Stärkung am Ölberg

Als Jesus in seiner letzten Erdennacht am Ölberg angstvoll auf die Knie fällt und fleht: „Wenn es dir möglich ist, Vater, laß diesen Kelch an mir vorübergehen! Aber nicht mein, sondern dein Wille geschehe", kommt ein Engel vom Himmel und stärkt ihn (Mt 26,36–46 par.).

2.3 Nach Jesu Tod und Auferstehung

Auch die Funktion des Deute-Engels findet sich im Neuen Testament (vgl. auch 2.4.1).

Die Frauen am leeren Grab Jesu

Am dritten Morgen nach Jesu Tod und Begräbnis kommen einige seiner Jüngerinnen zum Grab und finden es leer. Denn ein „Engel des Herrn" ist vom Himmel herabgestiegen, hat den Eingangsstein weggewälzt und sich daraufgesetzt: „Seine Gestalt leuchtete wie ein Blitz, und sein Gewand war weiß wie Schnee. Die Wächter begannen vor Angst zu zittern und fielen wie tot zu Boden." Der Engel verkündet den Frauen, daß Jesus von den Toten auferstanden sei, und er weist sie an, diese Botschaft den anderen Jüngern zu überbringen (Mt 28,1–10). Nach anderen Versionen erhalten die Frauen, nachdem sie ins Grab hineingegangen sind, die gleiche Weisung von einem „mit einem weißen Gewand" bekleideten jungen Mann (Mk 16,1–8) oder von zwei Männern „in leuchtenden Gewändern" (Lk 24,1–10).

2.4 Apostelgeschichte

Bei der Ausbreitung des Christentums von Jerusalem aus über den ganzen Bereich des östlichen Mittelmeers setzen die Engel ihre Tätigkeit fort, jetzt zum Nutzen der jungen Gemeinde.

2.4.1 Die Engelsbotschaft bei Jesu Himmelfahrt
Als Jesus am vierzigsten Tag nach seiner Auferstehung auf dem Ölberg vor den Augen der Jünger zum Himmel auffährt, wird diesen das Geschehen von „zwei weißgekleideten Männern" gedeutet. Sie sagen zu den Aposteln, die Jesus nachstarren, daß sie ihn so wiederkommen sehen würden, wie er in den Himmel gegangen sei (Apg 1,4–12).

2.4.2 Befreiung der Apostel aus dem Gefängnis
Schon bald nach dem Beginn ihrer Predigt werden die Apostel vom jüdischen Hohenpriester und dessen Anhängern ins Gefängnis geworfen. Doch ein „Engel des Herrn" öffnet ihnen nachts die Tore, führt sie heraus und trägt ihnen auf, mit ihrer Predigt fortzufahren. Als der Hohepriester die Apostel am nächsten Morgen dem Hohen Rat vorführen will, findet man das Gefängnis verschlossen und bewacht, aber ohne Insassen (Apg 5,17–23).

2.4.3 Die Taufe des äthiopischen Kämmerers
Wegen der Verfolgungen in Jerusalem verlassen viele der neuen Christen die Stadt und verkünden ihren neuen Glauben in den anderen Orten Palästinas. Einer dieser Prediger ist der Diakon Philip-

pus. Eines Tages erscheint ihm ein „Engel des Herrn" und weist ihn an, sich an der Straße von Jerusalem nach Gaza zu postieren. Philippus trifft dort auf den Kämmerer der äthiopischen Königin, der sich von ihm in der Lehre Jesu unterrichten läßt und ihn schließlich um die Taufe bittet (Apg 8,26–40).

2.4.4 Die Aufnahme der ersten Heiden in die Kirche

Der Apostel Petrus hat, wie viele der Christen, wegen der Verfolgungen Jerusalem verlassen und hält sich in der Stadt Jaffa am Mittelmeer bei dem Gerber Simon auf. Zur gleichen Zeit lebt in der eine Tagesreise weiter nördlich gelegenen Hafenstadt Caesarea ein römischer Hauptmann namens Cornelius. Er ist einer der sogenannten Gottesfürchtigen, von denen es damals im Umkreis der Synagogen viele gab. Sie glaubten zwar an den Gott Israels, konnten sich jedoch nicht zum Übertritt zum Judentum entschließen. Da erscheint dem Hauptmann Cornelius ein „Engel des Herrn" und sagt ihm, er solle Boten nach Jaffa schicken, um einen gewissen Petrus, der beim Gerber Simon wohnt, zu holen.

Während die Boten des Cornelius sich am nächsten Tag zum Haus des Gerbers durchfragen, hat Petrus eine Vision, in der ihm Gott bedeutet, er solle die jüdische Unterscheidung zwischen „rein" und „unrein" aufgeben und mit den Männern gehen, die ihn suchen. Als Petrus mit den Boten nach Caesarea kommt und vor Cornelius und dessen Freunden und Hausgenossen die Botschaft von Jesus verkündet, werden alle Anwesenden vom Heiligen Geist ergriffen. So erkennt Petrus, daß er auch den Heiden die Taufe nicht verweigern darf.

2.4.5 Die Befreiung des Petrus aus dem Gefängnis

Auch der Apostel Petrus wird ins Gefängnis geworfen, um ihm den Prozeß zu machen. Doch in der Nacht vor der Verhandlung, als Petrus mit Ketten gefesselt zwischen zwei Soldaten schläft, erscheint ein Engel in seiner Zelle. Die Ketten fallen ab, und der Engel geht mit Petrus ungehindert an den Wachen vorbei, bis zum Tor des Gefängnisses, das sich von selbst öffnet. Auf der Straße dahineilend glaubt Petrus noch zu träumen. Erst als der Engel plötzlich verschwunden ist, versteht er, was geschehen ist. Er kommt zu dem Haus, in dem die Jünger versammelt sind und für ihn beten. Dort pocht er an das Tor. Doch die Magd, die hingeht und seine Stimme erkennt, vergißt vor Freude, ihn einzulassen. Sie läuft statt dessen ins Haus, um die Ankunft des verloren Geglaubten zu melden. Die dort Versammelten halten sie für verrückt und sagen: „Es ist sein Engel." Erst als Petrus weiter an das Tor klopft, öffnet man ihm (Apg 12,3–16).

2.4.6 Der Apostel Paulus im Seesturm

Der Apostel Paulus, den die Juden in Jerusalem vor Gericht gestellt hatten, hatte als römischer Bürger, der er war, an den Kaiser appelliert. So kommt er auf ein Schiff, das ihn nach Rom bringen soll. Unterwegs, bei einer Zwischenlandung in Kreta, ist es bereits Herbst. Doch der Kapitän wagt es, trotz der bevorstehenden Winterstürme die Fahrt fortzusetzen. Tatsächlich gerät das Schiff in einen schweren Sturm und droht unterzugehen. Da erhält Paulus den Besuch eines Engels, der ihm und allen Schiffsgenossen die Rettung verheißt (Apg 27,23–24).

2.4.7 Der Tod des Königs Herodes Agrippa I.

Agrippa, ein Enkel jenes grausamen Herodes, von dem die Kindheitsgeschichten Jesu berichten, tat sich bei der Verfolgung der jungen Christengemeinde besonders hervor. Als er einmal in der heidnischen Stadt Caesarea am Meer im Königsgewand von einer Tribüne aus eine Rede hält, schreit die versammelte Menge, es sei die Stimme eines Gottes, nicht eines Menschen. Da Herodes nicht sogleich widerspricht, schlägt ihn ein „Engel des Herrn", und er stirbt elendiglich, von Würmern zerfressen (Apg 12,19–23).

Fundstellen über Engel in der Bibel

Unter „Engel" werden auch jene Passagen aufgeführt, in denen von Männern, Naturkräften oder geheimnisvollen Begegnungen die Rede ist. Weitere Namen und Begriffe sind gesondert ausgewiesen.

Zitiert wird meist nach der Luther-Bibel, entweder wörtlich oder, wenn das Zitat zu lang wäre, mit einer Inhaltsangabe. Die deuterokanonischen Texte sind mit einem * gekennzeichnet.

Engel

Altes Testament

Gen	16,7–14	Der E. des Herrn und Hagar am Wüstenbrunnen
	18,1–15 u. 22	Die drei Besucher bei Abraham
	19	Die beiden E. in Sodom
	21,17	„Der E. Gottes rief Hagar vom Himmel her"
	22,11 u. 15	„Der E. des Herrn rief vom Himmel"
	24,7	Abraham zu seinem Knecht: „Er wird seinen E. vor dir her senden"
	28,12	„Die E. Gottes stiegen auf und nieder"
	31,11	„Der E. Gottes sprach zu mir imTraum: Jakob!"
	32,2	„... es begegneten ihm [Jakob] die E. Gottes"
	32,25–29	Jakobs Kampf mit dem geheimnisvollen Angreifer
	48,16	Jakob erinnert sich: „Der E., der mich erlöst hat"
Ex	3,2	„Der E. des Herrn erschien ihm [Moses] in einer feurigen Flamme aus dem Dornbusch"
	14,19	Am Schilfmeer: „Da erhob sich der E. Gottes"
	23,20	„Siehe, ich sende einen E. vor dir her"
	23,23	„mein E. wird vor dir hergehen"
	32,34	„Siehe, mein E. soll vor dir hergehen"
	33,2	„Ich will vor dir hersenden einen E."
Num	20,16	[Der Herr hat] „einen E. gesandt und uns aus Ägypten geführt"
	22,22–35	„Der E. des Herrn trat in den Weg, um ihm [Bileam] zu widerstehen"
Ri	2,1	„Es kam aber der E. des Herrn herauf von Gilgal nach Bochim und sprach ..."
	6,11–22	Der E. des Herrn und Gideon
	13,3–23	Der E. des Herrn bei Simsons Geburt

1 Sam	29,9	König Achisch zu David: „wie ein E. Gottes…"
2 Sam	14,17 u. 20	Weise Frau von Tekoa zu David: „Wie der E. Gottes…"
	19,28	Merib-Baal zu David: „Wie der E. Gottes…"
	24,16–17	„Als der E. seine Hand über Jerusalem ausstreckte…"
1 Kön	19, 5 u. 7	„Siehe, ein E. rührte ihn [Elija] an"
2 Kön	1,3	„Der E. des Herrn redete mit Elija"
	15	„Da sprach der E. des Herr zu Elija"
	19,35	„In dieser Nacht fuhr aus der E. des Herrn und schlug im Lager von Assyrien…"
1 Chr	21,15–18	„Gott sandte einen E. nach Jerusalem, es zu verderben"
* 2 Makk	3,26	„… zwei junge Männer in strahlender Schönheit"
Est *	5,2a	Ester zum König: „Ich sah dich wie einen E. Gottes"
Hiob	33,23	„… ein E. Gottes, ein Mittler"
Ps	34,8	„Der E. des Herrn lagert sich um die, die ihn fürchten"
	35, 5–6	„Der E. des Herrn stoße sie weg"
	78,49	„eine Schar verderbenbringender E."
	91,11–12	„Er hat seinen E. befohlen"
	103,20	„Lobet den Herrn, ihr seine E."
	104,4	„Du machst Winde zu deinen Boten und Feuerflammen zu deinen Dienern"
	148,2	„Lobet ihn, all seine E."
Weish	16,20	„Speise der E." (Manna)
Jes	37,36	„Da fuhr aus der E. des Herrn und schlug im assyrischen Lager…"
	63,9	„nicht ein E. und nicht ein Bote, sondern sein Angesicht half ihnen"
* Bar	6,6	„Mein E. ist bei euch"
Ez	8–10	„eine Gestalt, die wie ein Mann aussah" (deutet Vision)
Dan	3,28	„Der Gott…, der seinen E. gesandt… hat"
	3, * 49	„der E. des Herrn war in den Ofen hinabgestiegen"
	6,23	„Mein Gott hat seinen E. gesandt"
	7,10	„Tausendmal Tausende… zehntausendmal Zehntausende"
	7,16–27	„Ich ging zu einem… und er redete mit mir"
	8,15 ff.	„einer, der aussah wie ein Mann" (deutet Vision)
	10,5 ff.	„ein Mann, der hatte leinene Kleider an und einen goldenen Gürtel"
	12,5 ff.	„zwei andere [Männer]… in leinenen Kleidern"
	* 13,55	„Der E. Gottes wird dich zerspalten"
	* 13,59	„Der E. Gottes wartet schon mit dem Schwert in der Hand"
	* 14,33–39	„Der E. des Herrn… faßte Habakuk am Schopf"
Hos	12,5	„Er [Jakob] kämpfte mit dem E."
Sach	1,9–6,8	Deutung der Visionen durch den E. des Herrn
	12,8	„wie der E. des Herrn"
Hag	1,13	E. im Sinne von (menschlicher) „Bote"
Mal	2,7 u. 3,1	E. im Sinne von (menschlicher) „Bote"

Mt 1,20 + 2,13+19		„erschien ihm [Josef] der E. des Herrn im Traum"
	4,6	„Er wird seinen E. deinetwegen Befehl geben"
	4,11	„Da traten die E. zu ihm und dienten ihm"
	1,10	„Siehe, ich sende meinen Boten vor dir her"
	13,39	„Die Schnitter sind die E."
	13,41	„Der Menschensohn wird seine E. senden"
	13,49	„Die E. werden ausgehen und die Bösen von den Gerechten scheiden"
	14,39 u. 41 u. 49	Die E. beim Jüngsten Gericht
	16,27	„des Menschen Sohn kommt mit seinen E."
	18,10	„Ihre [der Kinder] E. im Himmel sehen allezeit das Antlitz meines Vaters"
	22,30	Die Auferstandenen „sind wie die E. im Himmel"
	24,31	„Er wird seine E. aussenden"
	24,36	„von dem Tag und von der Stunde weiß niemand, auch die E. im Himmel nicht"
	25,31	Wiederkunft Christi: „und alle E. mit ihm"
	26,53	„mehr als zwölf Legionen E."
	28,2	„Der E. des Herrn kam vom Himmel herab"
	28,5	„Der E. sprach zu den Frauen"
Mk	1,2	„Siehe, ich sende meinen Boten vor dir her"
	1,13	„Die E. dienten ihm"
	8,38	„wenn er kommen wird mit den heiligen E."
	12,25	Die Auferstandenen „sind wie die E. im Himmel"
	13,27	„wird er die E. senden"
	13,32	„von dem Tag und von der Stunde weiß niemand, auch die E. im Himmel nicht"
	16,5	Die Frauen „sahen einen Jüngling sitzen, der hatte ein langes, weißes Gewand an"
Lk	1,11 u. 19	„der E. des Herrn, … Gabriel" (bei Zacharias)
	1,26–38	Der E. Gabriel bei Maria
	2,9	„Der E. sprach zu ihnen" (zu den Hirten bei der Geburt Jesu in Bethlehem)
	2,13	„und alsbald waren bei dem E."
	2,15	„als die E. von ihnen [den Hirten] gen Himmel fuhren"
	2,21	„den Namen Jesus, wie er genannt war von dem E."
	4,10	„Er wird seinen E. deinetwegen befehlen"
	7,27	„Siehe, ich sende meinen Boten vor dir her"
	9,26	„wenn er [Christus] kommt in seiner Herrlichkeit und der … der E."
	12,8	„wird auch der Menschensohn bekennen vor den E. Gottes"
	12,9	„wird verleugnet werden vor den E. Gottes"
	15,10	„wird Freude sein vor den E. Gottes"
	16,22	„ward getragen von den E. in Abrahams Schoß"
	20,36	Die Auferstandenen „sind den E. gleich"

196

Lk	22,43	„Es erschien ihm ein E. vom Himmel und stärkte ihn"
	24,4	„zwei Männer in glänzenden Kleidern"
	24,23	„sie [die Frauen] haben eine Erscheinung von E. gesehen"
Joh	1,51	„Ihr werdet den Himmel offen sehen und die E. hinauf- und herabfahren"
	5,4	„Ein E. des Herrn fuhr herab"
	12,29	„Es redete ein Engel mit ihm"
	20,12–13	„Da sah sie [Maria von Magdala] zwei E. in weißen Gewändern sitzen ... die sprachen zu ihr"
Apg	1,10–11	„zwei Männer in weißen Gewändern. Die sagten ..." (bei der Himmelfahrt Jesu)
	5,19	„Der E. des Herrn tat in der Nacht die Türen des Gefängnisses auf"
	6,15	„wie eines E. Angesicht"
	7,30	„erschien ihm [dem Moses] ein E. in einer Feuerflamme im Dornbusch"
	7,35	„[den Moses] sandte Gott ... durch den Engel, der ihm im Dornbusch erschienen war"
	7,38	„zwischen dem E., der mit ihm [Moses] redete auf dem Berg Sinai"
	7,53	„das Gesetz empfangen durch Weisung von E."
	8,26	„Der E. des Herrn redete zu Philippus"
	10,3	Cornelius „sah deutlich einen E. Gottes bei sich eintreten"
	12,7–10	Befreiung des Petrus durch einen E. des Herrn
	12,15	„Es ist sein Engel"
	12,23	„schlug ihn [Herodes Agrippa] der E. des Herrn"
	23,8	„die Sadduzäer sagen, es gebe keine Auferstehung noch E. und Geister"
	23,9	„vielleicht hat ein Geist oder ein E. mit ihm [Paulus] geredet"
	27,23	„Diese Nacht trat zu mir [Paulus] der E. des Gottes, dem ich gehöre"
Röm	8,38	„weder E. noch Mächte"
1 Kor	4,9	„ein Schauspiel geworden der Welt und den E."
	6,3	„Wisset ihr nicht, daß wir E. richten werden"
	11,10	„um der E. willen" (Schleier der Frauen)
	13,1	„wenn ich mit Engelzungen redete"
2 Kor	11,14	„Der Satan verstellt sich zum E. des Lichtes"
Gal	1,8	„wenn wir oder ein E. vom Himmel ein [anderes] Evangelium predigen würden ..."
	3,19	Gesetz „verordnet von E."
	4,14	„wie einen E. Gottes nahmt ihr mich auf"
Kol	2,18	gegen Verehrung der E.
1 Thess	4,16	„wenn die Stimme des Erzengels und die Posaune Gottes erschallen"
2 Thess	1,7	„wenn der Herr Jesus sich offenbaren wird ... mit den E. seiner Macht"
1 Tim	3,16	Das Geheimnis des Glaubens, „erschienen den E."

1 Tim	5,21	„Ich ermahne dich inständig vor... den auserwählten E."
Hebr	1,4–5	der Sohn, „höher geworden als die E.... Denn zu welchem E. hat Gott..."
	1,6	„Es sollen alle E. ihn [Christus] anbeten"
	1,7	„Von den E. spricht er: Er macht seine E. zu Winden und seine Diener zu Feuerflammen"
	1,14	„Sind sie nicht allesamt dienstbare Geister?"
	2,2	„Das Wort, ... das durch die E. gesagt ist"
	2,5–10	Suprematie Christi über die E.
	2,16	„Er nimmt sich nicht der E. an, sondern der Kinder Abrahams"
	12,22	„Ihr seid gekommen ... zu den vielen tausend E."
	13,2	durch Gastfreundschaft „haben etliche ohne ihr Wissen E. beherbergt"
1 Petr	1,12	„was auch die E. begehren zu schauen"
	3,22	„sind ihm [Christus] untertan die E. und die Gewaltigen und die Mächte"
2 Petr	2,4	„Gott hat selbst die E., die gesündigt haben, nicht verschont"
	2,11	Die E. lästern nicht über die Sünder
Jud	6	„die E., die ihren himmlischen Rang nicht bewahrten"
Offb	1,1	„Er hat sie [die Offenbarung] durch einen Engel gesandt"
	1,4	„sieben Geister vor seinem Thron"
	1,20	„die sieben Sterne sind E. der sieben Gemeinden"
	2,1 u. 8 u. 12 u. 18; 3,1 u. 7 u. 14	E. der sieben Gemeinden
	3,5	„seinen Namen bekennen vor dem Vater und seinen E."
	4,5	„die sieben Geister Gottes"
	4,6–9	„Vier himmlische Gestalten, voller Augen vorn und hinten" (um Gottes Thron)
	5,2	„Ich sah einen starken E., der rief..."
	5,6	„vier Gestalten"
	5,11	„eine Stimme vieler E.... vieltausendmal tausend"
	6,1	„Ich hörte eine der vier Gestalten sagen"
	6,3	„hörte ich die zweite Gestalt sagen"
	6,5	„hörte ich die dritte Gestalt sagen"
	6,7	„hörte ich die Stimme der vierten Gestalt sagen"
	7,1	„sah ich vier E. stehen ... die hielten die vier Winde fest"
	7,2	„Ich sah einen anderen Engel aufsteigen..., der hatte das Siegel des lebendigen Gottes und rief... zu den vier E., denen Macht gegeben war"
	7,11	„Alle E.... rings um den Thron ... fielen nieder... und beteten Gott an"
	8,2	„Ich sah die sieben E., die vor Gott stehen, und ihnen wurden sieben Posaunen gegeben"
	8,3–5	Der E. mit dem Räuchergefäß
	8,6–12	Vier der sieben E. bliesen die Posaunen
	9,1	„der fünfte E. blies seine Posaune"
	9,1–2	„Ich sah einen Stern, gefallen vom Himmel. Ihm wurde der

198

Schlüssel zum Brunnen des Abgrunds gegeben. Und er tat den Brunnen des Abgrunds auf"

9,13 „der sechste E. blies seine Posaune"

9,14–15 Die vier am Euphrat gefesselten E. wurden losgebunden

10, 1–3 „Ich sah einen anderen starken E. vom Himmel herabkommen ... in seiner Hand ein Büchlein"

10,5 „der Engel ... hob seine rechte Hand auf zum Himmel"

10,7 „in den Tagen, wenn der siebente seine ... Posaune blasen wird"

10,8–10 Der Seher muß das Büchlein aus der Hand des E. nehmen und es verschlingen

11,15 „der siebente E. blies seine Posaune"

12,7 „Michael und seine E. kämpften gegen den Drachen"

14,3 „ein neues Lied vor dem Thron und vor den vier Gestalten"

14,6 „Ich sah einen anderen E. fliegen ..., der hatte ein ewiges Evangelium zu verkündigen"

14,8 „ein zweiter E. ... sprach: Sie ist gefallen, ... Babylon, die große Stadt"

14,9–12 Ein dritter E. warnt vor der Anbetung des Tieres

14,15 Ein anderer E. ruft den Menschensohn zur Ernte auf

14,17–20 „Ein anderer E. ... hatte ein scharfes Winzermesser" und „ein anderer E. ... mit Macht über das Feuer"

15,1 u. 6–8 Sieben E. mit den sieben letzten Plagen

16 Die sieben E. mit den sieben Plagen gießen nacheinander ihre Schalen aus

16,5 „der E. der Wasser"

17 Einer der sieben E. mit den sieben Schalen deutet das Strafgericht über die große Hure

18,1–3 Ein E. verkündet den Fall Babylons

18,21 „Ein starker E. hob einen Stein auf, groß wie ein Mühlstein ... warf ihn ins Meer"

19,1–3 u. 6–7 Lautes Rufen einer großen Schar im Himmel

19,4 „die vier Gestalten fielen nieder und beteten Gott an"

19,10 Warnung vor Anbetung des E.

19,17 „Ich sah einen E. in der Sonne stehen, und er rief ... allen Vögeln zu"

20,1–3 Ein E. mit Kette und Schlüssel zum Abgrund fesselt den Drachen

21,9–22,7 Einer der sieben E. mit den Plagen zeigt die Braut (Jerusalem) und den Strom

21,12 „auf den zwölf Toren zwölf E."

21,17 „nach Menschenmaß, das der E. gerauchte"

22,6 „der Herr ... hat seinen E. gesandt"

22,8–9 Warnung vor Anbetung des E.

22,16 „Ich, Jesus, habe meinen Engel gesandt"

Michael

Dan	10, 13 u. 21	„einer der Ersten unter den Engelfürsten"
	12,1	„der große Engelfürst, der für dein Volk eintritt"
Jud	9	Streit mit Satan um Leichnam des Moses
Offb	12,7 ff.	Kampf mit Satan und seinen E.

Gabriel

Dan	8,16	„... einer, der aussah wie ein Mann ... Gabriel"
	9,21	„... da flog der Mann Gabriel"
Lk	1,19	„Ich bin Gabriel, der vor Gott steht"
	1,26	„wurde der Engel Gabriel von Gott gesandt in eine Stadt ..., die heißt Nazareth"

Raphael

Unter vielen anderen Stellen im Buch Tobit:

* Tob	3,17	„fand Gehör bei der Majestät des großen Raphael. Er wurde gesandt ..."
	5,4	„Raphael war ein Engel, aber Tobias wußte es nicht"
	8,2–3	Raphael vertreibt den Dämon
	12	Raphael offenbart sich

Gottes-/Göttersöhne

Gen	6,2	„sahen die Göttersöhne, wie schön die Töchter der Menschen waren"
Hiob	1,6 u. 2,1	„eines Tages, da die Göttersöhne kamen und vor den Herrn traten"
	38,7	„als mich die Morgensterne miteinander lobten und jauchzten alle Göttersöhne"
Ps	29,1	„Bringt dar dem Herrn, ihr Himmlischen [wörtlich: Göttersöhne], ... Ehre und Stärke!"
	82,1	„Der Herr steht in der Gottesgemeinde und ist Richter unter den Göttern"
Dan	3,25	„sieht aus, als wäre er ein Sohn der Götter"
* Weish	5,5	„Jetzt zählt er [der Gerechte] zu den Söhnen Gottes"

Heerscharen/Zebaoth

Jos	5,14	„Ich bin der Fürst über das Heer des Herrn"
1 Sam	1,3	„um anzubeten und dem Herrn Zebaoth zu opfern"
1 Kön	22,19	„das ganze himmlische Heer ... zu seiner [Gottes] Rechten und seiner Linken"
Neh	9,6	„aller Himmel Himmel mit ihrem ganzen Heer"
Ps	24,10	„Wer ist der König der Ehre? Es ist der Herr Zebaoth"

Ps	33,6	„Der Himmel ist durch das Wort des Herrn gemacht und all sein Heer durch den Hauch seines Mundes"
	46,8 u. 12	„Der Herr Zebaoth ist mit uns"
	103,21	„Lobet den Herrn, alle seine Heerscharen"
	148,2	„Lobet ihn, all sein Heer"
Joel	2,11	„Der Herr wird seinen Donner vor seinem Heer erschallen lassen; denn sein Heer ist sehr groß und mächtig und wird seinen Befehl ausrichten"
Lk	2,13	„... war da bei dem E. die Menge der himmlischen Heerscharen"

Ferner als Beiwort in „Gott oder Herr der Heerscharen [Zebaoth]": 1 Sam 1,11; 4,4; 17,5; 2 Sam 6,2; 1 Kön 19,10; Ps 24,10; 46,8; 80,20; 84,2 u. 9 u. 13; 89,9; Jes 5,7; 6,3 u. 5; 9,7; 28,29; 37,16; 47,4; Am 3,13; 4,13; 5,14; 6,14; Hos 12,6; Mal 2,7; Röm 9,29; Jak 5,4

Seraphim

Jes	6,1 – 13	Vision des Propheten Jesaja

Cherubim

Gen	3,24	„[Gott] ließ lagern vor dem Garten Eden die Cherubim"
Ex	25,18 – 20	„zwei Cherubim ... aus getriebenem Golde" (auf der Bundeslade)
1 Sam	4,4	„die Lade des Bundes des Herrn Zebaoth, der über den Cherubim thront"
2 Sam	6,2	„[die Lade], genannt nach dem Namen des Herrn Zebaoth, der über den Cherubim thront"
	22,11	„Er [Gott] fuhr auf dem Cherub und flog daher"
1 Kön	6,23 – 28	Herstellung der Cherubim für Salomos Tempel
	8,6 – 7	Die Cherubim auf der Bundeslade
2 Kön 19,15 u. Jes 37,16		„Herr, Gott Israels, der über den Cherubim thront"
Ps	18,11	„Er [Gott] fuhr auf dem Cherub und flog daher"
	80,2	„Erscheine, der du thronst über den Cherubim"
	99,1	„Er [Gott] sitzt über den Cherubim"
Ez	1 u. 10 – 11	Visionen
	28,14	„Du warst ein glänzender, schirmender Cherub" (zum König von Tyrus)
	28,16	„Ich ... tilgte dich, du schirmender Cherub, hinweg" (zum König von Tyrus)
Hebr	9,5	„Oben darüber [über der Lade] waren die Cherubim der Herrlichkeit"

Reiter, Pferde und Wagen

2 Kön	2,11	„ein feuriger Wagen mit feurigen Rossen"

201

2 Kön	6,15–17	„voll feuriger Pferde und Wagen"
2 Makk	3,25	„ein Pferd mit einem schrecklichen Reiter darauf"
	10,29–30	„fünf herrliche Reiter auf goldgezäumten Pferden"
Ps	68,18	„Gottes Wagen sind vieltausendmal tausend"
	104,3	„Du fährst auf den Wolken wie auf einem Wagen"
Sib	49,8	„Ezechiel beschrieb die Gestalten am Thronwagen"
Jes	66,15	„Der Herr wird kommen mit Feuer und seine Wagen wie ein Wetter"
Hab	3,8	„als du auf deinen Rossen rittest und deine Wagen den Sieg behielten"
Offb	6,2	„und siehe, ein weißes Pferd"
	9,16–19	„Die Zahl des reitenden Heeres war vieltausendmal tausend"
	19,11	„und siehe, ein weißes Pferd"
	19,14 u. 19	„das Heer des Himmels auf weißen Pferden"

Völkerengel

Dtn	32,8	„da setzte er die Zahl der Völker nach der Zahl der Söhne Gottes"
Ps	82,1–4	„Gott steht auf in der Versammlung der Götter"
Dan	10,13	„der Engelfürst des Perserreiches"
	10,20	„der Engelfürst von Persien... der Engelfürst von Jawan [Griechenland]"
	12,1	„Michael, der große Engelfürst, der für dein Volk eintritt"

Heilige, Himmlische, Wächter

Hiob	5,1	„an welchen von den Heiligen willst du dich wenden?"
	15,15	„Siehe, seinen Heiligen traut Gott nicht"
Ps	29,1	„Bringet dar dem Herrn, ihr Himmlischen,... Ehre und Stärke!"
	89,6	„Die Himmel werden, Herr, deine Wunder preisen und deine Treue in der Gemeinde der Heiligen"
	89,7	„Wer... könnte... dem Herrn gleich sein unter den Himmlischen"
	89,8	„Gott ist gefürchtet in der Versammlung der Heiligen"
Dan 4,10 u. 14 u. 20		„ein Wächter, ein Heiliger"
	8,13	„Ich hörte einen Heiligen reden, und ein anderer Heiliger sprach..."
Mt	6,10	„Dein Wille geschehe wie im Himmel so auf Erden"

Mächte, Gewalten, Fürsten, Herrschaften

Röm	8,38	„weder E. noch Mächte noch Gewalten"
1 Kor	15,24	„nachdem er [Christus] alle Herrschaft und alle Macht und Gewalt vernichtet hat"
Eph	1,20–21	Suprematie Christi „über alle Reiche, Gewalt, Macht, Herrschaft"

202

Eph	3,10	„damit jetzt kund werde die ... Weisheit Gottes den Mächten und Gewalten im Himmel durch die Gemeinde"
	6,12	„Wir haben nicht mit Fleisch und Blut zu kämpfen, sondern mit Mächtigen und Gewaltigen, den Herren der Welt ... mit den bösen Geistern unter dem Himmel"
Kol	1,16	„In ihm alles geschaffen ... Throne oder Herrschaften oder Mächte oder Gewalten"
	2,10	„das Haupt aller Mächte und Gewalten"
1 Petr	3,22	„Es sind ihm [Christus] untertan die E. und die Gewaltigen und die Mächte"

Der Teufel/Satan, Fürst/Herr dieser Welt, der Böse u. ä.

Altes Testament

Num	22,22–35	„Der E. des Herrn trat in den Weg, um ihm [Bileam] zu widerstehen" (wörtl.: „als S.")
1 Chron	21,1	„Der S. stellte sich gegen Israel auf und reizte David"
Hiob	1,6 u. 2,1	„Da die Gottessöhne ... vor den Herrn traten, kam auch der S. unter ihnen"
	2,2–7	Gespräch zwischen Gott und dem S.
* Weish	2,24	„durch den Neid des T.s kam der Tod in die Welt"
Sach	3,1	„Der S. stand zu seiner Rechten, um ihn [den Hohenpriester] zu verklagen"

Neues Testament

Mt	4,3	„auf daß er [Jesus] vom Teufel versucht würde"
	12,26	„wenn nun der S. den S. austreibt"
	13,19	„so kommt der Böse"
	13,59	„Der Feind, der es [das Unkraut] sät, ist der Teufel"
	16,23	Jesus zu Petrus: „Geh weg von mir, S. Du bist mir ein Ärgernis"
	25,41	„das ewige Feuer, das bereitet ist dem T. und seinen Engeln"
Mk	3,22	„Er [Jesus] hat den Beelzebul, und treibt die bösen Geister aus durch ihren Obersten"
	3,23	„wie kann der S. den S. austreiben?"
	4,15	„kommt sogleich der S. und nimmt das Wort weg"
Lk	4,2–13	Jesus vom T. versucht
	8,12	„danach kommt der S. und nimmt das Wort"
	10,18	„Ich sah den S. vom Himmel fallen wie einen Blitz"
	11,18–19	„Ist aber der S. auch mit sich selbst uneins"
	13,16	„die der S. schon 18 Jahre gebunden hatte"
	22,3	„Es fuhr aber der S. in Judas"
	22,31	„Der S. hat begehrt, euch zu sieben wie Weizen"

Joh	6,70	„einer von euch ist ein T."
	8,44	„Ihr habt den T. zum Vater... Er ist ein Lügner und der Vater der Lüge"
	12,31	„nun wird der Fürst dieser Welt ausgestoßen werden"
	13,2	„als schon der T. dem Judas ins Herz gegeben hatte, ihn zu verraten"
	13,27	„Als der den Bissen nahm, fuhr der S. in ihn"
	14,30	„Es kommt der Fürst dieser Welt"
	16,11	„daß der Fürst dieser Welt gerichtet ist"
	17,15	„daß du sie bewahrest vor dem Bösen"
Apg	5,3	„Warum hat der S. dein Herz erfüllt?"
	10,38	„alle, die vom T. überwältigt waren"
	13,10	„Du Sohn des T."
Röm	16,20	„Der Gott des Friedens wird den S. unter eure Füße treten in Kürze"
1 Kor	5,5	„soll dieser Mensch dem S. übergeben werden zum Verderben des Fleisches"
	7,5	„damit euch der S. nicht versucht"
2 Kor	4,4	„denen der Gott dieser Welt den Sinn verblendet hat"
	6,15	„Wie stimmt Christus überein mit Beliar?"
	11,3	„wie die Schlange Eva verführte mit ihrer List"
	11,14	„Der S. verstellt sich zum Engel des Lichts"
	12,7	„ein E. Satans, der mich mit Fäusten schlagen soll"
Eph	2,2	„unter dem Mächtigen, der in der Luft herrscht"
	6,11	„widerstehen... gegen die listigen Anschläge des T.s"
	6,16	„alle feurigen Pfeile des Bösen"
Kol	1,13	„Er hat uns errettet von der Macht der Finsternis"
1 Thess	2,18	„doch der S. hat uns gehindert"
	3,5	„ob der Versucher euch etwa versucht hat"
2 Thess	3,3	„Der Herr ist treu; der wird euch... bewahren vor dem Bösen"
1 Tim	3,6	„damit er nicht dem Urteil des T. verfallen"
	3,7	„damit er sich nicht fange in der Schlinge des T."
Hebr	2,14	„der Gewalt über den Tod hatte, nämlich der T."
Jak	2,19	„Du glaubst, daß nur einer Gott ist?... die T. glauben's auch und zittern"
	4,7	„Widersteht dem T., so flieht er von euch"
1 Petr	5,8	„Euer Widersacher, der T., geht umher wie ein brüllender Löwe"
2 Petr	2,4	„die E., die gesündigt haben"
1 Joh	1,13–14	„Ihr habt den Bösen überwunden"
	3,8–10	„Wer Sünde tut, der ist vom T.; denn der T. sündigt von Anfang an"
Jud	6	„Die E., die ihren himmlischen Rang nicht bewahrten,... festgehalten in der Finsternis"
	9	„Als Michael, der Erzengel, mit dem T. stritt... um den Leichnam des Mose"

204

Offb	2,10	„Der T. wird einige von euch ins Gefängnis werfen, damit ihr versucht werdet"
	2,24	„die nicht erkannt haben die Tiefen S."
	3,9	„einige aus der Synagoge S."
	9,11	Der E. des Abgrunds Abaddon/Apollyon
	12,3–4	„ein großer, roter Drache..."
	12,7–9	„Michael und seine E. kämpften gegen den Drachen. Und der Drache kämpfte und seine E., ... die alte Schlange, die da heißt: T. und S."
	12,13–17	Der Drache verfolgt die Frau
	13,1–8	Das Tier mit 10 Hörnern und sieben Köpfen
	13,11–17	Das Tier mit zwei Hörnern
	18,2	„Sie ist gefallen, Babylon, die Große, und ist eine Behausung der T. geworden"
	20,1–3	Ein E. mit Kette und Schlüssel fesselt den Drachen
	20,10	„Der T. ... wurde geworfen in den Pfuhl von Feuer und Schwefel"

Dämonen, böse/unreine Geister u. ä.

Altes Testament

Gen	4,7	„so lauert die Sünde [als Dämon] vor der Tür"
Lev	16,8–26	Der Sündenbock für den Dämon Asasel
	17,7	„sie sollen ihre Opfer nicht mehr den Feldgeistern opfern"
Dtn	32,17	„Sie haben den bösen Geistern geopfert"
2 Chron	11,15	„Priester für die Höhen und die Feldgeister"
Ps	91,6	„vor der Pest, die im Finstern schleicht, vor der Seuche, die am Mittag Verderben bringt" (Mittagsdämon)
	96,5	„alle Götter der Völker sind Götzen"
	106,37	„Sie opferten ihre Söhne und ihre Töchter den bösen Geistern"
Jes	13,21	„Feldgeister werden da hüpfen"
	34,12–14	„Feldgeister werden darin wohnen... das Nachtgespenst [Lilith] wird auch dort herbergen"
* Bar	4,7	„den Dämonen und nicht Gott Opfer dargebracht"
* Tob	3,8 u. 8,3	der Dämon Aschmodai
	6,8	„Wenn ein Mann oder eine Frau von einem Dämon gequält wird..."

Neues Testament

| Mt | 4,24 | „Sie brachten zu ihm [Jesus]... Besessene... und er machte sie gesund" |

Mt	7,22	„Haben wir nicht in deinem Namen böse Geister ausgetrieben"
	8,16	„Er [Jesus] trieb die Geister aus durch sein Wort"
	8,28–32	Heilung zweier Besessener
	9,32–34	Heilung eines Menschen, der stumm und besessen war: „Aber die Pharisäer sprachen: Er treibt die bösen Geister aus durch ihren Obersten"
	10,1	„Er gab ihnen Macht über die unreinen Geister"
	10,8	Jesus zu den Jüngern: „Treibt böse Geister aus!"
	12,22	Heilung eines Besessenen, „der war blind und stumm"
	12,43–45	„Wenn der unreine Geist von einem Menschen ausgefahren ist"
	15,22	„Meine Tochter wird von einem bösen Geist übel geplagt"
	17,14–18	Heilung des mondsüchtigen Knaben: „Der böse Geist fuhr aus von ihm"
Mk	1,23–26	„ein Mensch, besessen von einem unreinen G., der schrie:..."
	1,32–39	„[Jesus] trieb die bösen Geister aus"
	3,10	„Wenn ihn [Jesus] die unreinen G. sahen, fielen sie vor ihm nieder und schrien:..."
	3,15	„Er setzte zwölf ein,... daß sie Vollmacht hätten, die bösen Geister auszutreiben"
	3,22	„Er [Jesus] hat den Beelzebul, und treibt die bösen Geister aus durch ihren Obersten"
	5,1–17	Heilung eines Menschen „mit einem unreinen G.... Legion heiße ich"
	6,7	„Er rief die Zwölf zu sich... und gab ihnen Macht über die unreinen G."
	6,13	„Sie [die Apostel]... trieben viele böse Geister aus"
	7,25–30	„ eine Frau... deren Töchterlein einen unreinen G. hatte"
	9,14–27	Heilung eines epileptischen Knaben
	9,38	„Meister, wir sahen einen, der trieb böse Geister in deinem Namen aus"
	16,9	„Maria von Magdala, von der er sieben böse Geister ausgetrieben hatte"
Lk	4,33–36	„Es war ein Mensch in der Synagoge, besessen von einem unreinen G....
	4,41	„von vielen fuhren auch die bösen Geister aus"
	6,18	„die von unreinen G. umgetrieben waren, wurden gesund"
	7,33	„Johannes der Täufer... aß kein Brot und trank keinen Wein; so sagt ihr: Er ist besessen"
	8,2	„Maria, genannt Magdalena, von der sieben böse Geister ausgefahren waren"
	8,26–34	Heilung eines Mannes, „der hatte böse Geister. ... Legion, denn es waren viele böse Geister in ihn gefahren"
	9,1	„Er rief die Zwölf zusammen und gab ihnen Gewalt und Macht über alle bösen Geister"

206

Lk	9,37–42	Heilung eines Knaben von einem bösen, unreinen G.
	9,49	„Meister, wir sahen einen, der trieb böse Geister aus in deinem Namen"
	10,17	„Herr, auch die bösen Geister sind uns untertan in deinem Namen"
	10,20	„Darüber freut euch nicht, daß euch die Geister untertan sind, sondern..."
	11,14	„Er trieb einen bösen G. aus, der war stumm"
	11,24–26	„Wenn der unreine G. von einem Menschen ausgefahren ist...
	13,32	„Siehe, ich treibe böse Geister aus"
Joh	7,20	Das Volk zu Jesus: „Du bist besessen"
	8,48–52	Streit der Juden mit Jesus, ob er einen bösen G. hat
	10,20	„Viele sprachen: Er hat einen bösen G."
Apg	5,16	„Es kamen viele Kranke und solche, die von unreinen Geistern geplagt waren"
	8,7	„die unreinen Geister fuhren aus mit großem Geschrei"
	16,16–18	„eine Magd, die hatte einen Wahrsagegeist"
1 Kor	10,20–21	„was man da opfert, das opfert man den bösen Geistern und nicht Gott"
Eph	6,12	„nicht mit Fleisch und Blut zu kämpfen, sondern mit den Mächtigen und Gewaltigen, nämlich den Herren der Welt,... mit den bösen Geistern unter dem Himmel"
1 Tim	4,1	„daß einige... abfallen werden und verräterischen G. und teuflischen Lehren anhängen"
1 Joh	4,1	„Prüft die Geister, ob sie von Gott sind"
Offb	9,20	„bekehrten sich nicht..., daß sie nicht mehr anbeteten die bösen Geister"
	16,13–14	„drei unreine Geister, gleich Fröschen"

Fundstellen über Engel im Koran

Die Nachweise beziehen sich auf die Suren und Verse des Koran. Zitiert wird nach der von Annemarie Schimmel besorgten Neuausgabe der Übersetzung von Max Henning, Stuttgart 1991, entweder wörtlich oder sinngemäß, wenn das Zitat zu lang oder unverständlich wäre. Die Verszählung entspricht der offiziellen ägyptischen Koranausgabe.

Engel

2,30–33	Adam lehrte die E. die Namen der Dinge
2,34	Die E. warfen sich auf Gottes Geheiß vor Adam nieder, außer Iblis
2,97–98	Wenn einer den E. und Gabriel und Michael feind ist, dem ist Gott feind
2,161	„über sie [die Ungläubigen] der Fluch Allahs und der E."
2,177	„ist fromm, wer da glaubt an Allah ... und die E."
2,210	„daß Allah zu ihnen kommt in den Schatten der Wolken und E."
2,248	Die Lade Israels „getragen von den E."
2,285	„Die Gläubigen alle glauben an Allah und seine E."
3,18	„Die E. ... verkünden: Es gibt keinen Gott außer Ihm"
3,38–41	Verkündigung der Geburt Johannes des Täufers an Zacharias durch die E.
3,42–48	Verkündigung der Geburt Jesu an Maria durch die E. bzw. einen E.
3,80	Man darf nicht die E. (an Gottes statt) zum Herrn nehmen
3,87	„ihr [der Ungläubigen] Lohn ist, daß über sie der Fluch Allahs und der E. kommt"
4,97	„diejenigen, welche ... gesündigt hatten, nahmen die E. fort"
4,136	„Wer nicht glaubt an Allah und Seine E. ..., der ist weit abgeirrt"
4,166	„die E. bezeugen es"
4,172	„Nimmer ist der Messias zu stolz, ein Diener Allahs zu sein, und nicht auch die nahestehenden E."
6,8–9	Warum Gott keinen E. zu den Ungläubigen sandte und Mohammed nicht zu einem E. machte
6,50	„spreche ich [Mohammed] nicht zu euch: ,Ich bin ein E.'"
6,61	„Er sendet über euch Wächter, so daß, wenn zu einem von euch der Tod kommt, Unsere Gesandten [die E.] ihn zu sich nehmen"
6,93	Die E. beim Tod der Ungerechten
6,111	„Und hätten Wir auch die E. zu ihnen herniedergesandt ..., sie hätten nicht geglaubt"
6,158	„Können sie auf etwas andres ausschauen, als daß die E. zu ihnen kommen ...?"
7,11	„sprachen wir zu den E.: Werfet euch nieder vor Adam!"

7,37	Wenn die (Todes-)Engel zu den Götzendienern kommen
7,206	Die E. „sind nicht zu hoffärtig, Ihm zu dienen, und preisen Ihn und werfen sich vor Ihm nieder"
8,9 u.12	Die E. als Helfer in der Schlacht
8,50	Wenn die E. (am Tag des Gerichts) die Ungläubigen aufs Gesicht und den Hintern schlagen ...
10,21	„Unsere Gesandten [hier: die E., die Buch führen] schreiben eure Anschläge auf"
11,12	Mohammeds Gegner: „Warum kam nicht ein E. mit ihm?"
11,31	Mohammed: „auch spreche ich nicht: Ich bin ein E."
11,69–76	Die Engel verkündeten Abraham die Geburt Isaaks
11,77–81	Die Engel bei Lot in Sodom
13,11	„Ein jeder hat vor und hinter sich E., die ... ihn behüten auf Allahs Geheiß"
13,23–24	Die E. empfangen die Gerechten im Paradies
15,6–8	Warum keine Bestätigung der Botschaft Mohammeds durch E. erfolgt
15,28–31	Die E. warfen sich vor Adam nieder, außer Iblis
15,51–60	Die E. verkünden Abraham die Geburt Isaaks und den Untergang Sodoms
15,61–72	Die E. bei Lot in Sodom
15,85	„Wir erschufen die Himmel und die Erde und was zwischen beiden"
16,2	„Hernieder sendet Er die E. mit dem Geist auf wen er will von seinen Dienern"
16,28–32	Beim Tod sagen die E. zu den Sündern: „Gott weiß, was ihr getan habt. Tretet ein in die Hölle!" und zu den Gerechten: „Tretet ein ins Paradies!"
16,102	„Herabgesandt hat ihn [den Koran] der heilige Geist [Gabriel]"
17,42	„Hat denn euer Herr ... sich von E. Töchter angenommen?"
17,61	Die E. warfen sich vor Adam nieder, außer Iblis
17,85	Gott zu Mohammed: „Sie werden dich über den Geist befragen" (gemeint ist entweder Gabriel oder die menschliche Seele)
17,95	„Wenn die E. ... auf Erden wandelten, hätten wir ihnen ... einen E. hinabgeschickt"
18,50	Die E. warfen sich vor Adam nieder, außer Iblis
19,16–21	„Unser Geist [Gabriel]" verkündet Maria die Geburt Jesu
19,64–65	Gabriel zu Mohammed: „Wir kommen nur auf den Befehl deines Herrn hernieder" (Denn Er ist der Herr von Himmel und Erde und dem, was dazwischen ist)
20,116	Die E. warfen sich vor Adam nieder, außer Iblis
21,103	Über die Gerechten beim Gericht: „entgegen sollen ihnen die E. kommen"
22,75	„Allah erwählt Gesandte aus den E. und aus den Menschen"
23,24	Die Ungläubigen gegen Mohammed: „So Allah gewollt hätte, Er hätte E. gesandt"
23,113	Die Menschen verweisen Gott beim Gericht auf die „Rechnungsführenden" (die E.)

25,7	Die Ungläubigen über Mohammed: „Wäre zu ihm nur ein E. herabgesandt"
25,21–25	An jenem (Jüngsten) Tag, an dem die E. herabgesandt werden
26,193	„Hinab kam mit ihm [dem Koran] der getreue Geist [Gabriel]"
32,11	„Fortnehmen wird euch der E. des Todes"
33,43	„Seine E. (bitten für euch), daß Er euch ... zum Licht ..."
33,56	„Siehe, Allah und Seine E. segnen den Propheten"
34,40–41	Am Tag des Gerichts „wird er zu den E. sprechen ... Sie werden sprechen ..."
35	Titel der Sure: „Die E." (oder „Der Schöpfer")
35,1	„Allah ..., der die E. zu Boten macht, versehen mit Flügeln in Paaren, zu dritt und zu viert"
37,1–3	„Bei den in Reihen sich [zum Lobpreis] Reihenden, und den in Abwehr [gegen die Dschinn] Wehrenden, und den die Mahnung Lesenden" (= drei Gruppen von E.)
37,69	„Kein Wissen war mir von den hohen Häuptern (den E.)"
37,150	„Haben Wir etwa die E. weiblich erschaffen?"
38,71–84	Die E. warfen sich vor Adam nieder, außer Iblis
39,68–69	„gestoßen wird in die Posaune ... und hingelegt wird das Buch ..." (von den E. beim Gericht)"
39,73	Die Hüter(-engel) empfangen die Gerechten im Paradies
39,75	„sehen wirst du die E. kreisend rings um den Thron, den Preis ihres Herrn verkündend"
40,7–9	Die E. um Gottes Thron legen Fürbitte für die Menschen ein
41,14	Die Ungläubigen: „Wenn unser Herr gewollt hätte, E. hätte Er hinabgesandt"
41,30	„Auf die, die sprechen: Unser Herr ist Allah, ... auf die steigen die E. hernieder"
42,5	„die E. lobpreisen ihren Herrn und bitten um Verzeihung für die, welche auf Erden sind"
42,52	„sendeten Wir zu dir [Mohammed] einen Geist [Gabriel] mit einer Offenbarung"
43,19	Die Ungläubigen „machen die E. ... weiblich"
43,53	Der Pharao über Moses: „Wenn nicht die E. mit ihm im Gefolge kommen"
43,60	„Und hätten Wir gewollt, Wir hätten von euch E. gemacht"
43,77	Ruf der Verdammten an den Höllenvogt: „O Malik, daß doch dein Herr ein Ende mit uns machte!"
43,80	Die E. zeichnen die Taten der Menschen auf
47,27	„wenn die E. sie [die Ungläubigen am Tag des Gerichts] ... aufs Gesicht und den Hintern schlagen"
50,16–26	Der E. zur Rechten und der zur Linken (Munkar und Nakir) zeichnen alles auf, präsentieren die Toten vor Gericht und vollziehen die Strafe
53,5–17	Die Offenbarung an Mohammed (durch Gabriel)
53,26	Die Fürsprache der E. nützt nichts, außer Gott gibt dazu die Erlaubnis

210

66,4	Gabriel und die E. werden Helfer sein (bei einem Streit Mohammeds mit seinen Frauen)
66,6	Über das Höllenfeuer „sind E. gesetzt, starke und gestrenge"
69,17	Acht E. tragen Gottes Thron am Tage des Gerichts
70,3–4	„Stufen, auf denen die E. ... emporsteigen [zu Gott] an einem Tage, dessen Maß 50 000 Jahre sind"
74,30–31	19 Hüter des Höllenfeuers, ausschließlich E.
78,38	„An jenem Tag [des Gerichts], da der Geist [Gabriel] und die E. in Reihen stehen"
79,1–5	„Bei den [die Seelen der Frevler] im Ruck Entreißenden und den [die Seelen der Frommen] leicht Emporhebenden und den Einherschwebenden und den [ins Paradies] Voraneilenden und den die Sachen Lenkenden"
81,19–23	„Dies [der Koran] ist wahrlich das Wort eines edlen Gesandten [Gabriel] ... Er [Mohammed] sah ihn am klaren Horizont"
82,10–12	„Siehe, über euch sind wahrlich Hüter, edle, schreibende, welche wissen, was ihr tut"
83,21	„Bezeugen werden es [den Inhalt des Buches] die Allah [am Thron] Nahestehenden"
86,4	„Siehe, jede Seele hat über sich einen Hüter"
89,22	„Wenn ... [zum Gericht] dein Herr und die E. in Reihen auf Reihen kommen"
97,4	Über die Nacht, in der Gabriel den Koran zu Mohammed brachte: „Hinabsteigen die E. und der Geist in ihr"

Iblis/Satan/Satane (Shaitan/Shaiatin)

2,14	Einige Heuchler bekennen Allah vor den Gläubigen; „sind sie jedoch allein mit ihren Satanen [Juden?], so sprechen sie: Siehe, wir stehen zu euch und treiben nur Spott"
2,34	Weigerung des Iblis, sich vor Adam niederzuwerfen
2,35–36	Verführung Adams und seiner Gattin durch Iblis
2,102	Die S. unterwiesen die Menschen in der Zauberei. Harut und Marut in Babylon
2,168–169	„folget nicht den Fußstapfen S. ... er heißt euch nur Übles und Schändliches"
2,208	„folget nicht den Fußstapfen S."
2,268	„Der S. droht euch [den Almosenspendern] Armut an"
2,275	Der Wucherer soll sein wie einer, „den S. durch Berührung geschlagen hat"
3,30	Der Vater der Jungfrau Maria bei ihrer Geburt zu Gott: „Ich befehle sie und ihren Samen in deine Hut vor dem S."
3,155	„Der S. machte sie straucheln"
4,38	„Wer den S. zum Nächsten hat, [ist] ein schlimmer Nächster"
4,60	„es will sie [die Heuchler] der S. in tiefer Abirrung irre führen"
4,76	„So bekämpfst des S. Freunde. Siehe, des S. List ist schwach"

4,83	„Ohne Allahs Huld ... wäret ihr sicher bis auf wenige dem S. gefolgt"
4,117	Die Götzendiener „rufen einen rebellischen S. an"
4,118–121	Der S. will die Menschen irreführen und bringt sie zur Hölle
5,91	„Der Wein, das (Glücks-)Spiel ... sind ein Greuel von S.s Werk"
5,92	„Der S. will zwischen euch nur Haß und Feindschaft werfen durch Wein und Spiel und euch nur abwenden von Allah und dem Gebet"
6,43	„verhärtet waren ihre Herzen und ausgeputzt hatte ihnen der S. ihr Tun"
6,68	„Wenn dich der S. [Gott] vergessen läßt, so sitze [wenigstens] ... nicht mit dem Volk der Sünder"
6,71	„Sollen wir ... umkehren, nachdem uns Allah geleitet hat, gleich jenem, den die Satane verführten?
6,112	„haben Wir jedem Propheten einen Feind gegeben, die Satane der Menschen und der Dschinn"
6,121	„die S. werden ihren Freunden eingeben, mit euch zu streiten"
6,142	„Folget nicht den Fußstapfen S."
7,11–22	Weigerung des Iblis, sich vor Adam niederzuwerfen, und Verführung Adams und seines Weibes mit List
7,27	„Wir machten die S. zu Beschützern der Ungläubigen"
7,175	„so folgte ihm [Bileam?] der S., und er ward einer der Verführten"
7,200	„Wenn dich ein Reizen vom S. reizen will, so nimm deine Zuflucht zu Allah"
7,201	„die Gottesfürchtigen, so sie ein Phantom vom S. berührt, werden eingedenk [Allahs] und dann sehen sie"
8,48	Der S. verlockt erst die Menschen und läßt sie dann im Stich
12,5	„der S. ist den Menschen ein offenkundiger Feind"
12,42	Der S. ließ Joseph (im Gefängnis) vergessen, Gottes zu gedenken
12,100	Joseph sagt: „der S. hat zwischen mir und meinen Brüdern Zwietracht gestiftet"
14,22	Rede S. beim Jüngsten Gericht: Die Menschen sind selbst schuld
15,17	„Wir schätzten sie vor jedem ... S."
15,31–38	Wegen seiner Weigerung, sich vor Adam niederzuwerfen, wird Iblis aus dem Paradies verstoßen
15,39–44	Gott gab S. Macht über einen Teil der Menschen
16,63	Der S. täuschte die Völker, zu denen Allah schon früher Propheten geschickt hatte, und ist heute ihr Beschützer
16,99	„seine [des S.] Macht reicht nur über die, welche sich von Ihm [Allah] abkehren"
17,27	„die Verschwender sind Brüder der S., und der S. war seinem Herrn undankbar"
17,53	„Der S. sucht Streit ... zu stiften ... Der S. ist den Menschen ein offenkundiger Feind"
17,61–65	Weigerung des Iblis, sich vor Adam niederzuwerfen, und Verstoßung aus dem Paradies, aber Macht über einen Teil der Menschen
18,50	Die Engel warfen sich vor Adam nieder, „außer Iblis, welcher von den Dschinn war"

18,63	In einer Legende wird Vergeßlichkeit auf S. geschoben
19,44–45	Abraham zu seinem götzendienerischen Vater: „diene nicht dem S. Siehe, der S. war ein Rebell wider den Erbarmer... ich fürchte, daß du... ein Kumpan S. wirst"
19,68	Zum Gericht: „versammeln werden Wir sie [die Menschen] und die S."
19,83	„Siehst du nicht, daß Wir die S. wider die Ungläubigen entsenden, um sie anzureizen"
20,115–121	Trotz Gottes Warnung ließ sich Adam von Iblis verführen
21,82	Gott machte dem Salomo einige Satane dienstbar
22,3–4	„Unter den Menschen ist einer, der... jedem rebellischen S. folgt"
22,52–53	Der S. täuscht manchmal die Propheten, was Gott zur Prüfung geschehen läßt
23,97	„Und sprich: Mein Herr, ich nehme meine Zuflucht zu Dir vor den Einflüsterungen der S."
24,21	„folget nicht den Fußstapfen S."
25,29	„der S. ist des Menschen Verräter"
26,95	Die Sünder werden in die Hölle gestürzt „und Iblis' Scharen insgesamt"
26,210–212	„nicht stiegen die S. mit ihm [dem Koran] herab"
26,221–226	„Soll ich euch künden von denen, auf welche die S. herniedersteigen?"
27,22–24	Der S. hat das Volk von Saba zur Anbetung der Sonne verführt
28,15	Moses sagt, nachdem er einen Feind getötet hatte: „Das ist ein Werk S."
29,38	Die Völker Ad und Tamud verführt vom S.
31,21	Der S. ruft die Götzendiener zur Strafe des Höllenbrandes
31,33	„nicht betrüge euch der Betrüger [S.] in betreff Allahs"
34,20	Mit Ausnahme eines Teils folgten die Menschen Iblis
35,5–6	Warnung vor dem Betrüger: „Siehe, der S. ist euch ein Feind"
36,60–64	Warnung vor S. Verführung, die zur Hölle führt
37,6–10	Die Satane haben keinen Zugang zum Wissen der Engel
37,64–65	Die Frucht des höllischen Saqqum-Baumes gleicht Satansköpfen
38,37	Gott machte dem Salomo die Satane dienstbar
38,71–81	Weigerung des Iblis, sich vor Adam niederzuwerfen, und Verstoßung aus dem Paradies
38,82–85	Die Hölle wird sich füllen mit denen, die Iblis folgen
41,36	„Wenn dich ein Anreiz vom S. reizt, so nimm deine Zuflucht zu Allah"
43,36–37	„Wer sich abkehrt von der Ermahnung des Erbarmers, dem gesellen wir einen S. bei... Denn siehe, sie (die Satane) sollen sie abwendig machen vom Weg"
43,62	„Und nicht mache euch der S. abwendig"
47,25	Diejenigen, die dem Islam den Rücken kehren, sind vom S. verführt
58,10	„Geheimes Gespräch ist allein vom S."
58,19	Die das Gedenken an Allah vergessen, sind S.s Verbündete

59,16–17	Der S. lehnt die Verantwortung für die von ihm Verführten ab; sie kommen aber wie er ins Höllenfeuer
67,5	Gott hat die Lampen (Gestirne) am untersten Himmel zur Abwehr der Satane geschaffen
81,25	Gabriels Botschaft „ist nicht das Wort eines … S."

Die Dschinn

6,100–101	Die Heiden „gaben Allah zu Gefährten die Dschinn, die Er erschaffen, und logen ihm in Unwissenheit Söhne und Töchter an"
6,112	„haben Wir jedem Propheten einen Feind gegeben, die Satane der Menschen und der Dschinn"
6,128	Urteil am Tag des Gerichtes über die verführerischen Dschinn
7,38	Am Tag des Gerichts: „Er wird sprechen [zu den Sündern]: Tretet ein mit den Scharen der Dschinn und Menschen, die vor euch lebten, ins Feuer"
7,179	Viele der Dschinn und der Menschen sind für die Hölle erschaffen
7,184	Mohammed ist nicht (von einem Dschinn) besessen
11,39	Gott sagt: „Geht ein in das Höllenfeuer inmitten der Gemeinschaften der Dschinn und Menschen"
11,119	Gott sagt: „Ich werde wahrlich die Hölle mit lauter Dschinn und Menschen anfüllen"
15,6	Anklage gegen Mohammed: „du bist [von einem Dschinn] besessen"
15,27	„Und die Dschinn erschufen wir zuvor aus dem Feuer des Samum [Wüstenwind]"
17,88	Zur Lehre von der Einzigartigkeit des Korans: „Wenn sich auch die Menschen und die Dschinn zusammentäten, … sie brächten keinen gleichen hervor"
18,50	„Iblis, welcher von den Dschinn war"
23,25	Anklage gegen Noah: „Dies ist nur ein [von einem Dschinn] besessener Mann"
23,70	Anklage gegen Mohammed: „er ist [von einem Dschinn] besessen"
27,17	König Salomo versammelte Menschen und Dschinn zu einem Feldzug
27,39	Ein Ifrit (mächtiger Dschinn) will den Thron der Königin der Stadt Saba zu Salomo bringen
32,13	Gott sagt: „Ich werde wahrlich die Hölle mit lauter Dschinn und Menschen anfüllen"
34,8	Über Mohammeds Predigt von der Auferstehung: „er ist [von einem Dschinn] besessen"
34,12–14	Die Dschinn im Dienst Salomos bauten für ihn, was er wollte
34,41	Verehrung der Dschinn durch die Heiden
34,46	„bedenket, daß in eurem Gefährten [Mohammed] kein Dschinn ist"
37,158	Die Ungläubigen „setzten zwischen Ihm (Allah) und den Dschinn eine Verwandtschaft"

38,34	Die Dschinnn versuchten Salomo, indem sie auf seinen Thron einen Dschinn setzten, der 40 Tage herrschte
41,25	Das Urteil war gerecht über die Gemeinschaften der Menschen wie der Dschinn
41,29	Die Ungläubigen wollen (angesichts der Höllenstrafen) jene Menschen und Dschinn, die sie in die Irre geführt haben, demütigen
44,14	Anklage gegen Mohammed, daß er besessen sei
46,18	Das Wort geht in Erfüllung ebenso in Gemeinschaften der Menschen wie der Dschinn
46,29–32	Einige Dschinn hörten von Mohammeds Predigt und bekehrten sich
51,56	„Die Dschinn und die Menschen habe Ich nur dazu erschaffen, daß sie Mir dienen"
52,29	Gott zu Mohammed: „Du bist ... kein Wahrsager oder Besessener"
55,15	„erschaffen hat Er die Dschinn aus rauchlosem Feuer"
55,33	Die Menschen und die Dschinn können die Grenzen der Himmel und der Erde nur mit einer Vollmacht überschreiten
55,39	„Und an jenem Tage wird weder Mensch noch Dschinn nach seiner Schuld befragt"
55,56 u. 74	Die Huris im Paradies sind weder von Menschen noch von Dschinn berührt (wörtlich: „entjungfert", d.h. die Dschinn können sexuell verkehren)
72	Titel der Sure: „Die Dschinn"
72,1–3	Einige Dschinn hörten von Mohammeds Predigt und bekehrten sich
72,6	Manche Menschen suchen Zuflucht bei den Dschinn
72,8–10	Die Dschinn versuchten, die Geheimnisse des Himmels zu erfahren
72,11–15	Verteidigungsrede der guten Dschinn (am Tag des Gerichts)
72,19	Als Mohammed Gott anrufen wollte, hätten die Dschinn ihn fast erdrückt
81,22	Anklage gegen Mohammed, er sei [von einem Dschinn] besessen
114,4	Gebet: „Ich suche Zuflucht vor ... den Dschinn oder den Menschen"

Literaturangaben

Nachschlagewerke

Bibellexikon, hrsg. v. Herbert Haag, 3. Aufl., Zürich u.a. 1982
Evangelisches Kirchenlexikon. Internationale Theologische Enzyklopädie, hrsg. v. Erwin Fahlbusch u.a., 5 Bde., Göttingen 1986–1997
Lexikon der christlichen Ikonographie, hrsg. v. Engelbert Kirschbaum u. Wolfgang Braunfels, 8 Bde., Freiburg i. Brsg. u.a. 1957–1965
Lexikon der Religionen, hrsg. v. Hans Waldenfels, Freiburg i. Brsg. u.a. 1987
Lexikon für Theologie und Kirche, hrsg. v. Josef Höfer u. Karl Rahner, 11 Bde., 2. Aufl., Freiburg i. Brsg. u.a. 1957–1965
Lexikon für Theologie und Kirche, hrsg. v. Walter Kasper u.a., Bd. 1 ff., 3. Aufl., Freiburg i. Brsg. u.a. 1993–
Die Religion in Geschichte und Gegenwart: Handwörterbuch für Theologie und Religionswissenschaft, hrsg. v. Kurt Galling, 7 Bde., 3. Aufl., Tübingen 1957–1965
Die Religion in Geschichte und Gegenwart: Handwörterbuch für Theologie und Religionswissenschaft, hrsg.v. Dieter Betz u.a., Bd. 1 ff., 4. Aufl., Tübingen 1998–
Theologische Realenzyklopädie, hrsg. v. Gerhard Krause u. Gerhard Müller, Bd. 1 ff., Berlin/New York 1977–
Siehe Stichwörter wie „Engel", „Erzengel", „Theophanie", „Engelsturz", „Dämonen", „Teufel", „Satan" u.a.

Quellen

Stuttgarter Erklärungsbibel. Die Heilige Schrift nach der Übersetzung Martin Luthers mit Einführungen und Erklärungen, 2. Aufl., Stuttgart 1992
Neue Jerusalemer Bibel. Einheitsübersetzung mit dem Kommentar der Jerusalemer Bibel. Neubearb. und erw. Ausgabe deutsch hrsg. v. Alfons Deissler u. Anton Vögtle in Verbindung mit Johannes M. Nützel, Freiburg i. Brsg. 1985
Der Koran. Bd. 1: Übersetzung v. Rudi Paret, Bd. 2: Kommentar und Konkordanz v. Rudi Paret, 2. Aufl., Stuttgart u.a. 1980
Der Koran. Aus dem Arabischen übersetzt v. Max Henning. Einleitung und Anmerkungen v. Annemarie Schimmel, Neuaufl., Stuttgart 1991
Werner Georg Kümmel (Hrsg.): Jüdische Schriften aus Hellenistisch-Römischer Zeit, Gütersloh 1973–
Paul Riessler: Altjüdisches Schrifttum außerhalb der Bibel, 4. Aufl., Heidelberg 1979

Lexika

Gustav Davidon: A Dictionary of Angels. Including the Fallen Angels, New York 1971

Rosemary Ellen Guiley: Encycopedia of Angels, New York 1996

Jens Scholz: Das Lexikon der Engel, 2001 (in Vorbereitung)

Moïse Schwab: Vocabulaire de l'Angélologie, Paris 1897, Reprint Mailand 1989

Ausgewählte Einzeldarstellungen

Friedmar Apel: Himmelssehnsucht. Die Sichtbarkeit der Engel in der romantischen Literatur und Kunst sowie bei Klee, Rilke und Benjamin, Paderborn 1994

Angelika und Karl Baeumert: Die Engel der Sixtina, Regensburg 1999

Pietro Bandini: Die Rückkehr der Engel. Von Schutzengeln, himmlischen Boten und der guten Kraft, die sie uns bringen, München 1995

Peter L. Berger: Auf den Spuren der Engel. Die moderne Gesellschaft und die Wiederentdeckung der Transzendenz, Frankfurt/M. 1981

Sophie Burnham: Engel. Erfahrungen und Reflexionen, 2. Aufl., Zürich/Düsseldorf 1992

Massimo Cacciari: L'Angelo Necessario, 4. Aufl., Mailand 1994. Deutsch: Der notwendige Engel, Klagenfurt 1987

Yves Cattin: Die Engel und ihr Bild im Mittelalter, Regensburg 2000

Matthew Fox/Rupert Sheldrake: Engel. Die kosmische Intelligenz, München 1998

Anne Fröhlich (Hrsg.): Engel. Texte aus der Weltliteratur. 3. Aufl., Zürich 1992

Malcolm Godwin: Engel. Eine bedrohte Art, 4. Aufl., Frankfurt/M. 1995

Michaela Glöckler: Vom Wirken der Engel im menschlichen Leben, Esslingen 1997

Romano Guardini: Engel. Theologische Betrachtungen, Mainz 1995

Romano Guardini: Der Engel in Dantes Göttlicher Komödie (Dante Studien 1), Mainz 1995

Romano Guardini: Rainer Maria Rilkes Deutung des Daseins. Eine Interpretation der Duineser Elegien, Mainz 1996

Rex Hauck (Hrsg.): Engel – die unsichtbaren Boten, München 1995

Dieter Heidtmann: Die Engel. Grenzgestalten Gottes. Über Notwendigkeit und Möglichkeit der christlichen Rede von den Engeln, Neukirchen 1999

Torkild Hinrichsen: Alle Engel dieser Erde, Husum 2000

Othmar Keel: Zurück zu den Sternen. Kritik und Situierung der These Erich von Dänikens, Fribourg 1970

Gottfried Knapp: Engel. Eine himmlische Komödie, München 1995

Heinrich Krauss: Die Engel. Überlieferung, Gestalt, Deutung (C.H. Beck Wissen), München 2000

Heinrich Krauss/Eva Uthemann: Was Bilder erzählen. Die klassischen Geschichten aus Antike und Christentum in der abendländischen Malerei, 4. Aufl., München 1998

Paul Konrad Kurz: Ein großes Flügeldach. Verse mit Engeln mit Graphiken von *HAP Grieshaber*, Hauzenberg 1993

Klaus E. Müller: Schamanismus. Heiler, Geister, Rituale (C.H. Beck Wissen), München 1997

Erik Peterson: Das Buch von den Engeln. Stellung und Bedeutung der heiligen Engel im Kultus, München 1955; zuerst Leipzig 1935

Cathrin Pichler (Hrsg.): Engel Engel. Legenden der Gegenwart (Ausst.-Kat. Rudolfinum Prag), Wien/New York 1997

Georg Raiml/Rolf Wendeler: Engel. 200 Jahre Volksfrömmigkeit, Augsburg 1994

Alfons Rosenberg: Engel und Dämonen. Gestaltwandel eines Urbildes, 3. Aufl., München 1992

Anneliese Schimmel: Sufismus. Eine Einführung in die islamische Mystik, (C.H. Beck Wissen), München 2000

Heinrich Schipperges: Die Welt der Engel bei Hildegard von Bingen (Herder-Spektrum), Freiburg i. Brsg. 1995

Heinrich Schipperges: Hildegard von Bingen (C.H. Beck Wissen), 3. Aufl., München 1997

Michael Schmaus u.a. (Hrsg.): Handbuch der Dogmengeschichte, Bd. 2, Fasz. 2b: – Georges Tavard: Die Engel, Freiburg u.a. 1968

Heinrich und Margarethe Schmidt: Die vergessene Bildersprache christlicher Kunst. Ein Führer zum Verständnis der Tier-, Engel- und Mariensymbolik, 5. Aufl., München 1995

Hans-Werner Schröder: Mensch und Engel. Die Wirklichkeit der Hierarchien, 5.Aufl., Stuttgart 1999

Georg Schwaiger (Hrsg.): Teufelsglaube und Hexenprozesse, München 1987

Michel Serres: Die Legende der Engel, Frankfurt/M. 1995

Rudolf Steiner: Vom Wirken der Engel. Und anderer hierarchischer Wesenheiten, hrsg. v. Wolf U. Klünker, 2. Aufl., Dornach/Stuttgart 1993

Herbert Vorgrimler: Wiederkehr der Engel? Ein altes Thema neu durchdacht, Kevelaer 1991 (Reihe: Topos plus – Taschenbücher, Kevelaer 1999)

Claus Westermann: Gottes Engel brauchen keine Flügel. Was die Bibel von den Engeln erzählt, 7. Aufl., Stuttgart 1997

Bildnachweis

Gustav Davidson: A Dictionary of Angels. Including the Fallen Angels, New York 1967 (S. 3) 2, (S. 110) 7, (S. 127) 11, (S. 316) 12, (S. 207) 15, (S. 241) 18, (S. 335) 20

Wilhelm Fraenger: Matthias Grünewald, München 1983 (Taf. 81) 6

Rosemary Ellen Guiley: Encyclopedia of Angels, New York 1996 (S. 82) 14, (S. 165) 17, (S. 5) 23

Hans Wolfgang Schumann: Buddhistische Bilderwelt. Ein ikonographisches Handbuch des Mahāyāna- und Tantrayāna-Buddhismus, 2. Aufl., München 1993 (Abb. 151) 4

Die übrigen Abbildungen stammen aus dem Archiv des Autors.

Buchanzeigen

Philosophie bei C. H. Beck

Rafael Ferber
Philosophische Grundbegriffe
Eine Einführung
6., erneut überarbeitete Auflage. 1999. 238 Seiten. Paperback
Beck'sche Reihe Band 1054

Nora K./Vittorio Hösle
Das Café der toten Philosophen
Ein philosophischer Briefwechsel für Kinder und Erwachsene
2. Auflage. 2001. 256 Seiten mit 1 Abbildung. Paperback
Beck'sche Reihe Band 1448

Friedhelm Moser
Kleine Philosophie für Nichtphilosophen
2001. 219 Seiten. Paperback
Beck'sche Reihe Band 1439

Rudolf Otto
Das Heilige
Über das Irrationale in der Idee des Göttlichen und sein Verhältnis
zum Rationalen
56. Tausend. 1997. VIII, 229 Seiten. Paperback
Beck'sche Reihe Band 328

Werner Schneiders
Wieviel Philosophie braucht der Mensch?
Eine Minimalphilosophie
2., verbesserte Auflage. 2001. 304 Seiten. Paperback
Beck'sche Reihe Band 1368

Otfried Höffe
Kleine Geschichte der Philosophie
2001. 341 Seiten mit 180 Abbildungen, davon 85 in Farbe. Gebunden

Verlag C. H. Beck

Religion bei C. H. Beck

Arnold Angenendt
Heilige und Reliquien
Die Geschichte ihres Kultes vom frühen Christentum bis zur Gegenwart
2., überarbeitete Auflage. 1997. 470 Seiten mit 29 Abbildungen,
davon 8 im Text und 21 auf Tafeln. Broschiert

Manfred Heim
Kleines Lexikon der Kirchengeschichte
1998. 486 Seiten. Leinen

Heinrich Krauss
Die Engel
Überlieferung, Gestalt, Deutung
2000. 128 Seiten mit 8 Abbildungen. Paperback
Beck'sche Reihe Band 2135
C. H. Beck Wissen

Heinrich Krauss
Kleines Lexikon der Bibelworte
3., durchgesehene Auflage. 1998. 276 Seiten. Paperback
Beck'sche Reihe Band 1270

Christoph Levin
Das Alte Testament
2001. 128 Seiten. Paperback
Beck'sche Reihe Band 2160
C. H. Beck Wissen

Hartmut Bobzin
Der Koran
Eine Einführung
3., durchgesehene Auflage. 2001. 128 Seiten mit 3 Abbildungen. Paperback
Beck'sche Reihe Band 2109
C. H. Beck Wissen

Verlag C. H. Beck